国家自然科学基金项目（70901078）资助
中央财经大学科研创新团队支持计划资助
中央财经大学"211工程"三期资助
中国财政发展协同创新中心成果

基于期权博弈的企业投融资决策互动行为研究

余冬平　著

经济科学出版社

图书在版编目（CIP）数据

基于期权博弈的企业投融资决策互动行为研究/余冬平著.
—北京：经济科学出版社，2013.5
ISBN 978 - 7 - 5141 - 3473 - 5

Ⅰ.①基…　Ⅱ.①余…　Ⅲ.①企业 - 投资 - 研究②企业 -
融资 - 研究　Ⅳ.①F275.1

中国版本图书馆 CIP 数据核字（2013）第 113406 号

责任编辑：侯晓霞　程辛宁
责任校对：王凡娥　苏小昭
责任印制：李　鹏

基于期权博弈的企业投融资决策互动行为研究
余冬平　著
经济科学出版社出版、发行　新华书店经销
社址：北京市海淀区阜成路甲 28 号　邮编：100142
教材分社电话：010 - 88191345　发行部电话：010 - 88191537
网址：www. esp. com. cn
电子邮件：houxiaoxia@ esp. com. cn
天猫网店：经济科学出版社旗舰店
网址：http：//jjkxcbs. tmall. com
北京密兴印刷有限公司印装
710×1000　16 开　17 印张　290000 字
2013 年 5 月第 1 版　2013 年 5 月第 1 次印刷
ISBN 978 - 7 - 5141 - 3473 - 5　定价：58.00 元
（图书出现印装问题，本社负责调换。电话：010 - 88191502）
（版权所有　翻印必究）

前　　言

　　企业投资与融资决策是企业理财活动的两大部分，它们是同一资金运动过程中不可分割的两个方面，即企业投资必须考虑其融资的能力和成本，企业融资也必须以投资的需要为依据。不同的资本结构将对企业投资行为产生不同的影响，而不同的投资行为有其相应的最优资本结构。因此，两者的决策优化过程必然是一种彼此适应与协同的过程。

　　目前，投融资交互关系一直是企业财务理论研究的热点和难点。从最初经典的MM理论，到权衡理论、代理理论和非对称信息理论，再到产品市场竞争理论，各种理论试图从不同的视角对企业投融资决策的内在关系提供一定程度的解释，但基本上都只集中于负债融资对投资行为的影响，而对于投资行为如何反过来作用于融资决策，以及它们之间互动关系的作用机理，至今尚缺乏一个直接而又系统深入的分析。不仅如此，这些理论研究都以传统的静态NPV方法为基础。但是，这种方法许多假设都与实际情况不符，特别是在面临不可逆性和不确定性的投融资环境时，其自身缺陷暴露无遗。为此，国内外学者引入了比较成熟的实物期权方法，将不可逆性和不确定性纳入同一分析框架，对投融资决策的交互关系也作出了一定程度的解释。但是，分析同非实物期权方法一样，主要侧重于负债融资对投资决策影响分析，没有真正从投融资决策行为本身入手阐释两者的相互关系和互动机理。同时，这种方法虽然克服了传统NPV方法的许多缺陷，但是忽略了竞争者的存在，没有充分考虑竞争对手之间投融资策略的互动。因而，实物期权方法也就不能满足不可逆性、不确定性和竞争环境下企业投融资战略决策制定的需要。

　　我们知道，企业的财务决策，尤其是战略性项目的投融资交互决策，通常都具备投资成本的不可逆性、投资收益的不确定性和投资环境的竞争性三大基本特征。这三大基本特征使得企业的投融资交互决策分析变得更加复杂，因而，能否做到企业投融资交互决策的科学性、及时性、有效性和正确性，对我们所使用的决策分析方法提出了更高的要求。期权博弈方法作为一种全新的战略思维方式，并以实物期权理论和博弈论极佳的结合点和巨大的发展潜力，来解决不确定条件下竞争项目评价与投融资决策问题，无疑为我们拓宽了研究思路和视野。

正是基于此，本书试图在不确定性和竞争环境下，将不可逆投资决策和企业的融资决策结合起来进行研究，从决策行为本身入手，建立一个连续的、动态的和整体的企业投融资决策互动的期权博弈理论、模型和应用框架体系，以此从三个层面逐步深化对企业投融资交互决策行为的解析。本书研究的主要内容和创新点主要体现在以下几个方面：

(1) 企业投融资决策互动行为研究的文献综述

按照不确定性条件下的投资决策方法发展阶段，即非实物期权模型、实物期权模型和期权博弈模型，分别对现有国内外企业投融资决策互动行为研究文献进行系统梳理、归纳与总结、评述与展望。

① 对传统的 MM 理论、所得税和权衡模型、代理模型、不对称信息模型和产品市场竞争模型等非实物期权模型进行了系统梳理和回顾，总结和分析得出非实物期权模型不能将不确定性、不可逆性和管理的灵活性纳入决策分析框架，难以体现现阶段对不确定条件下企业战略投融资决策互动行为分析的需要。

② 分别从财务变量对投资决策的影响、代理冲突下的非效率投资行为模型、融资约束对投资决策的影响三个方面，对现有有关投融资交互关系的实物期权模型研究文献进行了系统归纳、总结和评述。研究得出，虽然实物期权方法考虑了不确定性和不可逆性的投融资环境，但是没有考虑竞争者策略的影响。因此，它也难以满足不确定性和竞争环境下企业投融资决策互动行为分析的需要。

③ 对现有运用期权博弈方法研究企业投资决策的大量文献进行了总结和归纳，并以此对现有几篇研究投融资决策互动的期权博弈文献进行剖析，分析其不足和局限性，并对未来的发展趋势和研究方向进行了展望。研究指出，引入期权博弈方法，是企业财务决策面对复杂多变的市场环境时而做出的一种比

较现实的选择，也是投融资交互决策理论发展的一个必然趋势。

（2）基于期权博弈的企业投融资决策互动的基本理论

系统总结和归纳了企业投资决策理论、期权博弈理论和融资决策理论，以此从这三个方面构建了企业投融资决策互动的期权博弈分析的整个基本理论。

① 将企业项目评估与投资决策方法的发展分为四个阶段，即传统投资评价方法、风险分析技术、实物期权方法和期权博弈方法。在此基础上，分别对四个阶段的项目评估与投资决策方法进行了系统的梳理和总结，并且从投资项目的收益流、投资价值、投资成本、投资时机、影响因素和应用范围几方面进行了全面的比较分析，从而得出期权博弈方法是目前最为科学、合理和有效的企业战略投资决策分析工具。

② 建立了期权博弈方法的整个理论框架体系，包括它的基本方法、目标、思路、主要依据、企业价值来源、基本理论构件和分析工具等，并给出了投资战略决策分析的一般步骤。特别是，将企业战略和企业财务纳入统一分析框架，架起它们之间的一座桥梁，进而从企业价值资源入手，结合传统的资本预算理论、实物期权理论和博弈论，深入剖析投资决策、融资决策、企业战略和企业财务之间的内在联系，以及对企业价值构成的整个驱动机理，从而建立起企业投融资决策互动分析的主要依据。

③ 对传统的 MM 理论、权衡理论、代理成本理论、信号传递理论、融资优序理论、控制权理论和市场竞争理论进行了全面系统的梳理和总结，在保留前人研究成果合理内核的基础上，从各种内外部影响因素中挖掘出了融资决策最核心的决定因素，进而深化了对企业投融资交互决策建模分析的认识。

（3）企业投融资决策互动的对称双头垄断期权博弈模型

假设两家完全对称的风险中性企业都拥有同一个新项目投资机会，它们都能够通过债务融资获得项目投资资金。在不确定性和竞争环境下，运用期权博弈方法，建立了一个对称双头垄断模型，研究了每家企业自身的最优投融资互动行为，以及企业之间投融资交互决策行为，并探讨了企业最优均衡投融资策略和规则。

① 分别推导得出了企业最优垄断破产临界值和最优双头垄断破产临界值，探讨了唯一的子博弈完美纳什均衡破产策略，给出了最优均衡破产策略规则，即高利息支付企业在最优双头垄断破产临界值首先违约，而低利息支付企业在最优垄断破产临界值违约。

② 采用逆向归纳法，分析得出了作为追随者企业可能面临"垄断市场"、"后进先出"和"先进先出"三种进入退出机制，然后通过严格的数学推导和证明得到了三种机制下追随者和领导者的权益价值、债务价值和企业价值，以及企业投资期权价值函数的显性表达式，进而给出了追随者和领导者各自最优投资临界值、最优利息支付水平和最优破产临界值的求解步骤或表达式，并对两家企业各自的最优投融资决策互动行为，以及两家企业之间的投融资交互决策行为进行了深入解析和说明。研究发现，企业最优均衡投融资决策互动行为是利息税盾收益、破产成本和竞争者的战略行为综合权衡的结果。

③ 全面探讨了两家企业投融资决策可能存在的均衡形式及其条件，分析得出主要存在抢先均衡和序贯均衡两类均衡，其中抢先均衡又包括"后进先出"和"先进先出"两种抢先均衡，而序贯均衡又包括"垄断市场"、"后进先出"和"先进先出"三种抢先均衡。与此同时，对每种均衡下的最优均衡投融资策略和规则进行了系统归纳和总结。

（4）收益不对称下企业投融资决策互动的期权博弈模型

假设两家收益不对称的风险中性企业都拥有同一个新项目投资机会，它们都能够通过债务融资获得项目投资资金。在不确定性和竞争环境下，运用期权博弈方法，建立了一个收益不对称双头垄断模型，研究了每家企业自身的最优投融资互动行为，以及企业之间投融资交互决策行为，并探讨了企业最优均衡投融资策略和规则。

① 分别推导得出了两家企业不同的最优垄断破产临界值和最优双头垄断破产临界值，探讨了唯一的子博弈完美纳什均衡破产策略，给出了最优均衡破产策略规则，即高利息—利润比企业在其最优双头垄断破产临界值首先违约，而低利息—利润比企业在其最优垄断破产临界值违约。

② 采用逆向归纳法，分析得出了作为追随者不对称企业也可能面临"垄断市场"、"后进先出"和"先进先出"三种进入退出机制，然后通过严格的数学推导和证明得到了三种机制下追随者和领导者的权益价值、债务价值和企业价值，以及企业投资期权价值函数的显性表达式，进而给出了追随者和领导者各自最优投资临界值、最优利息支付水平和最优破产临界值的求解步骤或表达式，并对两家企业各自的最优投融资决策互动行为，以及两家企业之间的投融资交互决策行为进行了深入解析和说明。研究发现，收益不对称下的企业最优均衡投融资决策互动行为是利息税盾收益、破产成本和竞争者的战略行为综

合权衡的结果。

③全面探讨了两家企业投融资决策可能存在的均衡形式及其条件，分析也得出了主要存在抢先均衡和序贯均衡两类均衡，其中抢先均衡也包括"后进先出"和"先进先出"两种抢先均衡，而序贯均衡也包括"垄断市场"、"后进先出"和"先进先出"三种抢先均衡。与此同时，对每种均衡下的最优均衡投融资策略和规则进行了系统归纳和总结。值得注意的是，虽然对称模型和不对称模型在形式上类似，但是具体的价值函数表达式和最优均衡投融资策略与规则完全不同。

（5）信贷能力不对称下企业投融资决策互动的期权博弈模型

假设一家企业能够发行债务、另一家由于信用等级不能发行债务的信贷能力不对称企业，都拥有同一个新项目投资机会。在不确定性和竞争环境下，运用期权博弈方法，建立了一个信贷能力不对称双头垄断模型，研究了每家企业自身的最优投资或投融资互动行为，以及企业之间投融资交互决策行为，并探讨了企业最优均衡投融资策略和规则。

①推导得出了能够发行债务企业的最优垄断破产临界值和最优双头垄断破产临界值，以此得到其最优的破产策略。

②采用逆向归纳法，分析得出了非杠杆企业作为追随者只可能面临"垄断市场"、"先进先出"两种进入退出机制，而杠杆企业作为追随者只可能面临"后进先出"一种进入退出机制。然后通过严格的数学推导和证明，得到了每种机制下非杠杆企业作为追随者和领导者的权益价值或企业价值和投资期权价值函数的显性表达式，以及杠杆企业作为追随者和领导者的权益价值、债务价值、企业价值和投资期权价值函数的显性表达式。以此对非杠杆企业投资决策行为、杠杆企业投融资决策互动行为，以及两家企业投融资交互决策行为进行深入考察和解析。研究同样表明，两家企业的投资或投融资决策行为也是利息税盾收益、破产成本和竞争对手战略行动综合权衡的结果。

③全面探讨了两家企业投融资决策可能存在的均衡形式及其条件，分析也得出了主要存在抢先均衡和序贯均衡两类均衡，但与前面两个模型不同，抢先均衡只包括"先进先出"和"后进先出"两种抢先均衡，而序贯均衡包括"垄断市场"、"先进先出"和"后进先出"三种序贯均衡。与此同时，也对每种均衡下的最优均衡投融资策略和规则也进行了系统归纳和总结。

（6）只有领导者发行债务下企业投融资决策互动的期权博弈模型

假设两家完全对称的风险中性企业都拥有同一个新项目投资机会，但只有抢先投资成为领导者的企业才允许发行债务。在不确定性和竞争环境下，运用期权博弈方法，建立了一个只有领导者发行债务时对称双头垄断模型，研究了每家企业自身的最优投融资互动行为，以及企业之间投融资交互决策行为，并探讨了企业最优均衡投融资策略和规则。

① 推导得出了成为领导者企业的最优垄断破产临界值和最优双头垄断破产临界值，以此得到其最优的破产策略。

② 采用逆向归纳法，分析得出了无论是作为追随者还是领导者企业都只可能面临"垄断市场"和"先进先出"两种进入退出机制，然后通过严格的数学推导和证明，得到了每种机制下作为追随者企业的权益价值或企业价值和投资期权价值函数的显性表达式，以及作为领导者企业的权益价值、债务价值、企业价值和投资期权价值函数的显性表达式。进而给出了追随者最优投资临界值、领导者最优投资临界值、最优利息支付水平和最优破产临界值的求解步骤或表达式。在此基础上，对追随者企业投资决策行为、领导者企业投融资决策互动行为，以及两家企业投融资交互决策行为进行深入考察和解析。研究同样发现，当只有领导者发行债务时，两家企业的投资或投融资决策行为也是利息税盾收益、破产成本和竞争对手战略行动综合权衡的结果。

③ 全面探讨了两家企业投融资决策可能存在的均衡形式及其条件，分析也得出了主要存在抢先均衡和序贯均衡两类均衡，但与前面三个模型不同，抢先均衡只包括"先进先出"一种抢先均衡，而序贯均衡包括"垄断市场"、"先进先出"两种序贯均衡。与此同时，也对每种均衡下的最优均衡投融资策略和规则进行了系统归纳和总结。

（7）代理冲突下企业投融资决策互动的期权博弈模型

假设两家收益不对称的风险中性企业都拥有同一个新项目投资机会，它们都能够通过债务融资获得项目投资资金。但与前面四个模型不同，假设企业经理不再以企业价值最大化为经营目标，而是以股东价值最大化为经营目标，即引入企业经理（股东）与债权人之间存在代理冲突，在不确定性和竞争环境下，运用期权博弈方法，建立了一个代理冲突下的对称双头垄断模型，研究了每家企业自身的最优投融资互动行为，以及企业之间投融资交互决策行为，以此考察了因决策目标的不同而导致企业投融资决策互动关系的异化，进而对这种异化程度进行了测度，最后还探讨了企业最优均衡投融资策略和规则。

①　分别推导得出了最优垄断破产临界值和最优双头垄断破产临界值，探讨了唯一的子博弈完美纳什均衡破产策略，给出了最优均衡破产策略规则，即高利息支付企业在最优双头垄断破产临界值首先违约，而低利息支付企业则在最优垄断破产临界值违约。

②　采用逆向归纳法，分析得出了作为追随者企业可能面临"垄断市场"、"后进先出"和"先进先出"三种进入退出机制，然后通过严格的数学推导和证明，得到了三种机制下追随者和领导者的权益价值、债务价值和企业价值，以及企业投资期权价值函数的显性表达式，进而给出了追随者和领导者各自最优投资临界值、最优利息支付水平和最优破产临界值的求解步骤或表达式，并对两家企业各自的最优投融资决策互动行为、两家企业之间的投融资交互决策行为进行了探讨和解析，同时对因决策目标的不同而导致企业投融资决策互动关系的异化进行了测度和说明。研究表明，代理冲突下企业投融资决策互动行为是利息税盾收益、破产成本、代理成本和竞争对手战略行动综合权衡的结果。

③　全面探讨了代理冲突下两家企业投融资决策可能存在的均衡形式及其条件，分析得出了主要存在抢先均衡和序贯均衡两类均衡，其中抢先均衡又包括"后进先出"和"先进先出"两种抢先均衡，而序贯均衡又包括"垄断市场"、"后进先出"和"先进先出"三种抢先均衡。与此同时，还对每种均衡下的最优均衡投融资策略和规则进行了系统归纳和总结。

（8）不对称信息下双头垄断企业违约决策的期权博弈模型

假设两家已经在市场上经营的企业均拥有一个违约退出期权，并且两家企业具有利息保障倍数（即偿债能力）的不对称信息，一家企业的利息保障倍数两家企业都知道，而另一家企业的利息保障倍数只有它自己知道，其竞争对手只知道它具有高低两种类型及其概率分布。以此为基础，暂时将企业的投资决策和融资决策分离，单独从融资决策角度出发，运用期权博弈方法，重点探讨不对称信息下双头垄断企业的最优均衡违约策略，深入分析了不对称信息下对企业最优均衡违约策略的影响。

①　推导出了具有不对称信息的两家企业最优双头垄断破产临界值和最优垄断破产临界值，并得到了破产临界值随市场特征参数变化的一些性质。

②　在完全信息条件下，通过严格的数学推导和证明，分别得到了两家企业若首先违约而持有的权益价值、债务价值和企业价值函数的显性表达式，并

对价值函数表达式的各项构成进行了解释和说明。

③ 在对称信息下，推导得到了企业均衡保留临界值，在此基础上，根据两家企业利息保障倍数的相对大小，将整个违约退出博弈分为一家企业分别严格占优于另一家企业、两家企业谁也不严格占优于谁三种情形，给出了每种情形下两家企业的完美贝叶斯均衡违约策略。研究表明，与前面五个模型不同，两家企业最优均衡违约策略的判别规则不再以债务利息支付或利息—利润比的大小为依据，而是以两家企业利息保障倍数的相对大小为判断依据。

（9）融资约束下双头垄断企业投融资决策互动的期权博弈模型

假设两家完全对称的风险中性企业都拥有一个抢先项目投资机会，它们都能够通过债务融资获得项目投资资金，但要受到资金约束的限制。该模型将在上述六个模型的基础上，将其进一步扩展到具有外部债务融资约束的情形，运用期权博弈方法，研究了融资约束垄断企业最优投融资交互决策行为和判断规则，并以此为基础来深入研究融资约束双头垄断企业分别作为领导者和追随者的最优投融资交互决策行为，探讨了两家企业最优均衡投融资策略。

① 作为融资约束双头垄断企业投融资决策分析和比较的基准，首先考察了没有债务时的非杠杆垄断企业最优投资决策问题，接着探讨了无融资约束杠杆垄断企业最优投融资决策问题，最后分析了有融资约束杠杆垄断企业最优投融资决策问题，以此得到了垄断企业受债务融资与否的基本判断规则。

② 在前面三个基准分析的基础上，进一步探讨了无融资约束双头垄断企业的最优均衡投融资决策行为。首先推导得到了两家企业分别作为领导者和追随者的企业价值函数的显性表达式和最优抢先投资临界值，然后在此基础上给出了无融资约束企业的最优均衡投融资策略和规则，以及两家企业投融资抢先博弈均衡的价值函数，分析得到了最优抢先投资临界值、最优利息支付和最优破产临界值与三个基准情形下的大小关系。

③ 在无融资约束双头垄断企业分析的基础上，进一步探讨了有融资约束的双头垄断企业最优投融资决策行为。同样，首先推导得到了两家企业分别作为领导者和追随者的企业价值函数的显性表达式和最优抢先投资临界值，然后在此基础上给出了有融资约束企业的最优均衡投融资策略和规则，以及两家企业投融资抢先博弈均衡的价值函数，分析得到了最优抢先投资临界值、最优利息支付和最优破产临界值与三个基准情形和无融资约束双头垄断情形下的大小关系。研究表明，与无融资约束情形不同，双头垄断企业融资约束与否会也有

一个明确的判断规则，根据此判断规则，将会出现三种不同情况下的"先进先出"抢先均衡。

（10）不完全信息下企业投融资决策互动的期权博弈模型

假设两家完全对称的风险中性企业都拥有一个抢先项目投资机会，它们都能够通过债务融资获得项目投资资金，但每家企业都只知道另一家企业投资成本连续可微的分布函数和密度函数。该模型在前面七个模型研究的基础上，将完全信息模型进一步扩展到了不完全信息模型，并将双头垄断模型扩展到了寡头垄断模型，以此结合了不同的市场结构和信息结构及企业类型，运用期权博弈方法，对双头垄断和寡头垄断企业分别作为领导者和追随者的最优投融资交互决策行为进行了研究，进而探讨了企业的最优均衡投融资策略。

① 首先考察了完全信息条件下垄断企业最优投融资决策互动行为，得到了一些最基本的结论和性质，以作为不完全信息条件分析和比较的基础。

② 在完全信息条件下，分别对双头垄断企业和寡头垄断企业的最优均衡投融资决策互动行为进行了全面考察。首先，推导得出了两家企业分别作为领导者和追随者的企业价值函数显性表达式，进而给出了两家企业最优均衡投融资策略和规则，并将最优投资临界值、最优利息支付和最优破产临界值与完全信息垄断企业情形进行了比较分析；然后，在此基础上，推导得出了每家企业分别作为领导者和追随者的企业价值函数显性表达式，进而通过归纳和总结，给出了 n 家企业的最优均衡投融资策略和规则，同时将每家企业的最优投资临界值、最优利息支付和最优破产临界值与完全信息垄断和双头垄断企业情形进行了比较分析。

③ 在不完全信息条件下，分别进一步对双头垄断企业和寡头垄断企业的最优均衡投融资决策互动行为进行了全面考察。分析过程和内容基本与②类似，最后将不完全信息双头垄断企业的最优投资临界值、最优利息支付和最优破产临界值与完全信息垄断和双头垄断企业情形进行了比较分析，同时将不完全信息寡头垄断企业的最优投资临界值、最优利息支付和最优破产临界值与完全信息垄断和双头垄断企业情形，以及不完全信息双头垄断企业情形进行了全面的比较分析。

（11）寡头垄断企业投融资决策互动的期权博弈模型

假设 n 家完全对称的风险中性寡头垄断企业都拥有一个新的项目投资机会，它们都能够通过债务融资获得项目投资资金，运用期权博弈方法，深入企业的微观层面，将企业最优投资时机、最优投资规模和最优融资决策同时纳入同一分析框架中，建立了一个更为广泛的企业投融资决策互动的寡头垄断期权博弈模型，探讨了寡头垄断企业对称的古诺纳什均衡投融资策略，从而从更深的层次来挖掘和解析了企业投融资决策之间的内在联系，以及彼此适应和协同优化的过程。

① 作为债务融资情形分析的基础，首先分析了全权益融资企业最优投资时机、最优投资规模和最优放弃时机决策行为，得到了最优投资临界值和最优投资规模所满足的非线性方程，从而表明全权益融资企业的最优投资时机、最优投资规模和最优放弃时机是一个互为内生确定的过程。

② 在全权益融资企业分析的基础上，推导得到了债务融资企业的权益价值、债务价值和企业价值函数的显性表达式，进而进一步分析得到了债务融资企业最优投资临界值、最优投资规模和最优利息支付各自所满足的非线性方程组。研究发现，这些内生的决策变量满足一个嵌套结构，从而表明企业最优投资决策、规模决策和融资决策是一个协同互动的过程。

③ 探讨了寡头垄断企业最优均衡投融资策略和规则，研究表明，该模型只存在一个同时均衡，即对称的古诺纳什投融资同时均衡。

（12）基于期权博弈的企业投融资决策互动的应用研究

对企业投融资决策互动的期权博弈基本理论和模型进行全面总结和系统分析，构建了企业投融资决策互动的期权博弈应用框架体系，并结合实际的案例对应用框架体系和模型应用的整个思路与步骤作出了进一步的阐述和说明，深化了对企业投融资决策内在关联的深刻认识，从而更好地为企业投融资决策的具体实践提供了有益的指导和帮助。

① 从决策框架的建立、模型建立与分析、结果检验与评估、修正重新再设计和决策框架的确定，构建了基于期权博弈的企业投资决策分析的应用框架体系。

② 在企业投资决策应用框架体系基础上，进一步构建了企业投资和融资交互决策的期权博弈应用框架体系，该体系也同样包括上述五个方面，但在模型建立与分析部分作了更加深入的解析和阐释。

③ 通过一个简单"宽带奥运"实例，对如何应用所建立的应用框架体系和模型来分析实际的投融资决策问题进行了进一步的解释和说明。

本书是笔者国家自然科学基金项目"企业投融资决策互动的期权博弈模

型及应用研究"（项目编号：70901078）的前期部分研究成果，但也是主要的核心研究成果。由于笔者水平有限，加上研究时间紧、任务重，尽管在本书写笔上不遗余力，但是书中难免会有诸多错误、缺点和瑕疵，在此恳请各位读者、专家和学者提出批评和指正，笔者也非常愿意借此书出版的契机向大家学习和请教。需要特别说明的是，由于本项目大部分研究成果还尚未见刊发表，加上本书章节篇幅的限制，以及模型程序化实现难度等原因，模型中的 Matlab 数值计算与模拟仿真分析部分并未在本书中体现，实属遗憾。

余冬平
2013 年 2 月于北京融金中财大厦

目　　录

第1章

绪　　论

1.1　研究的背景、目的和意义

1.1.1　研究的背景

1.1.1.1　投资决策的三大影响因素

企业项目投资决策，尤其是战略性项目的投资决策，作为既定战略的实施方法，对企业竞争地位、经营成败、中长期战略目标实现，起着决定性的作用。随着当今社会经济快速发展，市场竞争日益激烈，技术、市场、政策、管理和法律等不确定性因素增多，企业的经营活动受到各种难以预测和不可控制因素的影响，企业面临着诸如经营风险、财务风险和证券投资风险等多种风险，而且各种风险相互交织在一起，使得企业项目投资决策的环境变得越来越错综复杂。就总体而言，企业项目投资决策主要受到以下三大因素的影响：

（1）投资成本的不可逆性。投资的成本不可逆性是指由于投资的失败而导致投资的成本部分甚至全部变成沉没成本，从而不能收回全部投资成本。项目投资成本包括研发的投入成本，如雇用人员的工资、雇员的培训费及解雇费等；建厂的设备成本，如试验设备费、原材料费、办公设备费等；同时还包括经营过程中的广告费、营销成本等。例如一家企业已经就其新技术进行了生产能力的投资，由于市场需求的问题而放弃生产，进而导致企业破产，该企业可以考虑变卖所有生产设备，但其价值将明显低于其采购时的成本。在该行业处于萧条的情况下，该企业的设备面临转让无门的境地，这时的投资成本几乎就是完全不可逆的了。另外，在投资过程中雇用、培训及解雇的高昂成本，对人力资源的投资也是部分或者全部不可逆的。

投资成本的不可逆性对企业项目投资决策具有很大的影响，这表现在以下两个方面。首先，投资的资金是有成本的。特别是企业的借贷资金，企业借用并用于投资的目的是获得高于资金成本的收益。如果投资失败，不但不能获得预期的收益，还要损失资金及其成本。其次，从财务管理的角度来讲，企业在进行投资决策时必须考虑资金的机会成本。成本的不可逆性实际上加大了投资的机会成本。

可见，投资成本的不可逆性是企业投资决策所必须考虑的一个重要因素，否则会导致投资项目的失败。

（2）投资收益的不确定性。投资的确定性意味着投资者确切地知道投资的未来收益。而投资的不确定性则是指投资者在当前并不能够确切地知道将来的投资收益状况，投资的未来收益状况是投资者所不能完全控制的，是由投资者所处的外部经济环境的随机变量决定的，理性的投资者只可能知道其投资未来收益状况的主观概率分布。不确定性就意味着风险，当外部随机经济变量朝着有利于投资者的方向变化时，投资者将来就会获得正的收益；否则，投资就有可能失败。可以说，几乎所有的投资都面临着未来的不确定性。

不确定性有多种表现形式，包括技术上的不确定性、市场上的不确定性、政策上的不确定性和竞争环境的不确定性等。技术上的不确定性首先体现在技术成功的不确定性上。企业为了提升竞争力而进行技术创新，但该项技术创新能否成功，何时能够成功，创新的效果如何等等都是企业所不能把握的。其次，技术的寿命有多长也是不确定的。特别是在新技术不断涌现的今天，持续不断的创新乃是一个企业生命的源泉。市场的不确定性则表现出多样性。最直接表现为产品市场对企业所生产产品的需求增长速度的不确定性。一项投资可能就因为企业对未来产品需求的错误判断而导致失败。其次，市场不确定性还表现在企业生产成本的不确定性。如原材料市场价格的波动，若企业对这种不确定性估计不足将会蒙受损失。政策上的不确定性表现为产业政策、金融政策、税收政策等的不确定性，这些都带有一定的突发性，是企业所不能控制的。

不确定性极大地影响着企业项目的投资决策。在决策中如何处理不确定性，成为决策正确与否的极其关键的因素。虽然企业可以采取一些措施，如套期保值、等待策略等，但最终不能消灭不确定性，导致企业的项目投资决策总是在不确定的环境中做出的。正是以上各方面的不确定性，最终体现为企业投资收益的不确定性。

（3）投资环境的竞争性。迈克尔·波特指出：任何产业都面临着现存竞争对手间的竞争、新的竞争对手的进入、替代品的威胁、客户的砍价能力和供应商的砍价能力这五种竞争作用力。这五种竞争作用力使得任何产业中的企业要想确立其竞争优势就至少应采用成本领先、标新立异及目标集聚这三种基本竞争战略中的一种。

可以肯定的是，大多数投资机会对于具体的投资者而言虽具有一定程度的垄断性，但并不都具有完全的排他性独占权，因此，在追逐利润的企业之间，竞争是不可避免的。而不同的产业组织结构或者说市场结构对企业的投资活动产生不同的激励，由于垄断与竞争的程度不同，投资的替代效应、互补效应与效率效应都会使得企业在不同的市场结构下采用不同的投资策略。这也说明，企业项目投资活动受市场结构的影响，市场结构的不同决定了竞争程度的不同，从而影响企业项目投资决策行为。

综上所述，企业项目投资的上述特点要求企业在做出投资决策时必须将竞争纳入决策框架，也就是在投资决策时，必须考虑投资成本的不可逆性，必须根据投资项目面临的不确定性的高低与类型正确评价项目的价值，正确的选择项目投资的时机与方向，同时必须考虑不同市场结构下竞争对手的反应。

由此，我们可以看出，在不确定性、不可逆性和竞争性环境下，科学的项目投资评价与决策方法是有效的投资决策及成功的战略投资的关键环节，它已成为项目投资决策分析的基本内容，并受到了政府有关部门、学术界及企业界的高度重视。

1.1.1.2　投资与融资决策的协同互动

众所周知，企业项目投资与融资决策是企业理财活动的两大部分。就单个企业而言，企业的投资和融资是同一资金运动过程中不可分割的两个方面：企业投资必须考虑其融资的能力和成本，企业融资必须以投资的需要为依据。企业融资决策主要体现在资本结构的调整上，不同的资本结构对企业的投资行为产生不同的影响，而不同的投资行为有其相应的最优资本结构。显然，企业的投资和融资决策应该是一体的、相互依存和相互作用的，这种内在联系的紧密程度决定着企业效率的高低以及价值的实现。因此，两者的决策优化过程必然是一种彼此适应与协同的过程。

纵观我国许多上市公司的决策行为，在企业投资决策上大体上存在"不自量力"、"为所欲为"和"任人宰割"等几种类型的非理性行为。在融资决策方面，公司通常会不顾投资的需求，形成最大量的资金融入偏好以及股权融资偏好，从而产生委托理财、资金投向变更等低效率行为。可以认为，这些问题较大程度上归咎于决策者对投融资互动关系的割裂。因此，我们必须进一步加深企业决策者对投融资决策相互关系的认识，切实保障两种决策的协同与互动，从而才能解决现阶段我国企业投融资决策中存在的非理性与非效率问题。

投融资交互关系一直是企业财务理论研究的重点，从最初经典的 MM 理论，到权衡理论、代理理论和不对称信息理论，再到产品市场竞争理论，各种理论试图从不同的视角为企业投融资决策的内在关系提供一定程度的解释，但基本上都只集中于负债融资对投资行为的影响，而对于投资行为如何反过来作用于融资决策，以及它们之间互动关系的作用机理，至今尚缺乏一个直接而又系统深入的分析。不仅如此，这些理论研究都以传统的静态 NPV 方法为基础。众所周知，这种方法许多假设都与实际情况不符，忽视了许多重要的现实因素影响（诸如投资项目收益的未来不确定性、决策柔性、等待的价值以及项目的战略价值等），从而在决策时往往造成项目价值的低估、投资的严重不足和决策的错误，使得企业失去许多潜在的发展机会，导致实际竞争地位的下降。显然，传统的 NPV 方法在面临不确定性的投融资环境时，其自身缺陷暴露无遗。为此，国外引入比较成熟的实物期权方法，突破了传统决策方法的局限和束缚，同时将不可逆性和不确定性纳入了分析框架，很好地解决了投资项目中的不确定因素和管理灵活性因素。从国内外已有的这方面研究文献来看，尽管不同的学者也从不同的角度，运用实物期权方法对投融资决策的交互关系作出了一定的解释，但和非实物期权方法一样，依然侧重于负债融资对投资决策影响分析，没有真正从投融资决策行为本身入手阐释两者的相互关系和互动机理。同时，这种方法虽然克服了传统 NPV 方法的许多缺陷，但是却忽略了竞争者的存在，这是它和金融期权的最大区别。现有大多数文献仅考虑了单个企业的投融资决策行为，没有充分考虑其他竞争对手的执行策略，因而，实物期权方法已不能满足不确定和竞争环境下企业投融资战略决策制定的需要。

实际上，企业的财务决策，尤其是战略性项目的投资和融资决策，企业的管理者或决策者能否运用比较先进和精湛的决策分析方法，做到投融资项目决策的科学性、及时性、有效性和正确性，已经关系到企业的生死存亡。然而，不论哪种投资项目，一般都具有上述不可逆性、不确定性和竞争性三个基本特征。正由于这三个特征，使得企业或项目的投融资决策分析变得更加复杂，对于决策方法的科学性、适用性和准确性也提出了更高的要求。因此，唯有将实物期权和博弈论有机结合起来，建立一种全新的和有效的决策分析方法——期权博弈方法，来研究竞争环境下的策略投资与企业融资政策的相互关系，这是一项极具有挑战性的科研课题。

1.1.2 研究的目的和意义

实物期权博弈方法作为一种全新的战略思维方式，并以实物期权理论和博弈论极佳的结合点和巨大的发展潜力，来解决不确定条件下竞争项目评价与投融资决策问题，无疑为我们拓宽了研究思路和视野。

正是基于此，本书以"企业投融资决策互动的期权博弈模型及应用研究"为研究课题，在不确定性和竞争环境下，将不可逆投资决策和企业的融资决策结合起来进行研究，从决策行为本身入手，建立一个连续的、动态的和整体的企业投融资决策互动的期权博弈理论、模型和应用框架体系，从三个层面逐步深化对企业投融资交互决策行为的解析。

本书属于投资决策和融资决策、实物期权和博弈论等多学科交叉领域的结合研究，能够弥补国内外研究的不足。整个理论、模型和应用框架体系的建立，不仅具有重要的理论和学术价值，而且在提高管理决策的科学性、增强管理决策的灵活性方面都具有重要的实际应用价值。具体体现在三个方面：

第一，拓展和丰富企业投融资交互关系理论，进一步完善项目投资估价与决策理论方法，进而促进企业财务理论的发展；第二，深化企业各类决策主体对投融资决策内在关联的深刻认识，减少企业因投融资关系人为割裂而产生的效率损失，从而更好地实现企业资本的有效配置。第三，提供一种全新的思维方式和视角，改变企业决策者对投资和融资风险的态度，提高其决策的科学性、灵活性和实效性。总之，本书的研究成果可以为企业投融资决策交互策略的选择，提供一个有力的数量分析和理论支持平台。

1.2 国内外研究现状及发展动态分析

本书属于投融资交互决策的理论模型研究，因此，下面也仅从与本书密切相关的几个理论模型方面：非实物期权模型（包括 MM 理论、权衡模型、代理模型、不对称信息模型和产品市场竞争模型）、实物期权模型和期权博弈模型，来分别对相关文献进行系统梳理、总结和评述。

1.2.1 非实物期权模型

最早对投融资交互关系的研究可以追溯到两位诺贝尔经济学奖获得者弗兰科·莫迪利亚尼（Franco Modigliani）和其学生莫顿·米勒（Merton Miller）于1958年在《美国经济评论》上发表的《资本成本、公司财务和投资理论》一文。该篇具有划时代意义的论文在理想资本市场的假定下得出企业价值不受其资本结构影响的论证（简称 MM 理论）。然而，在现实的资本市场上，企业价值、权益和债务价值的估计，以及投资、融资决策和两者的交互关系会受到税收、破产和财务危机成本、代理冲突、不对称信息，以及不完全竞争市场的影响。因此，后来学者们逐步放宽 MM 理论的某些假设条件，对资本结构理论和投融资间交互作用的机理进行了研究，从而极大地推动了企业财务理论的发展。根据放宽的假设条件的不同，这方面的研究大致可以概括为如下几类模型。

1.2.1.1 所得税和权衡模型

第一类研究放宽资本市场无摩擦的假设，分析企业所得税、个人所得税、破产成本、财务危机成本、融资成本等关于资本市场的外部因素对企业价值和投资决策的影响。Modigliani 和 Miller（1963）首先引入企业所得税，对 MM 理论进行了修正，结果表明，由于债务利息税前支付而具有抵税的作用。然而，这一远离现实经济的结论忽略了债务融资的负面影响，即随着债务融资的增加，企业可能陷入财务危机，并导致极端情形的破产，而一旦破产，企业将丧失债务利息抵税的好处。同时考虑债务利息的抵税作用和债务融资可能引发的财务危机或破产，以 Stiglitz（1969）、Kalus 和 Litzentierer（1973）和 Scott（1976）为代表的传统权衡理论（Trade-Off Theory）率先对 Modigliani 和 Miller（1963）的修正结论提出挑战，并引发了大量的实证研究，如 Taggart（1977）、Mackie-Mason（1990）、Opler 和 Titman（1994）等。

另外，Miller（1977）对 Modigliani 和 Miller（1963）进行了扩展和修正，他指出债务较权益在个人所得税方面的劣势，建立了著名的税收均衡（又被称作 Miller 市场均衡）模型，即最优债务融资取决于企业所得税、权益个人所得税和债务个人所得税三者的大小。DeAngelo 和 Masulis（1980）则给出另外一种解释，他们指出由于投资抵税、折旧抵税、税收递延等非债务抵税作用与债务利息抵税作用之间存在替代关系，因此债务利息抵税的边际收益会呈递减趋势，从而企业并非 100% 采用债务融资。

以上述研究为基础，Hite（1977）、Dotan 和 Ravid（1985），以及 Dammon 和 Senbet（1988）在考虑企业所得税和破产成本的情况下，研究了负债水平和最优投资水平间作用关系。最近的研究 Titman 和 Tsyplakov（2003）进一步考虑企业可以动态调整其资本结构和投资选择的可能，通过建立连续时间模型，分析了所得税率、财务危机成本、资产折旧率、交易成本等外部因素对企业投资决策和调整资本结构能力的影响。

1.2.1.2 代理模型

第二类研究放宽理想资本市场的另外三个假设条件：其一，所有市场参与者都是原子的（Atomistic），即他们各自都不能够影响证券的市场价格；其二，企业的投资决策是固定的、并为所有投资者共知的；其三，企业的融资决策和资本结构是固定的。根据委托代理主体的不同，Jensen 和 Merkling（1976）认为由众多利益相关者（股东、经理、债权人、员工、供货商等）组成的企业主要存在股东和经理之间，以及股东和债权人之间两种代理冲突。

（1）股东和经理之间的代理冲突。所有市场参与者都是原子的意味着企业的所有权是分散的，任何股东都没有激励监督经理是否以股东利益最大化行事，从而可能产生经理的利己行为或者最大化自身财富的行为。在缺乏有效监督的情况下，一方面，经理可以通过在职消费、扩大企业规模而非价值（即过度投资）、操纵盈余和股利等手段增加自己的报酬和财富；另一方面，为了避免失去其职位，经理可能过度分散化投资（Excessive Diversification）、操纵董事会人员、尽少采用债务融资、将企业向提高企业对其依赖程度的方向发展，以及投资某些风险小、收益低的项目，而这些决策行为可能有悖于股东利益最大化的委托初衷。

（2）股东和债权人之间的代理冲突。放宽投资、融资决策是固定的假设条件，将产生股东和债权人之间的代理冲突。具体来讲，股东可以通过如下三种方式，以牺牲债权人利益为代价增加自身利益：第一，发行与已有债务相同索偿等级的新债务，即通过提高财务杠杆的再融资策略来侵害债权人利益；第二，投资风险较大的项目，从而增加企业资产的风险；第三，发放股利。从本质上讲，这三种行为均是股东有限责任制体现，它们所导致的企业价值损失称为债务代理成本（Agency of Debt）。Myers（1977）则指出另外一种代理冲突——投资不足（Underinvestment），即由于企业破产之日债权人享有优先索偿权，因此，一旦投资项目所带来的 NPV 小于已有债务额时，清偿债务后，股东将享受不到任何项目所创造的价值，从而股东可能会拒绝投资某些 NPV 为正的项目。Ogden，Jen 和 O'Connor（2003）利用二项式模型对股东和债权人间代理冲突的四种行为进行了例证。

需要注意的是，尽管债务融资会导致股东和债权人之间的利益冲突，但是，正如 Jensen（1986）所指出的那样，债务融资因其付息和还本的现金支出压力，一定程度上可以约束经理对自由现金流的滥用（如在职消费和过度投资），从而减轻股东和经理之间的代理冲突。因此，权衡债务融资引发股东和债权人代理冲突与减轻股东和经理代理冲突的两方面的作用，Jung、Kim 和 Stulz（1996）给出了基于代理理论的最优资本结构决策模型，这一模型又被称作第二权衡模型（Second Trade-Off Model）。

1.2.1.3 不对称信息模型

第三类研究主要放宽所有市场参与者具有同质性的期望，即市场参与者都拥有与价值相关的各种信息的假设条件。在竞争性市场和所有权与经营权分离的条件下，以股东利益最大化进行决策的经理不能够向竞争者泄露某些重要的战略计划和经营决策信息；而且即使是股东也无法获得这些信息，这是因为竞争者可以通过二级市场购买股份来成为企业股东、进而获得这些信息；进一步，在公开交易的债券市场，经理也不能向债权人泄露这些信息。因此，与股东、债权人、外部投资者（潜在的新股东或债权人）相比，经理总是拥有多一些关于企业战略和项目真实价值的信息，从而导致此处所指的不对称信息。这方面的研究大致又可以分为信号模型（Signal Model）、信贷配给模型（Credit Ration Model）和融资优序理论（Perking Order Theory）三种经典研究。

（1）信号模型。Leland 和 Pyle（1977）假设经理知道项目真实价值，而外部投资者不知道该价值，在此不对称信息条件下，作为内部人的经理的持股比例是一个向外部投资者传递项目真实价值信息的有效信号，其原因在于：一方面，经理的持股比例越高，如果项目真实价值是高的，那么经理的财富、从而其个人效用增加的就越多；但是，另一方面，高的持股比例会减少经理可用于分散化投资的财富，而丧失分散化投资的机会使得经理财富价值变小。因此，两方面效应的相互作用使得存在一个最优的经理持股比例，使得其个人效用最大化。Leland 和 Pyle（1977）的经理持股比例信号模型的预示在于，不对称信息会阻碍企业所有权的过度分散，并可以解释现实中许多私有企业的存在和 IPO 过程中高的经理层持股比例。

Ross（1977）指出，债务融资是传递项目真实价值的积极信号，其基本原理为：由于债务有还本付息的现金支出压力，拥有项目未来现金流和项目风险私人信息的经理进行债务融资，表明他们对项目未来收益有较高的期望，传递着经理对企业的信心，同时使外部投资者对项目前景充满信心，所以债务融资向市场传递项目质量高的信号，并将高质量企业与低质量企业区别开来。Besanko 和 Thakor（1987）进一步指出债务抵押（Collateral in Loans）是传递项目真实价值的有效信号，这是因为，高的违约风险意味着企业失去抵押品的可能性较高。因此，违约风险高的企业会选择利率较高、但无需抵押的债务合约。

Bhattacharya（1979）提出了股利作为经理私人信息的信号模型，他们认为经理知道企业未来期望现金流的准确信息，同时由于差企业没有足够现金支付承诺的股利的可能性较大，因此，他们不得不承担高的外部融资成本，此时差企业不敢承诺股利的支付，从而市场自动将其和好企业区别开来。Milier 和 Rock（1985）认为，股利、股票回购、债务赎回等需要现金支出的企业政策都可以作为传递信息的有效信号，对 Bhattacharya（1979）的模型进行了扩展。

（2）信贷配给模型。Stiglitz 和 Weiss（1981）从信贷配给的视角阐释了不对称信息条件下债务融资导致投资不足的机理。一般而言，银行的利润由贷款利率的高低和贷款违约风险的大小共同决定。倘若违约风险独立于贷款利率，当信贷需求大于供给时，提高利率可以增加银行利润。但是，由于贷款者拥有投资项目和自身违约风险的私人信息，因此面对违约风险不同的众多贷款人，银行无法确切甄别贷款人的投资项目风险和违约风险时，提高利率会使低风险、资信好的贷款企业退出市场，即产生逆向选择行为；或者由于无法观测和监督贷款企业的投资行为，提高利率会诱使贷款企业从事风险更高的投资项目，从而增加贷款违约风险，即产生道德风险行为。由于这两方面影响作用的存在，银行会通过选择适当利率和配额手段拒绝一部分贷款申请，而不愿意选择尽可能高的利率来满足贷款需求，从而产生了信贷配给。进一步，信贷配给使得那些风险高、预期收益也高的项目无法筹集足够的资金，从而导致投资不足行为的发生。

（3）融资优序理论。Myers 和 Majluf（1984）的融资优序理论认为，外部投资者获取的关于企业资产价值的信息比企业内部人少，那么权益价值就可能被市场低估，因此，如果企业通过发行新股为项目融资，定价可能过低以至于外部投资者将获得超过项目 NPV 的收益，从而导致现有股东的净损失。这种逆向选择行为会使得企业因无法获得足够的外部融资而放弃 NPV 为正的项目，即引发投资不足；然而，如果企业能够用一种价值不是如此严重地被市场低估的证券为项目融资，或者选择一种对企业内部信息不太敏感的证券进行融资，则这种逆向选择行为就可能避免。Myers 和 Majluf（1984）的融资优序理论为公告增发新股后股价下跌的现象提出了一种可能的解释；随后，Krasker（1986）、Narayanan（1988）、Korajczyk 和 Lucas（1990）、Titman 和 Wessels（1988）分别对融资优序理论进行了理论扩展和实证检验。

1.2.1.4 代理冲突与不对称信息的结合模型

代理模型和不对称信息模型主要考察了"激励"、"信号"、"动机"等企业内部因素对企业资本结构和投资行为的影响，最近的研究则将这两类模型结合，更为深入地分析同时存在代理冲突和不对称信息条件下的投融资交互关系。事实上，如果经理拥有关于企业市场价值或者项目价值的私人信息，经理有机会、也有激励夸大这些价值，这样做既可以提高股价从而实现股东利益最大化，同时经理也会因为高的股价而获得高的报酬，但是对股东而言，他们很难准确判断经理的行为是利己的还是最大化股东利益的。换言之，不对称信息将加重股东和经理间的代理冲突。

Noe 和 Rebello（1996）给出同时考察不对称信息和经理利己行为对企业融资和股利政策影响作用的理论模型。一方面，根据委托代理理论和 Bhattacharya（1979）的股利信号模型，发放股利既可以减轻经理的自由现金流滥用问题，又可以向市场传递有效信号；另一方面，由于 Myers 和 Majluf（1984）所说的逆向选择问题，发放股利要求企业增加外部融资、从而增加融资成本。因此，在经理拥有投资机会真实价值的私人信息和经理利己行为存在的条件下，企业的股利政策需取决于以上两方面的影响作用。

Harris 和 Raviv（1990）则给出不对称信息和经理利己行为条件下的最优资本结构模型。一方面，类似于股利发放，债务融资既可以减轻经理的自由现金流滥用问题，又可以起到 Ross（1977）所指的信号传递作用；另一方面，债务融资会引发财务危机和破产。因此，即便在无税收的环境下，也会存在一个最优的资本结构。

Stulz（1990）指出，一方面，在股东和经理委托代理关系下，经理可能为增加报酬而过度投资；另一方面，尽管股东无法知道项目真实现金流，但他们可以预期经理的过度投资行为，因此，对于经理"好项目没有足够投资资金"的抱怨，股东通常是不予以信任的，即便真的如此。债务融资可以减轻代理冲突下经理的过度投资行为，但是不对称信息使得某些好项目因无法获得股东资金支持而被放弃，即发生投资不足；相反，股东提供投资资金虽然可以减轻投资不足，但会增加过度投资的可能。因此，权益与债务相反的影响作用将决定一个最优的资本结构，学者们将 Stulz（1990）的模型称作第三权衡模型（Third Trade-Off Model）。

1.2.1.5 产品市场竞争模型

这类研究主要放宽的是在产品市场上所有市场参与者具有竞争同质性的假设，即市场参与者处于一个完全竞争的产品市场条件。Brander 和 Lewis（1986）最早将企业资本结构与产品市场竞争置于同一个研究框架下。他们提出企业在产品市场上的竞争行为受其资本结构的影响，而企业在产品市场上的表现和绩效也影响着企业的资本结构决策。

然而，由于 Brander 和 Lewis（1986）仅考虑了企业融资结构选择对产品市场竞争的策略效应（Strategy effect），而忽略了融资结构选择对企业内部代理问题的影响，因此受到学者们的普遍质疑。在此基础上，Bolton 和 Scharfstein（1990）提出了掠夺性定价理论，通过分析得出：在产品竞争市场，假若存在掠夺性定价条件，那么企业的最优融资结构取决于降低企业内部代理成本和减轻掠夺性定价的激励措施之间的权衡。Kovenock 和 Phillips（1996）则在 Myers 和 Majluf（1984）融资优序模型的基础上建立了负债融资的"市场战略作用"模型。他们假设企业以利润最大化为目标，生产不完全竞争产品的企业之间展开价格竞争。在他们的模型中，负债的增加在降低企业自身的市场竞争能力的同时，间接促进了竞争企业的发展。

虽然，上述理论模型并没有直接显示企业融资决策与投资行为之间的关系，但是他们的分析都依赖于投资的解释。企业产品市场策略的调整都会集中地反映在企业投资规模和资金投向的选择上，或者说企业产量调整就等同于投资规模或资本的调整。有鉴于此，Brander 和 Lewis（1986）以及 Bolton 和 Scharfstein（1990）的分析反映了负债融资与投资规模之间的正向关系；而 Kovenock 和 Phillips（1996）的模型则反映了二者之间的负向关系。

上述非实物期权文献表明：投融资决策之间的关系从最初的孤立对待，到最后的相互融合，其理论成果在学者们否定与反思过程中不断地螺旋式上升。

各种理论试图从不同的视角为企业投融资决策的内在关系提供一定程度的解释，但是多数理论都只集中于负债融资对投资行为的影响分析，没有对投资和融资决策之间的互动行为进行深入挖掘和剖析。同时，上述理论都只建立在传统的 NPV 方法基础之上，忽略了现实中企业投融资运营机动性和战略适应性的特征，从而有可能低估项目的价值，甚至导致错误决策。也即上述非实物期权模型没有将不确定性、不可逆性和管理的灵活性纳入同一决策分析框架，难以体现企业战略投融资分析的要求。

1.2.2 实物期权模型

针对 NPV 法的不足，Black 和 Scholes（1973），Merton（1974）等学者开创了实物期权的理论方法，从而为企业投融资决策提供了更为科学的工具。迄今为止，实物期权方法得到了越来越多的重视，在国内外有关企业投融资决策的研究中也获得了非常广泛的应用。但相对于前述非实物期权模型的研究，运用实物期权分析方法研究企业投融资交互关系的文献相对较少。现将已有的投融资交互关系的实物期权模型研究分为如下三类。

1.2.2.1 财务变量对投资决策的影响模型

第一类研究主要考察债务及其利息水平和破产成本等外生性财务变量对投资决策的影响。

Trigeorgis（1993）运用二项式模型分析股东破产柔性和企业运营柔性间的相互作用，比较了一次性债务融资、阶段债务融资和债务与股权混合融资三种融资方式对股东权益价值的影响，较早讨论了投融资间的交互关系。但 Trigeorgis（1993）忽略了债务融资的税收优势。Mauer 和 Triantis（1994）假设企业拥有等待投资、停启运营和再融资三种决策灵活性，考察了三种决策灵活性的作用关系，并讨论了运营决策和融资决策间的相互影响。但他们没有考察项目初始投资决策和融资决策之间的交互作用关系。

与 Trigeorgis（1993），Maner 和 Triantis（1994）中资不抵债的外生性破产条件不同，Jou（2001）假定公司通过发行股票和永生性债务进行项目融资，利用股东无激励注入资金时企业就破产的内生性破产条件，得到项目价值估计的解析表达式，进而比较静态地分析了永生性债务的利息水平、破产成本、投资不可逆程度等参数对投融资决策的影响。但 Jou（2001）忽略了破产临界值需要内生确定这一事实，即投资门槛值、破产临界值和最优债务利息水平需要同时确定。Leon（2003）利用税收调整的风险中性方法（Tax Adjusted Risk - Neutral Approach），避免了直接考虑债务所可能造成的财务危机和企业破产，并且得到项目期权价值和投资概率的近似解析解，进而分析税收、财务杠杆比率对投资决策的影响。

Leland（1994，1996，1998）进一步系统地运用实物期权方法研究内生和外生两种破产机制下债务价值估计、最优资本结构、代理成本和风险管理等问题。但 Leland 直接假定企业资产价值服从几何布朗运动，而企业资产价值一般是不可观察的经济变量，导致模型参数的估计比较困难和决策缺乏可操作性。为此，Mella - Barral 和 Perraudin（1997）在研究策略性债务违约时把企业的产出价格作为影响企业价值的基础变量，它是可观察的经济变量，把可观察的经济变量作为决策变量更具可操作性且更令人信服。但他们没有考虑企业所得税的情形，且假设在任何时刻企业破产的剩余资产价值均为常数。国内学者简志宏和李楚霖（2001，2002）对此进行了扩展性研究。其中，简志宏和李楚霖（2001）在考虑企业所得税的情形下分析了纯股票融资企业关闭和杠杆企业破产的决策及破产后债权人选择破产清算或破产营运的决策，得到了企业关闭和破产决策的临界值。简志宏和李楚霖（2002）在考虑了企业所得税的情形下研究企业的策略性违约和债务重组问题。刘向华和李楚霖（2005）又在简志宏和李楚霖（2001，2002）的基础上，详细讨论风险债务的债权人在企业破产时选择破产清算或破产营运时企业债务水平与破产决策之间的关系，分析了不同杠杆水平的企业破产决策问题，发现债务对企业的破产决策具有重要影响。

另外，Pawlina（2005）研究了基于成长期权下的财务困境企业的最优清算、投资及其债务重新谈判政策，并运用实物期权的方法，定量地考察了重新谈判期权、讨价还价能力分布和间接破产成本对企业的最优投资与清算政策的具体影响。在最近的研究中，Sundaresan 和 Wang（2007）在实物期权的框架下也探讨了股东和债权人之间的债务重新谈判策略，分析得出：股东具有较高的谈判力不仅降低了负债能力、减少企业的价值，也延迟了其增长期权的执行。

1.2.2.2 代理冲突下非效率投资行为模型

第二类研究重点考察股东和债权人间代理冲突时所导致的非效率投资，对这些研究我们可以从投资不足、过度投资，以及同时考察两种投资行为来分别予以概括和评述。

（1）投资不足。Myers（1977）最早提出并运用实物期权方法，在事先固定投资决策时刻的基础上考察该时刻是否存在投资不足，但是其灵活性仅仅体现为投与不投，相当于欧式期权的行权决策。Mello 和 Parsons（1992）扩展了Brennan 和 Schawartz（1985）的实物期权模型，并通过比较企业价值最大化和股东价值最大化两种决策目标下投资门槛值的大小，发现后者要高于前者，即代理冲突会导致投资不足；他们进一步通过比较两种决策目标企业价值的大小，并利用投资不足导致的企业价值损失表示代理成本的大小，首次对代理成本进行了测度。随后，Riddiough（1997）考察了土地开发决策过程中的投资不足问题。与 Mello 与 Parsons（1992）和 Riddiough（1997）不同，Mauer 和Ott（2000）假设，除了正在运营的现有资产外，企业还拥有扩张其经营规模，从而增加运营利润的增长期权，运用实物期权方法研究了代理冲突所导致的投资不足问题，并重点度量了投资不足的代理成本及其对最优资本结构的影响。Nachman（2003）、李强和曾勇（2005）运用简单的二项式模型考察了已有债务负担引发投资不足的机理，但是他们的分析仅适用于资不抵债的企业。

（2）过度投资。Leland（1998）和 Ericsson（2000）假设杠杆企业可以选择其所经营资产的风险水平，在 Leland 系列关于风险债务定价和最优资本结构决策模型的基础上，通过比较股东价值最大化和企业价值最大化两种决策目标下企业经营资产由高风险转换为低风险所需资产转换临界值的大小发现，股东价值最大化目标下所需的资产转换临界值较高，即股东更愿意经营高风险资产，他们将此行为称为过度投资，并重点对过度投资造成的代理成本和其对最优资本结构的影响进行了测度。然而，正如 Mauer 和 Sarkar（2005）指出的那样，Leland（1998）和 Eriesson（2000）假设企业资产价值服从外生的几何布朗运动，因此他们所考察的代理成本仅仅反映了过度投资导致的债务利息税盾和破产成本净值减少的部分，而未涉及过度投资造成的企业运营价值（即不考虑税收和破产成本时企业的价值）减少的部分。为此，Mauer 和 Sarkar（2005）构建产出品价格服从几何布朗运动假设下的实物期权模型，对过度投资的代理成本及其对最优资本结构的影响重新进行了测度。其测度结果显示，过度投资会使得企业价值大约损失 9.4%，远远高于 Leland（1998）测度的1.4%，这一数字更加接近 Moyen（2002）和 Titman 与 Tsyplakov（2003）非实物期权模型得出的结果。国内学者刘星和宋小保（2007）通过把控股股东代理的影响内生到实物期权模型中，分析了控股股东代理对负债代理成本的影响。研究结果认为，控股股东的存在加大了债权人与股东之间的信息不对称程度、提高了负债融资的代理成本，并导致企业过早投资。郭健和魏法杰（2008）也研究了股东债权人代理冲突下负债融资对企业投资行为的影响。研究表明：与企业价值最大化策略相比，在股东权益最大化目标下，股东具有较早执行投资期权的动机，影响投资期权价值和最优财务杠杆的选择，并侵害了债权人的利益。

（3）投资不足与过度投资的同时考察。尽管以上关于非效率投资行为及其代理成本的两类研究很好地体现了投融资之间的交互关系，但是，它们只是单独从投资不足或者过度投资的角度进行研究，并未给出同时考察这两种行为的统一的实物期权模型，而这方面的研究相对较少。

Childs，Mauer 和 Ott（2000，2005）假设企业资产由现有资产和未来增长机会两部分构成，并且二者的价值均服从几何布朗运动，同时对投资不足和过度投资两种行为的形成机理，以及它们对最优资本结构的影响进行了研究。但是，Childs，Mauer 和 Ott（2000，2005）是在如下两种情形下分别对投资不足和过度投资进行研究的：如果企业需要放弃部分现有资产、同时投资风险更高的资产，则会产生过度投资；相反，如果企业无需放弃任何现有资产、投资与现有资产风险相同的资产的，则会产生投资不足。Lyandres 和 Zhdanov（2005）考虑一个无税收和破产成本的简化环境，假设产品价格服从几何布朗运动，在更为统一的模型框架下同时研究了投资不足和过度投资。他们指出，投资不足问题的已有研究都假设投资资金全部由股东提供，而债权人享受部分、甚至全部投资价值，因此，如果保持投资前后已有债务价值不变，即剔除投资不足行为，同时企业通过新债务融资获取部分投资资金，那么破产导致投资机会丧失的可能会促使股东过度投资。Grallam 和 Harvey（2001）曾实证指出，企业管理者进行投融资决策时并不关心投资不足和过度投资的非效率投资行为。针对这一令如火如荼的理论研究惊讶的实证结果，Ju 和 Hui（2006）通过建立多期投融资决策的实物期权模型，研究发现：如果企业需要进行多期债务融资，那么前期的过度投资行为无疑会增加企业后期债务融资的成本，因此，企业将没有激励进行过度投资；另一方面，如果企业拥有多期的投资机会，那么股东提供全部资金投资前期投资机会将增加企业资产价值和降低破产风险，从而使得股东可以将来继续投资后续投资机会，出于这种考虑，股东前期的投资不足激励将会减弱、甚至消除。

以上文献运用统一的实物期权模型同时考察了两种非效率投资行为，他们的共同结论是依据股东价值最大化进行决策既可能导致投资不足，又可能导致过度投资；然而，他们并未给出引发两种投资行为的条件。Hinh 和 Homburg（2005）假设企业拥有投资一个价值服从几何布朗运动的项目的投资机会，研究发现：当内部现金存量可以保证投资所需、从而股东无需提供任何投资资金时，依据股东价值最大化进行决策会导致过度投资；反之，当企业没有任何现金存量、从而股东需要提供全部投资资金时，发生投资不足。因此，到底发生哪种非效率投资行为需取决于投资资金中由企业现金存量提供的比例。国内学者彭程和刘星（2006）假设企业已有一定债务负担，投资资金全部由股东提供，此时，依据股东价值最大化进行投资既可能导致过度投资也可能导致投资不足，其条件在于：若投资使得无风险的已有债务变成风险债务，则发生过度投资；若投资之前企业的债务即为风险债务，则发生投资不足。

尽管 Hirth 和 Homburg（2005），彭程和刘星（2006）的研究是为数甚少研究非效率投资行为发生条件的实物期权文献，但是，二者模型的共同假设是企业已有资产的价值或者企业利润流不存在不确定性，并且投资所需外部融资资金全部由股东提供，这与现实有一定差距。为此，李强和曾勇（2009）利用随机出现的新技术的出现速度及其对现有资产和现有新技术的价值冲击程度反映技术不确定性，并进一步放宽了已有关于非效率投资行为发生条件模型中投资资金全部由股东提供的假设，构建了股东和债权人代理冲突条件下考察同时投资不足和过度投资两种非效率投资行为的实物期权模型。研究结果表明：投资不足和过度投资分别会随着旧债务和新债务的增加表现得越为严重；而新旧债务比例可以作为两种非效率投资行为的一种辨别条件。

1.2.2.3 融资约束对投资决策的影响模型

最后一类研究主要分析企业内部现金流的随机波动，以及企业与外部投资者间非对称信息导致的投资资金受限或融资能力大小对投资决策的影响。

Brennan 和 Schwartz（1984）首次在同一框架下分析了债务条款限制对企业投融资决策的影响，从而在一定程度上反映了投融资决策间相互依存的关系。Laar 和 Letterie（2001，2002）外生假定一个投资资金受限的财务状况，企业因资金限制只能投资一个项目，因此面对两个或者多个价值不确定的项目时，资金限制会使得企业更愿意延迟投资，从而选择最为有利的项目进行投资。Lensink 和 Sterken（2001，2002）则在 Stiglitz 和 Weiss（1981）信贷配给模型基础上，考虑企业拥有等待投资项目的权利，研究了信贷配给对投资决策的影响。他们的基本结论都是，相对于不考虑资金受限的情况，投资资金受限会促进企业尽早投资。与 Lensink 和 Sterken（2001，2002）的研究不同，Boyle 和 Guthrie（2003）扩展 McDonald 和 Siegel（1986）的模型，分析了企业内部现金流波动性变化所可能导致的投资资金受限对期权价值及投资决策的影响，研究发现：由于担心现金流随机波动导致将来投资资金受限局面的发生，因此相对不考虑资金受限的情形，企业有尽早投资的激励；而且现金流波动越大，企业尽早投资的激励越强。

需要指出的是，Lensink 和 Sterken（2001，2002），Boyle 和 Guthrie（2003）都只是分别考察内部资金和外部债务资金所导致的投资资金受限对投资决策的影响，而没有分析决定外部融资能力的基本变量对投资决策的影响。为此，国内学者李强（2007）在 Boyle 和 Guthrie（2003）的基础上，通过同时引入市场和技术两类不确定性参数，考察决定企业外部融资能力的基本变量对技术创新投资决策的影响作用。李强和曾勇（2006）以项目价值最大化为目标，分析税收、财务危机成本以及融资约束对新技术投资门槛的影响，研究发现：财务危机和融资约束的增加会增加新技术投资门槛值。

另外，Hirth 和 Homburg（2006）进一步考虑现金存量随机波动导致的外部融资成本的变化，在 Boyle 和 Guthrie（2003）模型的基础上引入外部融资成本这一市场摩擦因素，对 Kaplan 和 Zingales（1977）的实证结果给予了更为深入的理论解释。

尽管上述大量文献从不同角度运用实物期权方法对投融资决策间的作用关系进行了研究，但这些研究仍然存在主要侧重于负债融资对投资行为单方面影响的分析缺陷，没有从投融资决策本身入手对它们之间的一种内在联系进行分析。而从投融资决策行为本身入手，研究它们之间相互作用关系的，至今仅有少数学者进行了初步的探讨。其中包括李强和曾勇（2005）以及刘星和彭程（2007）等。李强和曾勇（2005）重点分析了不确定性环境下的创新投融资决策，他们将最优投融资政策同时内生化为彼此的决定变量，在数例分析的基础上刻画了不同参数下最优投融资决策相互匹配的数字迹象。刘星和彭程（2007）对一般性项目的投融资决策进行了分析，并同样阐述了投融资决策同时确定且相互作用的关系，他们更加注重分析投融资决策相互作用的内在机理。他们认为，投融资决策之所以会相互影响、彼此协同，是因为融资政策的选择会通过税收利益和破产成本影响企业投资价值的高低，反过来投资行为也会对这两个因素产生影响并因此作用于融资政策的选择。然而，他们只研究了一个独占项目的投融资决策，没有考虑竞争对投融资决策间这种相互关系的影响。

上述大量实物期权文献表明：实物期权方法虽然考虑了不确定性和不可逆性投融资环境，并抓住了管理柔性价值和决策的灵活性。但是研究依然与非实物期权模型一样，主要集中于探讨融资决策对投资决策的影响，仍然脱离不了这种片面分析的缺陷。同时，上述研究普遍存在的一个问题是都没有涉及竞争者的策略性影响。而现实中大多数企业都面临着某种程度的竞争，已有的或是潜在的，因此，企业在进行投融资交互决策时，必须考虑竞争者策略的影响。也即上述实物期权模型没有将竞争性纳入到同一决策分析框架。

1.2.3　期权博弈模型

期权博弈方法作为一种全新的战略思维方式，已成为项目投资估价与战略决策研究领域的一个热点和难点。国外关于期权博弈方法的研究始于20世纪90年代，快速发展于最近10年间，不仅在理论上，而且在特定实际应用领域都取得了一些显著的科研成果，为企业的实际投资估价和决策提供了强有力的支持。比较经典的文献如 Smets（1991）、Smit 和 Akum（1993）、Dixit 和 Pindyck（1994）、Huisman 和 Kort（1999）、Kulatilaka 和 Perotti（1998）、Huisman（2001）、Grenadier（1996，1999，2000，2002）、Weeds（2002）、Lambrecht 和 Perraudin（2003）、Smit 和 Trigeorgis（2004）、Murto（2004）、Huisman 和 Kort（2004）、Pawlina 和 Kort（2006）等，其应用领域主要涉及企业技术创新和房地产业领域，其次在企业并购、网络、通信、石油、银行、电力、交通等领域也有所应用，但研究成果并不多见。

尽管国外在期权博弈方面的研究取得了一定的研究成果，但这些研究成果非常零散而且很不成熟，无论是在理论与模型，还是在实际应用领域上都还没有形成一个具有一般指导意义的框架。而且他们的研究大多只关心企业的投资决策，并不关心企业如何获得投资资金，即隐含地假定投资者是全权益融资企业，并未考虑财务策略对投资项目价值及其投资决策的影响作用，以及投资决策对融资决策的影响、竞争对投融资之间交互作用的影响等，从而割裂了投资决策与融资决策之间的一种内在联系。而关于在不确定性和竞争环境下来研究投资与融资决策关系的文献仅仅只有少数几篇而已。可见，国外关于这方面的研究也刚刚涉及。

较早在连续时间框架下研究产业均衡和融资决策关系的文献，如 Fries、Miller 和 Perraudin（1997）及 Miao（2005）的研究。Fries、Miller 和 Perraudin（1997）分别考虑了股东自有资金有限和自有资金无限两种情况，讨论了在完全竞争均衡下企业如何决定其最优负债。Miao（2005）提出了资本结构和产业动态的一个竞争均衡模型，并着重考虑了资本结构与生产决策的相互作用，研究了税收、破产成本等财务变量和生产成本、生产率等生产决策变量对行业分布特征和企业生存概率的影响。上述两篇文献都只是在不确定性和完全竞争环境下，来研究竞争和资本结构之间的关系，并未涉及博弈分析，以及投融资决策之间的交互关系。

Lambrecht（2001）探讨了不确定性和不可逆性环境下，双头垄断企业的退出决策如何受到其自身特性及总体经济环境改变的影响。他考虑了两家企业以 Stackelberg 方式（即 Leader-Follow）决定进入及退出的市场决策。同时还把企业债务视为外生变量，分析了企业债务重组时如何进行债券交换问题。但他们假设企业的进入与退出角色以及杠杆比率都是由外生给定的，与现实存在一定差距，而且也没有涉及如何决定最优负债和资本结构对生产决策的影响等问题。Khadem 和 Perraudin（2001）假设企业的违约概率服从泊松跳跃过程，研究了两家企业的非合作消耗战博弈，着重分析了双头垄断下信贷息差的期限结构问题。但他们的研究仅仅涉及违约破产决策，没有深入分析最优破产的均衡策略，也未涉及投资决策及最优资本结构等问题的探讨。Bayer（2004）在需求不确定性和投资不可逆性条件下，假设两家企业都有扩张或退出自己现有的生产能力的投资机会，考察了债务和有限责任对投资时机的影响，并探讨了两家企业的最优投资和退出均衡策略。但他们没有进行融资决策以及与投资决策之间互动关系的研究。Morellec 和 Zhdanov（2008）发展了一个动态模型研究了两个投标企业和一个目标企业之间的并购和融资问题，考察了企业并购和财务杠杆之间的互动，分析得到具有内生杠杆比率、破产和并购期限的一个不对称均衡融资策略。同样，他们的分析没有涉及两企业的均衡投资策略及其与融资决策间的互动。Nishihara 和 Shibata（2008a）研究了竞争环境下企业的价值、债务融资和投资策略，比较了双头垄断市场下的三种均衡投资策略：即两家对称的杠杆企业；仅有一家杠杆企业（领导者）的对称企业；一家杠杆企业和一家非杠杆企业。Nishihara 和 Shibata（2008b）在两人的基础上，考察了企业融资约束的影响，比较了融资约束和非融资约束下的杠杆比率、信贷息差和投资时机，以及双头垄断和完全垄断下的融资限制。虽然 Nishihara 和 Shibata（2008a，2008b）分析了双头垄断企业的均衡投资和融资决策，但是他们没有进一步分析竞争环境下的投融资决策互动的机理，特别是他们考察的只是R&D 项目，即专利"赢者通吃"这种比较特殊的情形，一家企业一旦投资，则另一家企业什么也得不到，研究的仅仅是一种最简单的情形，没有考察更具广泛性的一般性投资项目。

国内关于实物期权的研究起于 20 世纪 90 年代中后期，目前还处于不断探索的过程中。而关于期权博弈的研究更是起步较晚，最早开始研究的是安瑛晖和张维（2001），最近几年才逐步开始引起国内学者的关注，并取得一些进展，但比较成熟而有价值的研究成果并不多见，在许多领域也仍旧是一个空白。当然，迄今为止，国内更没有见到投融资交互决策的期权博弈方面的研究文献。

上述仅有几篇期权博弈文献表明：期权博弈方法将不确定性、不可逆性、管理灵活性和竞争性同时纳入到统一的决策分析框架下，使得这种分析方法更为科学和贴近现实，但现有研究仅仅在国外才刚刚起步，而且研究也仅仅局限于几种非常特殊假设情况下企业投资和违约决策分析，侧重的仍然是负债融资对投资决策单方面影响，对投融资交互决策关系缺乏足够解析。

前人丰富的研究成果（国内外）表明：历经长期的探索与反思，学者们逐步认识到企业投融资决策之间存在一种紧密联系、唇齿相依的关系，并取得了比较丰富的研究成果，特别是非实物期权模型方面，研究已渐成体系，并日臻完善。但是，这些研究大多只是在一定程度上解释了投融资间的相互依存关系。但是，当面临诸如不确定性、不可逆性、管理灵活性和竞争性的现实环境时，这些方法变得束手无策，无法解决根本的现实问题。因此，引入期权博弈方法，是企业财务决策面对复杂多变的市场环境时而作出的一种比较现实的选择，这也是投融资交互决策理论发展的一个必然趋势。

因此，借鉴前人的研究成果，本书将在不确定性、不可逆性、管理灵活性和竞争性条件下，从税收利益、破产风险、代理冲突、不对称信息、不完全信息和融资约束等角度，结合不同的市场结构和信息结构，建立一个连续的、动态的和整体的企业投融资决策互动的期权博弈评价理论、模型及应用框架体系。

1.3　研究的内容和结构

1.3.1　研究的主要内容

本书以企业投融资决策所涉及的一般性生产项目为主要研究对象，主要进行以下三方面内容的研究，这些研究内容无论在形式上还是在逻辑上都具有内在一致性。

1.3.1.1　理论方面

（1）将企业项目评估与投资决策方法的发展分为四个阶段，即传统投资评价方法、风险分析技术、实物期权方法和期权博弈方法。在此基础上，分别对四个阶段的项目评估与投资决策方法进行了系统的梳理和总结，并且从投资项目的收益流、投资价值、投资成本、投资时机、影响因素和应用范围几方面进行了全面地比较分析，从而得出期权博弈方法是目前最为科学、合理和有效的企业战略投资决策分析工具。

（2）建立了期权博弈方法的整个理论基础，包括它的基本方法、目标、思路、主要依据、企业价值来源、基本理论构件和分析工具等，并给出了投资战略决策分析的一般步骤。特别是，将企业战略和企业财务纳入统一分析框架，架起它们之间的一座桥梁，进而从企业价值源入手，结合传统的资本预算理论、实物期权理论和博弈论，深入剖析投资决策、融资决策、企业战略和企业财务之间的内在联系，以及对企业价值构成的整个驱动机理，从而建立起企业投融资决策互动分析的主要依据。

（3）对传统的 MM 理论、权衡理论、代理成本理论、信号传递理论、融资优序理论、控制权理论和市场竞争理论进行全面系统的梳理和总结，在保留前人研究成果合理内核的基础上，从各种内外部影响因素中挖掘出融资决策最核心的决定因素，为深化对企业投融资交互决策建模和分析的认识奠定基础。

1.3.1.2　模型方面

本书基于不同的市场结构、信息结构、代理冲突和融资约束，建立从双头垄断到寡头垄断、从完全信息到不完全信息、从无代理冲突到有代理冲突、从无融资约束到有融资约束等一系列企业投融资决策互动的期权博弈模型，具体包括：

（1）企业投融资决策互动的对称双头垄断期权博弈模型。将企业投资决策和融资决策同时结合起来，纳入一个统一的对称双头垄断模型分析框架下，首先深入探讨了两家企业的均衡破产策略，然后按照"垄断市场"、"先进先出"和"后进先出"三种可能的进入退出机制，严格推导出了每种情形下企业分别作为领导者和追随者的权益价值、债务价值和企业总价值，进而对每种情形下的最优投融资行为进行了分析，最后总结归纳出模型可能存在抢先均衡和序贯均衡两种均衡，其中抢先均衡又包括"后进先出"和"先进先出"两种抢先均衡，而序贯均衡又包括"垄断市场"、"后进先出"和"先进先出"三种序贯均衡。与此同时，还对每种均衡下的最优投融资策略进行了全面的总结和分析。

（2）收益不对称下企业投融资决策互动的期权博弈模型。将上述对称双头垄断模型进一步扩展到不对称情形，建立一个收益不对称双头垄断期权博弈模型。首先深入探讨了两家企业的均衡破产策略，然后按照"垄断市场"、"先进先出"和"后进先出"三种可能的进入退出机制，严格推导出了每种情形下企业分别作为领导者和追随者的权益价值、债务价值和企业总价值，进而对每种情形下的最优投融资行为进行了分析，最后总结归纳出不对称双头垄断模型仍然可能存在抢先均衡和序贯均衡两种均衡，其中抢先均衡又包括"后进先出"和"先进先出"两种抢先均衡，而序贯均衡又包括"垄断市场"、"后进先出"和"先进先出"三种序贯均衡。同样，模型也对每种均衡下的最优投融资策略进行全面的总结和分析。

（3）信贷能力不对称下企业投融资决策互动的期权博弈模型。将继续在上述对称双头垄断模型基础上，进一步将其扩展建立一个信贷能力不对称双头垄断模型，以此将具有信贷能力的杠杆企业投融资决策与不具有信贷能力的非杠杆企业投资决策，纳入统一的分析框架下，运用期权博弈方法深入分析了杠杆企业分别作为领导者和追随者的最优投融资交互决策行为，以及非杠杆企业分别作为领导者和追随者的最优投资决策行为，并在此基础来探讨两家企业最优均衡投融资或投资策略。与前面两个模型不同的是，该模型中若杠杆企业首先投资成为领导者，那么只存在"垄断市场"和"先进先出"两种机制；而若非杠杆企业首先投资成为领导者，那么却只存在"后进先出"这一种机制。最后两家企业的最优均衡投融资或投资策略也会因此而有所不同，尽管均衡形式依然存在抢先和序贯两种均衡。

（4）只有领导者发行债务下企业投融资决策期权博弈模型。将继续在上述对称双头垄断模型基础上，考察另外一种比较特殊的不对称情况，即只有抢先投资成功成为领导者的企业，才有能力发行债务融资部分项目投资资金。在这种假设条件下，运用期权博弈方法，以此深入探讨了杠杆企业作为领导者的最优投融资交互决策行为、非杠杆企业作为追随者的最优投资决策行为，以及它们的最优均衡投融资和投资策略。与前面三个模型相比，本模型的企业权益价值、债务价值和企业总价值，以及最优投融资策略都变得更为简化。虽然模型依然存在抢先和序贯两种均衡，但是有所不同的是，抢先均衡中只存在"先进先出"这种均衡，而序贯均衡中只存在"垄断市场"和"先进先出"两种均衡。

（5）代理冲突下企业投融资决策互动的期权博弈模型。上述各模型都是假设依据企业价值最大化原则而作出的最优投融资决策，该模型将在此基础上进一步扩展，假设企业依据股东价值最大化原则作出决策，以此来考察了因决策目标的不同而导致企业投融资决策互动关系的异化，并对这种异化程度进行测度。同时，在存在这种股东与债权人代理冲突情况下，研究了两家企业分别作为领导者和追随者的最优投融资交互决策行为，并以此探讨了两家企业最优均衡投融资策略。与企业价值最大化原则不同，股东价值最大化原则在作出投资决策时，不会考虑债权人的利益，即忽略债务价值，仅仅最大化股东自身的权益价值，进而最优投资临界值与次优投资临界值出现差异，随之最优的资本结构选择和破产临界值也会出现不同，使得两家企业采取的最优投资、融资和破产策略就有所不同。正是由于这种决策目标的不同，而导致企业价值的损失，从而产生债务的代理成本。

（6）不对称信息下双头垄断企业破产决策的期权博弈模型。将继续在前面五个模型分析的基础上，通过引入两家企业关于利息保障倍数的不对称信息，暂时将企业的投资决策和融资决策分离，单独从融资决策角度出发，运用期权博弈方法，重点探讨了不对称信息下双头垄断企业的最优均衡违约策略，深入分析了不对称信息下对企业最优均衡违约策略的影响。与前面五个模型不同，两家企业最优均衡违约策略的判别规则不再以债务利息支付或利息—利润比的大小为依据，而是以两家企业利息保障倍数（即偿债能力）的相对大小为判断依据。根据这个相对大小关系，将整个博弈分为一家企业分别严格占优于另一家企业、两家企业谁也不严格占优于谁这三种情形，对两家企业的最优违约策略进行深入解析，并得到了每种情形下的完美贝叶斯均衡。

（7）融资约束下双头垄断企业投融资决策的期权博弈模型。前面六个模型均假设企业可以在市场上无限制的融资得到项目投资资金，该模型将在上述六个模型的基础上，将其进一步扩展到具有外部债务融资约束的情形，运用期权博弈方法，研究融资约束垄断企业最优投融资交互决策行为和判断规则，以此为基础来深入研究融资约束双头垄断企业分别作为领导者和追随者的最优投融资交互决策行为，以此探讨了两家企业最优均衡投融资策略。与无融资约束模型不同，杠杆双头垄断企业融资约束与否会有一个明确的判断规则，根据这个判断规则，将会出现三种不同情况下的"先进先出"抢先均衡。

（8）不完全信息下企业投融资决策互动的期权博弈模型。将在前面七个模型研究的基础上，将完全信息模型进一步扩展到不完全信息，并将双头垄断模型扩展到寡头垄断模型，以此结合不同的市场结构和信息结构及企业类型，运用期权博弈方法，对双头垄断和寡头垄断企业分别作为领导者和追随者的最优投融资交互决策行为进行研究，从而探讨了企业的最优均衡投融资策略。通过分析发现，完全信息下双头垄断和寡头垄断企业最优投资临界值、利息支付水平和最优破产临界值依投资顺序均呈现一种递减的趋势。同样，不完全信息下企业最优投资临界值、利息支付水平和最优破产临界值依投资顺序也均呈现一种递减的趋势。

（9）寡头垄断企业投融资决策互动的期权博弈模型。将在前面双头垄断模型和特殊的"赢者通吃"寡头垄断模型的基础上，建立一个更为广泛的企业投融资决策互动的寡头垄断期权博弈模型。特别是，该模型深入到企业微观层面，将企业最优投资时机、最优投资规模和最优融资决策同时纳入同一分析框架中，运用期权博弈方法，探讨了寡头垄断企业对称的古诺纳什均衡投融资策略，从而从更深的层次来挖掘和解析企业投融资决策之间的内在联系，以及彼此适应和协同优化的过程。

1.3.1.3 应用方面

（1）根据1.3.1.1和1.3.1.2的理论和模型建立，总结和归纳出企业投融资决策互动的整个应用框架体系。拟从五个方面进行构建：决策框架的建立、模型建立与分析、结果检验与评估、修正重新再设计和决策框架的确定。

（2）应用实例分析。选取"宽带奥运"一个简单的实例，对该应用框架和已建立模型的应用思路及步骤做出进一步的解释和说明，以期为实际的投资和融资决策实践提供有益的指导和帮助。

1.3.2 研究的框架结构

本书研究内容的整个结构框架如图1-1所示。

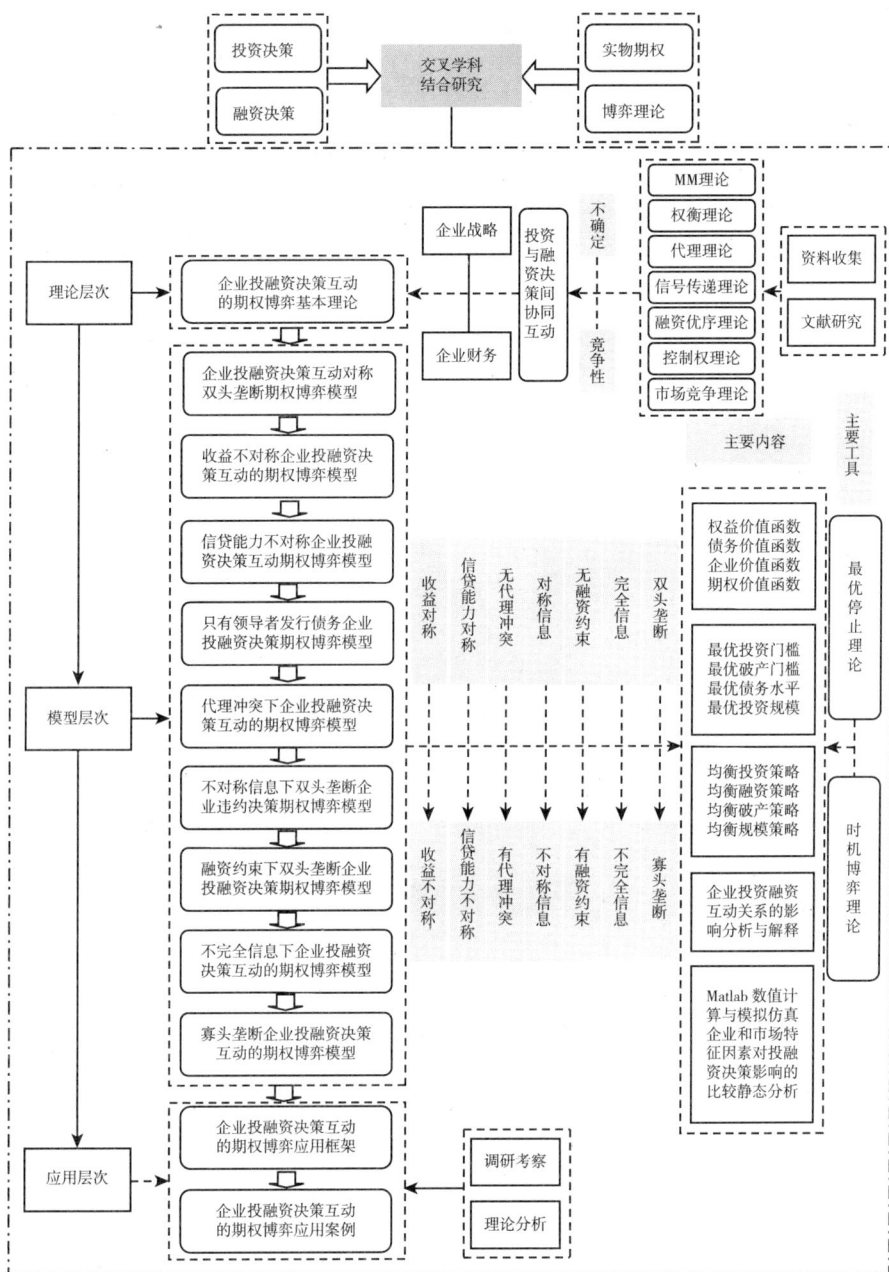

图1-1 课题研究的框架结构

在图 1-1 中，理论、模型和应用三个层次构成本书主要研究内容的一个有机整体，三个层次密不可分、层层递进、互为补充。在模型层次中，从收益对称到收益不对称、信贷能力对称到信贷能力不对称、无代理冲突到有代理冲突、对称信息到不对称信息、无融资约束到有融资约束、完全信息到不完全信息、双头垄断到寡头垄断等，共构建了九个企业投融资决策互动的期权博弈模型，以此构成了一个连续的、动态的、完整的模型分析体系，模型的构建与分析之间也是一个由浅入深、相互联系和层层递进的过程。

需要特别指出的是，由于本书所取得的一些研究成果尚未发表，加上本书章节篇幅的限制等原因，模型中的 Matlab 数值计算与模拟仿真部分在本书中没有体现。

第2章

基于期权博弈的企业投融资 决策互动的基本理论

本章系统地对项目评估与投资决策方法发展的四个阶段予以了介绍和评述，通过比较分析，得出期权博弈这种方法的科学性、合理性、有效性及其发展潜力所在，同时概括总结出期权博弈投融资决策分析的基本理论框架，并从七个方面对融资决策的基本理论进行全面系统的梳理和总结，进而以此构建基于期权博弈的企业投融资决策互动的整个理论基础，以期为后面章节构建合理的期权博弈模型和应用框架提供理论和技术支持。

2.1 投资决策理论

如西蒙（Simon）所言，"决策就是管理，从广义上讲，决策几乎是管理的同义词"，而在企业众多的管理决策中最需要关注的是投资决策。在价值最大化目标的驱动下，企业管理者为了作出明智决策，一直将项目投资决策评价方法作为一门必修课程。因而对于投资决策方法的研究，也一直为理论界与实践界所广泛关注。

综观相关文献，现有的投资评价理论方法可以分为四个阶段：第一阶段是以净现值法（NPV）为代表的传统投资评价方法；第二阶段是以加强传统投资评价方法对不确定性的分析能力为目标的风险分析技术；第三阶段是以Black 和 Scholes（1973）的期权定价理论为基础，并由 Myers（1977）首次将其用于实物投资决策而形成的实物期权（Real Option）方法；第四阶段是在期权定价理论方法基础上，利用博弈论思想和建模方法形成的期权博弈（Option Games）方法。

可以说，投资评价理论方法的发展实质上是一个逐步适应经济活动客观要求的演进过程，但是与经济现实中企业投资的评价要求相比，理论方法的演进与现实经济活动之间仍然存在有待弥补的差距。

2.1.1 传统的投资决策方法及其评价

传统的项目投资评价与决策方法是以现金流贴现（DCF）的思想为基础的方法，比如净现值法（NPV）、内部收益率法（IRR）等，其中 NPV 分析方法是最经典和应用最广泛的方法。DCF 法的基本思想是当项目的期望现金流的现值超过投资成本时，则投资，否则不投资。由于这种方法显得简单、方便、直观，因而创立不久就得到了实业界的广泛认同，并获得了广泛应用。但是传统 DCF 分析方法存在致命的本质缺陷，主要是源于其理论方法的假设与实际情况的差异。DCF 分析方法主要是建立在以下隐含的基本假设之上的：

第一，能够准确估价或预期项目在生命期内各年所产生的净现金流，并且能够确定相应的贴现率；第二，项目是独立的，即其价值以项目所预期产生的净现金流大小为基础，按给定的贴现率计算，不存在其他任何关联效应（包括项目间关联和项目对企业战略管理的关联）；第三，在项目整个生命期内，投资内外部环境不发生预期以外的变化，市场条件和竞争状况严格按照预定方式发展；第四，决策者只能采取"刚性"决策，即只能在"现在投资/永远不投资"间作出选择；第五，在投资项目的分析、决策和实施过程中，投资主体仅仅扮演被动的角色，不能针对出乎预期之外发生的市场条件和竞争状况的变化进行决策变更，不存在管理柔性（Management Flexibility）；第六，传统分析方法不考虑项目无形资产的价值。

而现实情况与上述传统分析方法的假设存在着很大差异：首先，大量不确定性因素的存在是现实经济生活的本质特征；其次，竞争者之间的相互制约和影响，不仅使市场环境波动加剧，也影响到竞争的参与者之间的决策制定；再次，项目之间存在不可忽略的协同作用；最后，项目投资的无形资产价值在项目价值中占有相当比例。

由于上述原因，传统评价方法虽然能够较好地评价稳定的现金流问题，但是在评价营运或策略性选择权（如 R&D 活动）时有先天缺陷，经常低估投资项目的价值，导致投资的严重不足和企业竞争地位的实际下降，造成企业短期（"近视"）行为决策。

2.1.2　风险分析技术及其评价

由于现实经济生活中大量不确定性因素的存在，在进行投资评价时，能否有效衡量不确定性因素对准确评价投资方案相当重要。因此，以加强投资评价程序中对不确定性分析能力的风险分析技术应运而生，一般可以将其分为"直觉方法"和"分析方法"两个范畴。其中，"直觉方法"又包括风险调整的确定等价方法（Certainty-equivalent Approach to Risk Adjustment）和风险调整贴现率法（Risk-adjusted Discount-rate Approach）；而"分析方法"又包括模拟法（Simulation）、敏感性分析（Sensitivity Analysis）和决策树分析（Decision Tree Analysis）方法。

"直觉方法"并不对现金流量的不确定性进行详细分析，而是在决策者所认可的决策条件下，以资本机会成本为评定依据，依靠风险调整贴现率估算投资项目的预期价值，从而作出决策。而"分析方法"则是对于投资项目的不确定性条件进行分析，强调不同的不确定程度对于投资机会价值的影响，进而作出评价，其主要依据是确定等值（Certainty-equivalent）的概念，即由决策者对于不确定性成因分析评价，再通过贴现法估算出投资机会的预期价值。

实践中运用最广泛的不确定性分析技术是隶属于"分析方法"范畴的模拟法、敏感性分析和决策树分析。模拟法是将敏感度分析与投入变量的概率分布两者相结合来衡量投资项目风险的分析技术。不过，由于各投资项目几乎都具有一定的独特性，以及面临未来的不确定性，很难获取充分的资料来确定各期营运活动现金流量服从的概率分布。因此，对于投资项目的策略涵义和时机选择，仍然无法通过模拟的风险分析技术加以阐述。敏感性分析是指从众多不确定因素中找出对 NPV 等指标有重要影响的敏感性因素，并分析、测算其对 NPV 等指标的影响程度和敏感性程度，进而判断项目承受风险能力的一种不确定性分析方法。这种方法明显的不足就是在多因素分析中必须假设所有因素都是独立的，而且各因素发生的概率也是相同的，与事实不符。决策树分析使用树状图的方式，表现出各种可能的结果与相应概率，并假设后期的结果决定于前期所发生的情况。这种方法的优点在于允许分析者随时修正营运方针，而缺点则是市场的情况可能不只分为两或三种，很难确定适当的贴现率。

作为传统 DCF 方法的改进，虽然上述方法都考虑了不确定性的因素，对未来项目现金流的概率分布进行了有效估计，但它们就如何确定风险调整贴现率和等价系数的问题至今未找到令人满意的方法，同时也没有解决未来决策的相机性如何影响投资项目的风险及相应贴现率的问题。并且，无论运用"直觉方法"和"分析方法"，虽然分别遵循不同的思考途径，但仍然未能脱离DCF方法的基本形态。

2.1.3 实物期权方法及其评价

经济活动中不确定性因素的存在要求投资的决策和实施必须具有灵活性，它直接影响项目价值和企业对项目的管理效用，而这一点在传统投资评价方法中没有体现出来，由著名的期权定价模型衍生的实物期权评价方法正克服了这一局限性。

实物期权方法由 Myers（1977）首先提出，经过 Brennan 和 Schwartz（1985），McDonald 和 Siegel（1986）等学者的发展，近 20 多年来在项目投资领域引起了广泛的关注和大量的研究成果。实物期权是基于实物资产价值波动的一项选择权，或者说是金融期权理论在实物（非金融）资产期权上的扩展，它的标的资产不再是股票、债券、期货和货币等金融资产，而是某个投资项目，包括项目所涉及的设备、土地和厂房等实物资产以及该投资项目所产生的现金流，它是一个不能直接交易的期权，它的价值来源于标的资产价值的不确定性。同金融期权相类似，实物期权有固定日期（欧式期权）或在固定日期之前（美式期权）以固定的价格获得或卖掉一项资产的权利，但却没有这方面的义务。

实物期权方法为衡量投资项目的不确定性价值提供了理论工具，它很好地解决了投资项目中的不确定因素和管理灵活性因素，同时将不可逆性和不确定性纳入了分析框架，弥补了传统投资评价方法的一个重大缺陷。但实物期权与金融期权最大的区别就是投资机会的共享性（竞争性），即投资者必须考虑自己所处的市场结构和竞争对手的反应。标准的实物期权方法大多只考虑了单个企业的投资决策行为，仍然没有考虑由企业的市场竞争地位和与竞争对手的互动关系决定的投资战略价值，已不能满足竞争环境下投资战略决策的制定。因此，博弈论和博弈决策方法的引入已势在必行。

2.1.4 期权博弈方法及其评价

实物期权博弈方法作为一种新兴理论，产生于 20 世纪 90 年代初，至今有十多年的发展，快速发展于最近五年，并取得了一系列成果。

　　实物期权博弈方法是在采用期权定价理论思想方法基础上对包含实物期权的项目价值进行估价的同时，利用博弈论的思想、建模方法，对项目投资进行科学管理决策的理论方法。它是实物期权与博弈论相结合的产物，是市场和组织的连接，其中期权设置市场标准下的回报，而博弈论考虑组织结构中的互动。期权博弈方法同时考察了市场不确定性和企业竞争互动两个影响投资项目价值的主要因素。其整个发展脉络如图 2-1 所示。

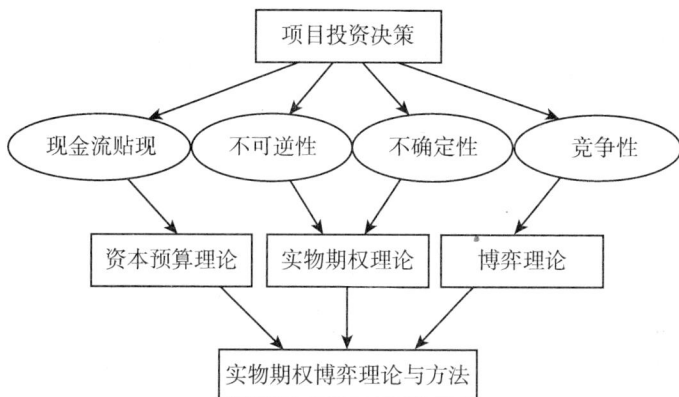

图 2-1　实物期权博弈理论与方法的发展过程

　　从图 2-1 可以看出，实物期权博弈方法将投资的不可逆性、不确定性和竞争性纳入了同一分析框架，突破了传统决策方法的束缚，它不是对传统决策分析方法的简单否定，而是在保留传统方法合理内核的基础上，对不确定性、管理灵活性因素，以及相应的动态环境变化作出积极响应的一种全新思维方式的概括和总结。

　　尽管实物期权博弈方法在一定程度上克服了之前相关理论方法忽略竞争互动的缺陷，由于该方法是一种新兴的理论，发展还很不成熟，甚至可以说还刚刚起步，因此无论在理论上还是在应用上层次都还存在许多不足。但是实物期权博弈方法以实物期权理论和博弈论极佳的结合点和巨大的发展潜力，为解决不确定条件下竞争项目评价与投资决策问题，无疑给我们拓宽了研究思路。目前，该理论与方法已成为项目投资估价与决策方法研究领域的热点和难点，它是一种最科学、最合理和最有效的评价方法。

2.1.5 项目评估与投资决策方法的比较

下面我们分别从投资项目的收益流、投资价值、投资成本、投资时机、影响因素，以及应用范围等几方面，对四个阶段的项目评估与投资决策方法进行比较分析，简单地归纳于表 2 - 1 中。

表 2 - 1   项目评估与投资决策方法四个发展阶段的比较

	现金流贴现法	风险分析技术	实物期权方法	期权博弈方法
收益流	确定值	期望值或视为随机过程	将一些影响收益流的关键变量如产品价格等设定为符合某种随机过程，然后求解连续情形下的期望值	将一些影响收益流的关键变量如产品价格等设定为符合某种随机过程，并在受竞争者状况影响下求解连续情形下的期望值
投资价值	静态 NPV	现金流确定等价法和调整贴现率估算的预期价值	静态 NPV + 柔性（实物期权）价值	静态 NPV + 柔性（实物期权）价值 + 战略（博弈论）价值
投资成本	确定值	期望值或视为随机过程	实际资本支出和机会成本的和	实际资本支出和机会成本的和
投资时机	折现期望现金流超过投资成本	折现期望现金流超过投资成本	投资价值超过等待的实物期权价值，通常是收益流为投资成本的 2~3 倍	根据市场结构和博弈均衡的结果来确定，但第一家企业抢先投资临界值一般位于 NPV 和垄断投资临界值之间

		现金流贴现法	风险分析技术	实物期权方法	期权博弈方法
影响因素	内在因素	生产成本、项目生命期和市场份额等	生产成本、项目生命期和市场份额等	产品价格、生产成本、项目生命期和市场份额等	生产成本、项目生命期和市场份额等
	外在因素	贴现率、市场容量、产品价格、税率和通货膨胀等	贴现率、市场容量、产品价格、税率和通货膨胀等	市场容量、税率和通货膨胀等	市场容量、税率、通货膨胀和竞争者行为等
说明		项目生命期是最主要的内在因素，贴现率和产品价格是最主要的外在因素	项目生命期是最主要的内在因素，贴现率和产品价格是最主要的外在因素	产品价格为内在因素，贴现率影响消失	很难说产品价格属于何种因素，但它却是很重要的一种因素。竞争者行为也是一种很重要的外在因素
应用范围		完全竞争市场	完全竞争市场	完全垄断市场	寡头垄断市场

同时，我们通过几种方法的对比，可以看到实物期权博弈这种方法的优越性和潜力：

（1）与传统的现金流贴现法相比。第一，期权博弈方法着眼于描述实际投资中的真实情况，从动态的角度考虑问题，不仅考虑了管理者在经营决策中的柔性，还考虑市场、竞争对手等外部因素对项目投资决策的影响，它使管理者在投资后的项目运作中可以根据变化的情况趋利避害。第二，现金流贴现法的贴现率采用的是加权平均资本成本或资本资产定价模型确定的风险调整折现率，带有一定的主观性，使得评价存在较大偏差。而期权博弈方法遵循金融市场中的无套利均衡原理以及风险中性定价原理，所用的贴现率为无风险利率，使得投资评价客观而准确。第三，期权博弈方法认为投资项目的价值将随着不确定性的增加而增加。而现金流贴现法处理不确定性的方法则比较消极，它认为不确定性越高，所采用的折现率越高，这就导致了投资项目在高度不确定性环境中基本是不可行的，因为现金流贴现法的这种算法使得投资项目的价值随着不确定性的增加而降低。

（2）与风险分析技术相比。期权博弈方法评价时使用的是市场无风险利率，投资评价比较客观而准确。而风险分析技术最大的缺陷就是项目现金流的状态与概率分布的估计都是关于未来情况的主观判断，并且在项目寿命期内就如何确定风险调整贴现率与等价系数上，至今还未找到令人满意的方法，这将直接影响到该方法的应用效果。因此，在用该方法评价时，容易造成项目价值失真，甚至出现很大偏差，导致投资者失去一些有利的投资机会。

（3）与实物期权方法相比。期权博弈方法一方面考虑到了市场竞争会在一定程度上削弱实物期权的价值，从而合理地评估了项目的投资价值；另一方面在投资决策中不仅能像实物期权方法一样提供投资实施的时间安排，而且能提供各种可能情况下投资的产量选择。但相对于实物期权方法来说，期权博弈方法更加注重博弈，更加关注企业在竞争条件下的策略选择。这种策略选择包括：是进行抢先投资还是视市场发展情况采取观望和等待，应采纳对抗的姿态还是合作的姿态。

（4）与单一的博弈方法相比。期权博弈方法一方面能考虑到了市场中存在的竞争给各竞争者投资决策分析带来的影响，而且还能对市场的不确定性、投资的不可逆性对投资决策的影响作出合理的反应，而这一点是单一的基于博弈的投资决策方法所无法做到的。

通过以上投资决策方法之间的两两比较可以看出，对于传统决策方法来说，期权博弈方法在较好地解决了投资不可逆性、市场需求与技术等不确定性因素的基础上，又考虑了市场结构的问题，即竞争态势的影响，在很大程度上提高了决策的准确度和可靠性。

2.2 期权博弈理论

实物期权博弈投资战略的制定就是要寻找最佳投资时机，使项目价值最大

化。这样项目投资战略分析实际上是一个动态最优化过程。投资决策问题就成
为一个最优停止问题和动态时机博弈问题。

2.2.1　基本方法、目标与思路

期权博弈战略投资决策分析的基本方法是传统的折现现金流法、实物期权
和博弈论方法，其基本目标是实现企业或投资项目价值的最大化，其主要思想
基础包括：

（1）对未来客观世界的不确定性认识，主要包括对金融市场特别是利率、
生产技术、产品价格、市场需求等不确定因素的识别与分析研究。

（2）克服传统理论方法忽视管理作用和时间影响因素的弊端，对企业项
目投资的管理柔性及期权特征加以认真考虑，改进项目价值估价过程中的因素
分析。

（3）在科学估价投资价值的基础上，企业在项目投资决策过程中必须考
虑市场结构、市场竞争者状况和投资决策情况等，针对不同的市场结构和竞争
者决策状况，最终制定出能够使项目价值最大化的均衡投资战略，从而作出科
学的决策。

2.2.2　基本依据

期权博弈战略投资分析的主要依据是建立在扩展的净现值最大化基础之上
的。不确定和竞争条件下的企业或投资项目的价值可以表示如下：

扩展的(战略)NPV = (静态)NPV + 柔性(实物期权)价值 + 战略(博弈论)价值

从上式可以看出，影响投资项目价值的因素主要有三个。第一，项目未来
收入的现金流贴现，即静态的 NPV，它体现出了投资项目的层次。传统投资
分析方法主要考虑这个因素。认为如果项目未来收入的现值超过了其投资支出
的现值，那么项目是可行的。第二，投资机会的价值，即实物期权的价值，它
体现出了企业经营者的层次。实物期权理论认为不确定条件下投资的执行具有
灵活性（如推迟、放弃），这种灵活性是有价值的。标准的实物期权理论认
为，只有当投资项目的净现值超过投资机会（即实物期权）的价值时，投资
才是可行的。第三，竞争者之间的交互作用对项目投资价值的影响，它体现出
了企业外部的整个市场层次。在没有竞争的情况下，投资机会是专有的，投资

者只需考虑项目未来的收益和其中所包含的实物期权价值即可作出正确决策。但是，由于竞争的存在，还必须考虑竞争对项目价值，尤其是实物期权价值的影响。不同的投资外部性可能会带来不同的影响，这种影响在具有战略替代性的市场上（负的外部性）是负面的，会减少实物期权的价值；而在具有战略互补性的市场上或网络效应等（正的外部性）是正向的，会增加实物期权的价值。

2.2.3　企业价值来源

我们根据 Smit（2004）的研究进一步通过总结和分析，可以得到企业市场价值（扩展的 NPV）创造来源，如图 2-2 所示。

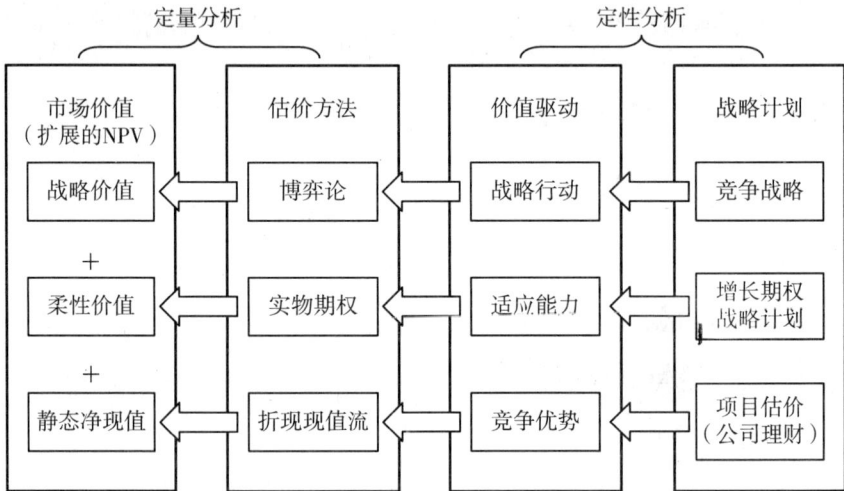

图 2-2　基于实物期权博弈的企业价值源分析

从图 2-2 可以看出，期权博弈方法将公司战略与公司金融统一在企业价值增值的共同目标之下，填补它们之间的鸿沟。其中企业的竞争优势、适应能力和战略行动等价值驱动力最终在企业的市场价值中得以反应，而价值驱动力为定量的评价方法和定性的战略思考过程之间建立了一个桥梁，充分考虑了企业价值战略管理中价值创造的源泉。因此，对创造价值的战略投资项目的评价我们可以分三步来进行：第一，应用折现现金流法评价一个能产生可持续竞争优势的项目的净现值。其中，企业静态 NPV 价值来源主要是企业所在产业的一般吸引力和相对于竞争对手的竞争优势的建立，而这种竞争优势的建立可以通过成本领先战略、产品差异化战略和进入障碍战略等手段来实现。第二，运用实物期权方法灵活调整和重新配置资源，开发和利用协同效应，评价具有增长机会的投资项目的价值，强调主动的管理灵活性，捕捉蕴含在企业内部的实物期权的柔性价值。其中，影响一个企业增长期权价值的因素主要有不确定性和期权成熟期，而适应能力则是企业获取产业内竞争优势的一个重要来源。第三，基于博弈论和产业组织理论对竞争对手的行动采取相应竞争战略，通过制定战略行动来获取企业的战略地位，从而抓住投资项目的战略价值。

2.2.4 基本理论构件

从图2-1和图2-2可见，期权博弈战略投资分析的基本理论构件包括：传统资本预算理论、实物期权理论和博弈论。其中，传统资本预算理论解决未来现金流的预测及其贴现问题，是期权博弈分析的基础；实物期权理论解决项目投资的不可逆性、不确定性和灵活性问题，识别项目中所包含的实物期权，并应用期权定价理论对其进行评价；博弈理论主要解决竞争者之间的交互作用对项目价值的影响，并寻求均衡投资战略。

特别需要指出的是，在对实物期权进行估价的同时，引入博弈分析中，一个重要概念就是"经济租金（Economic Rents）"，它是整个期权博弈分析的经济学基础，由 Fudenberg 和 Tirole（1985）提出。

所谓"经济租金"即高于资本机会成本的额外价值。而"租金均衡原则（Rent Equalization Principle）"是指企业相对地位的内生选择机制。因经济租金吸引了新的进入者，如果投资机会不是排他性的，新的进入者就会使得收益减少，直到预期收益和必要收益相等。在竞争环境下，只有当企业具有实现项目的竞争优势时才存在经济租金；如果竞争优势是暂时的，预期经济租金会随着时间下降，延期投资会腐蚀项目的价值。因此，企业需要识别其具有暂时或者永久竞争优势的市场，并集中投资于这一市场。而基于企业相对于其竞争者的优势和项目的价值大小，决策者在不同的市场结构下可以在先占和延迟投资中作出选择。

2.2.5 基本分析工具

期权博弈战略投资分析的基本工具如图2-3所示。图2-3中离散时间期权定价方法可以利用证券市场交易和现金资产组合来复制项目现金流，通过交

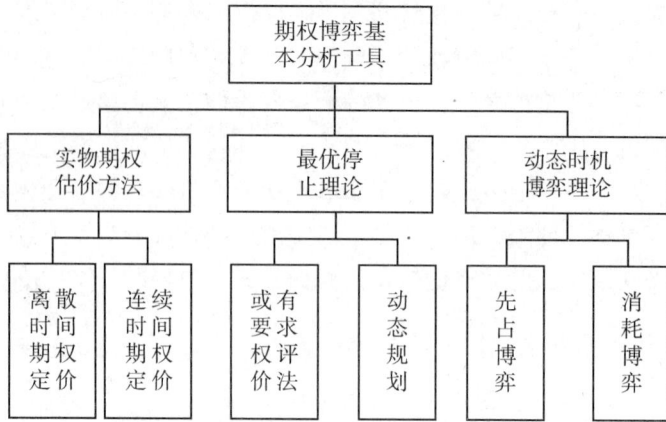

图 2 - 3　实物期权博弈投资战略决策的基本分析工具

易市场信息利用无套利均衡分析方法对项目进行估价；连续时间期权定价方法可以引入随机过程和 Ito 引理来进行分析；最优停止理论主要用来确定不确定条件下的最优投资时机，其中的动态规划方法的核心是贝尔曼法则，并借助于风险中性定价原理来建立，而或有要求权方法的核心是动态组合复制技术；动态时机博弈理论主要用来确定竞争环境下动态均衡战略，它包括考虑先发优势的先占博弈和考虑后发优势的消耗博弈。

另外，涉及的数学工具主要还有随机过程、马尔可夫性和维纳过程、Ito 过程与 Ito 引理等工具。

2.2.6　一般分析框架

投资决策分析的目的是确定合理的投资战略，使项目价值最大化。因此，期权博弈分析的基本思路应该是围绕项目价值函数的最大化及最佳投资时机的确定展开的。根据安瑛晖、张维（2001）提出一般化的期权博弈方法工作流程，期权博弈包括：项目估价及投资决策假设和变量设置、项目投资的不确定因素的数学描述、实物期权估价、市场结构分析、博弈分析方法和模型选择及科学决策等五个方面。石善冲和张维（2004）也提出了实物期权博弈投资战略分析的具体步骤。本章的分析思路框架及步骤是在参考他们提出的框架基础上提出来的，如图 2 - 4 所示。

第一步，明确项目投资的基本问题。主要包括项目的投资成本、未来收益

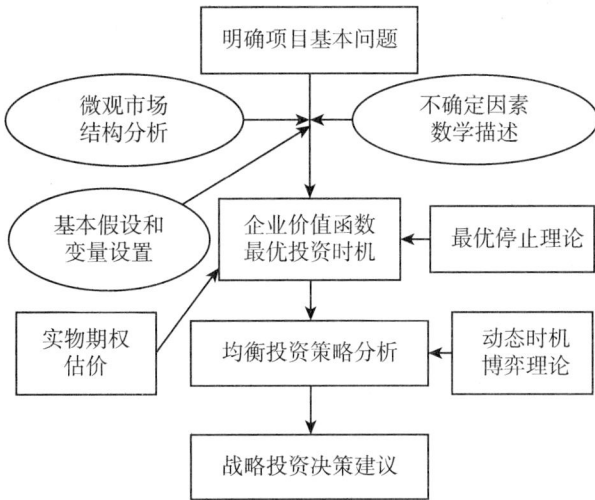

图 2 - 4　实物期权博弈投资战略决策的一般分析框架

的预测；影响未来现金流的不确定因素的识别及其所服从随机过程的确定；微观市场结构的分析、竞争因素的识别和优势的分析；竞争对手的数量、强弱及其对项目价值的影响；项目中所包含的投资机会及其灵活性分析，即实物期权及其特征的识别等。

第二步，基本假设和变量的设置，不确定因素的数学描述。由于实际投资项目所处环境的复杂性，必须要对一些问题做出适当的简化和假设，如对无风险利率、市场结构、竞争对手、投资支出、生产成本等的假设，对不确定变量进行合理的、符合实际情况的数学描述，比如项目价值、产品价格、市场需求、市场利率和发展成本等随机变量的数学描述。其中，不确定因素数学描述包括几何布朗运动、算术布朗运动、均值回复过程以及带跳跃的均值回复过程和两因素、三因素随机过程等。

第三步，确定参与人的价值函数及最优投资临界值。根据扩展的净现值观点，通过分析上述三方面影响投资项目价值的因素，首先运用实物期权估价方法分别确定出参与人的价值函数，一般采用逆向求解的动态规划方法。在价值函数确定之后，利用最优停止理论和方法确定每家企业潜在角色的最优投资临界值和最优投资时机。

第四步，均衡投资策略分析和均衡结局的确定。根据前面确定的投资临界值及每个参与人在不同结局中的收益，通过应用动态时机博弈理论和方法确定均衡结局。

第五步，根据上面的分析提出战略投资决策的建议。

特别地，我们有必要单独来对第一步中的微观市场结构进行分析，探讨经济租金的转化形式、竞争者进入后的实物期权价值变化情况等，以对我们后面的章节建模提供一个理论分析基础和依据。

我们知道西方经济学将市场形态分为四种：完全垄断市场、完全竞争市场、垄断竞争市场和寡头垄断市场。下面就分别对四种市场结构进行讨论。

（1）完全垄断。垄断企业市场唯一的控制者和价格决定者，别的企业没有任何参与投资进行竞争的机会。垄断企业独享项目投资的实物期权和垄断租金，实物期权的持有期完全取决于垄断者对基础资产未来收益的预期。因此，通过市场需求的预测就可以确定期权的持有期和基础资产的收益折现值，不必考虑竞争的影响。项目投资决策也仅仅依赖于含实物期权的项目价值定价结果，并追求利润最大化，不存在博弈分析。

（2）完全竞争。产品是完全竞争的，投资机会是完全竞争的，竞争者可以自由进入该市场，投资既不影响价格也不影响市场结构。由于充分竞争，企业拥有的经济租金优势会很快消失，在长期的竞争均衡条件下，所有的市场参与者只能获得行业的平均利润。因此，企业价值估价结果也仅仅依赖于实物期权的价值，不必考虑竞争的影响，不存在博弈分析。

（3）垄断竞争。市场中存在很多有差别的同类产品的卖者，每个企业在市场结构中的影响力有限，企业可以自由进出市场，各种生产资料可以流动，并且企业之间没有勾结行为。因此，有差别的同类产品和新企业的竞争使企业拥有的经济租金优势也会很快消失，垄断竞争优势下的企业投资决策也不存在博弈分析。

（4）寡头垄断。企业在市场上能够凭借产品和服务之间的差异获得超额利润，体现持续的竞争优势。因此，如果待评估企业不能独占某一实物期权，在评估实物期权的价值时，就有必要分析竞争态势对实物期权所对应的基础资产的收益折现值和期权持有期造成的影响。

通过上述四种市场结构的分析可以看出，完全垄断、完全竞争和垄断竞争的市场结构不存在博弈分析，其决策方法仅仅依赖于单纯项目隐含实物期权的分析结果，而寡头垄断市场是最可能和最现实的一种情形，此时必须考虑其他竞争者个数、投资经营状况以及经济租金的转化和竞争者进入后的实物期权变化问题，即必须引入博弈分析方法。

2.3　融资决策理论（资本结构理论）

1958 年美国学者莫迪利亚尼（Modigliani）与米勒（Miller）发表了《资本成本、公司财务和投资理论》论文，标志着现代资本结构理论的产生。MM 理论以科学、严谨的方式，用统计分析检测模型的方法，对企业价值与资本结构的关系进行了严密的分析论证，奠定了现代西方资本结构理论的基础。自 MM 理论提出至今，许多经济学家在研究资本结构问题时，均以 MM 定理为基础，发展和创新资本结构理论：如权衡理论、代理成本理论、信号传递理论、融资优序理论、控制权理论等。

2.3.1　MM 理论

MM 在研究资本结构时，最初基于下列假设条件：经营风险用息税前收益（EBIT）的标准离差衡量；所有目前和将来的投资者对企业未来的盈利及风险估计是相同的，即信息对称性；资本市场是有效的，股票与债券在资本市场上可以完全自由交易，即无交易成本；所有债务利率为无风险利率，即无破产成本；不存在公司和个人所得税。

2.3.1.1　无税的 MM 理论（资本结构无关论）

即在不考虑税收情况下，企业的价值不受资本结构的影响，也即风险相同但资本结构不同的企业，其总价值是相等的。MM 模型有两个基本命题：

命题 2.1　任何企业的市场价值与其资本结构无关，而是取决于按照其风险程度相适应的预期收益率进行资本化的预期收益水平，即：

$$V_L = V_U = \frac{EBIT}{K_L} = \frac{EBIT}{K_{eU}} \tag{2.1}$$

其中，V_L 为杠杆企业（负债企业）价值；V_U 为非杠杆企业价值；$EBIT$ 为息税前收益；K_L 为杠杆企业的加权平均资本成本；K_{eU} 为非杠杆企业的期望收益率（股本成本）。

命题 2.1 意味着企业的价值不会受资本结构的影响；杠杆企业的加权平均

资本成本等于和该企业属于相同风险等级非杠杆企业的权益成本，亦即 $K_L = K_{eU}$ ；K_L 或 K_{eU} 的高低视企业的经营风险而定。

命题 2.2 股票预期收益率应等于同一风险程度的净权益流量的资本化率加上与其财务风险相适应的风险溢价。其中财务风险是净权益流量资本化率和利率之差与债务融资比率的乘积，即：

$$K_{eL} = K_{eU} + 风险溢价 = K_{eU} + (K_{eU} - K_{dL})\frac{D}{E} \qquad (2.2)$$

其中，K_{eL} 为杠杆企业的权益融资成本；K_{dL} 为杠杆企业的债务成本；$\frac{D}{E}$ 为负债权益比。

命题 2.2 意味着杠杆企业的权益成本会随着负债程度的上升而增加，所以企业的价值不会由于负债的增加而上升，因为便宜的负债所带给企业的利益会完全被上涨的权益成本所抵消。因此，在均衡时，杠杆企业的加权平均资本成本会等于非杠杆企业的权益成本。

所以，由以上两命题可得出 MM 理论的结论是：在无税赋条件下，低成本举债的利益正好被股东成本上升所抵消，故企业的资本结构不会影响企业价值和资本成本。

2.3.1.2 考虑企业所得税的 MM 理论（资本结构有关论）

无税 MM 理论虽然在逻辑上是合理的，但在实践上受到了挑战：一是缴纳企业所得税是公司法定义务；二是市场中的企业均自觉关心资本结构，且不同行业，资本结构存在一定的规律性。为了解释这种现象，莫迪利亚尼和米勒于1963 年对无税条件下的 MM 理论进行了修正，将企业所得税的影响引入了原来模型中，并得出以下两个命题：

命题 2.3 杠杆企业的价值等于相同风险等级的非杠杆企业价值赋税节余的价值，即：

$$V_L = V_U + \tau_c D = EBIT\frac{1 - \tau_c}{K_{eU}} + \tau_c D \qquad (2.3)$$

其中，τ_c 为企业所得税率。

命题 2.3 说明，当引入企业所得税后，杠杆企业的价值会超过非杠杆企业的价值，负债越多，这个差异越大。所以，当负债最后达到100% 时，企业的价值最大。

命题 2.4　杠杆企业的权益成本等于相同风险等级的非杠杆企业权益成本加上非杠杆企业的权益和负债成本之差以及负债额和企业税率决定的风险报酬。即：

$$K_{eL} = K_{eU} + (K_{eU} - K_{dL})(1 - \tau_c) \frac{D}{E} \qquad (2.4)$$

命题 2.4 表明，由于 $1 - \tau_c < 1$，所以在考虑企业所得税后，尽管权益成本还会随着负债融资程度的提高而上升，不过其上升速度却较未考虑企业所得税时慢。此特性再加上利息可以抵税的利益，导致企业所使用的负债越多，它的加权平均资本成本就越低。

修正理论改变了最初 MM 理论的结论，认为：在存在企业所得税的条件下，由于税法允许利息作为费用税前抵扣，故负债经营可以给企业带来税收税盾效应，负债会因利息的减税作用而增加企业价值，亦即财务杠杆影响企业价值和资本成本，企业负债率达到 100% 时，则企业价值为最大，资本成本为最小，企业资本结构达到最优。

2.3.1.3　米勒模型——考虑个人所得税的 MM 理论

考虑了企业所得税后的 MM 模型，意味着企业负债越高，企业价值越大，企业负债率达到 100% 时，企业价值最大，这与现实不符。为此，米勒在美国财务金融学会上所作的一次报告中提出了一个把企业所得税和个人所得税都包括在内的模型来估计负债杠杆对企业价值的影响，从而提出了著名的"米勒模型（Miller Model）"，即：

$$V_L = V_U + \left[1 - \frac{(1 - \tau_c)(1 - \tau_s)}{1 - \tau_d} \right] D \qquad (2.5)$$

其中，τ_c 为企业所得税率；τ_s 为个人股票所得税率；τ_d 为个人债券所得税率。

在该模型下，杠杆企业的价值等于非杠杆企业价值再加上债务所带来的节税利益，而节税利益的多寡根据 τ_c、τ_s 和 τ_d 而定：

（1）当 $\tau_c = \tau_s = \tau_d = 0$，则 $V_L = V_U$，此时米勒模型相当于无税 MM 理论。

（2）当 $\tau_s = \tau_d = 0$ 时，则 $V_L = V_U + \tau_c D$，此时米勒模型相当于考虑企业所得税的 MM 理论。

（3）当 $\tau_s = \tau_d$ 时，则 $V_L = V_U + \tau_c D$，此时表明，利用财务杠杆所增加的部

分免税价值正好抵补个人所得税。

（4）当$(1-\tau_c)(1-\tau_s)=(1-\tau_d)$时，则$V_L=V_U$，即负债抵税利益恰好被个人所得税的增加所抵消。此时同无税 MM 理论。

（5）当$\tau_s<\tau_d$时，则$V_L<V_U+\tau_cD$，反之亦然。由于一般情况下，资本利得税是递延的，个人股票所得税率低于个人债券利息所得税率，因此，米勒模型中杠杆企业价值要低于考虑企业所得税时杠杆企业价值。

米勒进一步将个人所得税引入模型，证明了个人所得税的存在会在某种程度上抵消负债的税收利益，但在一般情况下，负债的税收利益并不完全因此而消失。米勒模型由此得出与修正的 MM 模型一致的结论：企业价值与其负债水平正相关。

2.3.2 权衡理论

权衡理论（Trade-off Theory）也称为"平衡理论"，它既考虑了债务融资的益处，又考虑了债务融资的风险，并将二者权衡比较来确定企业价值。该理论认为，制约企业无限提高负债比例、追求免税优惠的关键因素是由债务融资所带来的破产风险以及代理成本。虽然债务利息可以免税，但随着企业债务的增加，公司的经营风险越来越集中由仅占全部资本很小比例的权益资本来承担，财务风险很高，这使得企业的偿债能力极为脆弱，一旦经营环境变得恶劣或利率上升，则企业就很有可能陷入无力偿债的困境，最终甚至导致企业破产。

破产成本是指企业的财务亏空成本，包括直接成本和间接成本。企业增加债务，可以因税前抵扣应税所得而获得税收收益，同时也增加了陷入财务危机甚至破产倒闭的隐形风险。破产成本的存在降低了企业的债务价值和企业的市场价值。当企业出现财务危机时，由于破产的可能性增大，代表股东权益的经理可能会采取次优或非优的决策牺牲债权人的利益，以扩大股东收益。这种做法虽然会降低股东的风险系数，支撑或增加其股票价值，但却是以减少企业可以获得的免税优惠，进而减少企业的市场价值为代价。这样不仅导致了企业资产在股东和债权人之间进行不利于债权人的重新分配，而且会引致社会效益的净损失。由此引起的成本即为代理成本（债务代理成本）。

破产成本和代理成本的存在，一方面会降低企业的市场价值，另一方面会降低债权人的收入预期，从而加大企业发行债券的成本，增大企业债务融资的难度。正是这种双重制约抑制了企业在债务融资过程中对节税优惠的无限追求，促使其寻求最优资本结构，从而决定企业的资本结构呈现一定的规律性分布。权衡理论解决了 MM 理论所不能解决的问题。

考虑了破产成本和代理成本，权衡理论提出的企业价值为：

$$V_L = V_U + TB - FPV - TPV \tag{2.6}$$

其中，*FPV* 为预期财务危机成本现值；*TPV* 为代理成本现值。

当债务量低于一定水平时，企业发生财务危机的可能性很小，此时税收节约起着完全支配作用；当债务量超过一定水平之后，财务危机成本显著上升，从而抵消部分税收节约的收益。当税收节约的边际收益等于债务的边际成本时，企业的价值实现最大化，此时的股本和债务比例即为最优资本结构。

可见，权衡理论在有企业所得税的 MM 理论上进一步放宽了假设条件，引入了破产成本，实际上是对 MM 理论的再一次修正。相对而言，权衡理论的结论比较贴近实际。

2.3.3 代理成本理论

Jensen 和 Meckling（1976）综合了代理理论、产权理论和财务理论几方面的要素，将其引入资本结构的理论框架中，提出了代理成本理论，对这一领域的研究作出了开创性贡献。

该理论认为，公司债务的违约风险是财务杠杆系数的增函数，随着企业债权资本的增加，债权人的监督成本随之上升，债权人会要求更高的利率。这种代理成本最终要由股东承担（股权代理成本增加），企业资本结构中债权比率过高会导致股权价值的降低。另外，他们将代理成本分为外部股票代理成本和债务代理成本，在对股票和债券的代理成本进行分析的基础上，得出一个基本结论：均衡的企业所有权结构是由股票代理成本和债券代理成本之间的平衡关系来决定的，资本结构的选择是为了使企业的总代理成本达到最小，当两种融资方式的边际代理成本相等时，企业的总代理成本最小，这时就有了最优资本结构。

代理问题产生的根源在于所有权与控制权的分离。企业股东只保持剩余索取权、经营者选择权和重大决策权。由股东代表大会选举出来的董事会全权行使经营决策权，由职业经理们行使经营管理权，这就是所有权与控制权的分离。在所有权与控制权分离的条件下具有以下四个方面的特征：利益不一致、信息不对称、契约不完善和经营的不确定性。

2.3.3.1 股东与经理之间的冲突

经理具有专业经营管理知识和技能，虽不是企业的股东，但可受股东委托代表股东对企业的资产进行经营和管理。作为外部股东资产经营和管理的代理人，由于不完全拥有企业的股权，经理就有可能从事满足自己效用的各种道德风险行为，从而产生了股东与经理之间的利益冲突，表现为以下几个方面：

（1）经理的低努力水平和各种非生产性消费行为。

（2）源于风险态度不一致而导致经理投资不足行为。相对于股东的风险态度而言，企业经理的风险态度更加偏向于风险厌恶（Risk Aversion）。经理的风险厌恶态度有可能使得其在投资决策时选择低风险的投资项目，而放弃对股东来讲可能有利的高风险项目。这样，就会导致从股东角度来看的投资不足问题的发生。

（3）减少股利分配，增加闲余现金收益流量，从事规模扩大的过度投资行为。与股东相比，企业的经理可能更加关心企业规模的成长和存续问题。

（4）经理的短期、近视行为。

Jensen 和 Mecling（1976）指出，正是股东与经理之间的冲突使经理的行为可能会偏离企业价值最大化目标，因为当经理拥有的剩余索取权小于100%时，他们如果增加努力，就要承担付出努力的全部成本，却要和其他股东分享这些努力所带来的好处；而增加在职消费时，他们可得到由此所带来的全部好处，却可以让其他股东一起分担其成本（Jensen 和 Meckling，1976）。为减少这种现象，需要使经理拥有的股票份额增大，在保持经理在企业投资中绝对投资额不变的情况下，企业外部融资采取债务融资来代替权益融资，就可以增加经理的股票份额，从而减少由于经理与股东之间冲突所带来的损失。假如不采用债务融资而是权益融资，所带来的成本就是股票的代理成本。

2.3.3.2 股东与债权人之间的冲突

改变企业的融资结构可以有效缓解股东与经理之间的冲突，即企业所需的部分资金可以通过负债的方式进行筹集。其理由是：第一，经理对企业的绝对投资不变的情况下，增加投资中的负债融资比例将增大经理的股权比例，从而缓解股东与经理之间的冲突。第二，由于负债的利息采用固定支付方式，负债的作用有利于削减企业的闲余现金收益流量，限制经理的在职消费。但当企业发行债券或向金融机构借款时，作为企业内部经济主体的股东、经理和企业的外部债权人之间就形成以负债契约为媒介的委托代理关系。在这种以负债契约为基础的委托代理关系中，因负债融资造成的作为委托人的债权人和作为代理人的股东之间的冲突表现为以下几个方面：

（1）通过提高股利支付率或稀释债权人索取权转移债权人的利益。

（2）资产替代行为。在举债融资的情况下，如果某项投资产生了很高的收益，在负债面值以上的收益将归股东所有；当投资失败时，应由股东承担投资决策失误带来的全部损失，但由于有限责任，股东只承担其出资额范围以内的责任和风险，股东出资额以上的损失由债权人承担。因此，企业通过负债方式取得部分资金时，由于有限责任，股东有可能在进行投资决策时放弃低风险低收益的项目而选择高风险高收益的项目，从而产生资产替代行为。

（3）债务融资引起的投资不足。企业通过债务方式融资还可能使股东在进行投资决策时放弃对债权人而言有利的投资项目，发生投资不足行为。

（4）由于股东和债权人之间的损失分配不对等所产生的权利过度清算和企业破产。

（5）债权人承担的监督成本和企业承担的保证成本，以及破产重组成本也是债权代理成本的一个重要组成部分。

Jensen 和 Mecling（1976）同时也指出，正是股东与债权人之间的冲突，使股东可能会做出损害债权人利益的投资策略。为了减少公司发生财务危机时受到的损失，债权人会以提高债券利率的方式来保护自己。股东因为支付高利率而承担的成本，这也就是债务的代理成本。

2.3.4 信号传递理论

信号传递理论以 Ross（1977），Leland 和 Pyle（1977）为先驱，将委托代理中信息不对称概念引入资本结构领域，探讨资本结构与企业品质之间的关系。

在 Ross（1977）模型中，假设企业收益服从一阶随机线性分布，经理了解其企业收益的真实分布状态，而投资者不清楚。如果市场高估企业证券价值，经理将从中受益。反之，如果企业破产，经理将受到惩罚。因此，站在股东利益最大化立场上，当企业未来前景看好而目前股价低估时，管理者倾向于债务融资；当企业未来前景看淡而目前股价相对较高时，采用权益融资对企业有利。投资者将高负债看成是企业高质量的一种信号象征，对任何特定的负债水平而言，低质量企业的边际预期破产成本都较高。

Leland 和 Pyle（1977）从资本结构组成中的企业创办人或经理权益持股比例考察信号传递理论的作用。他们证明在均衡状态下，企业家的股份将完全揭示他自己所相信的项目收益的均值，企业家所持股份比重越大，就会传递项目价值越高的信息，从而企业的市场价值也越大。

在信号传递理论看来，企业资本结构隐含着某些透露企业未来前景的信息和内容，不同的资本结构向资本市场传递着不同的企业价值信号，因而企业经理或内部人可通过选择适宜的资本结构向市场传递有关企业质量的信号，并力求避免负面信息的传递。

2.3.5 融资优序理论

Myers 和 Mujluf（1984）提出了融资优序理论。该理论吸收了权衡理论、代理理论和信号传递理论的研究成果，将信息不对称理论引入资本结构的研究中，认为由于管理层与投资者之间信息不对称，这可能会造成市场对企业股票的错误估价。信息不对称源于控股权与管理权分离，在不对称信息情况下，企业经理作为内部人比市场或投资者作为外部人了解更多企业的真实情况。外部人只能根据内部人所传递的信号来重新评价自己的决策，企业资本结构是内部人传递信号手段之一。权益融资会传递企业经营的负面信息，而外部融资要支付各种成本。因此企业在融资时优先偏好内部融资，因为这样不会传送任何可能降低股票价格的逆向信号。当企业需要外部资金时首先会发行债券，股票发行是最后的选择。即企业融资一般会遵循内部融资、债务融资、外部权益融资的先后顺序。

由于在企业需要为新投资项目融资时，管理层将根据企业现有股东的利益做融资决策。当企业的价值被市场低估时，如果发行权益，则可能使新投资者的所得超过新投资项目的净现值，从而损害了现有股东的利益，因此，即使该项目的净现值为正，也可能被拒绝。如果企业能够用一种不会被市场严重低估的有价证券来为新项目进行融资时，这种投资不足的问题就会得到解决。风险小的证券更不容易被错误定价，例如，企业内部的资金和无风险债券就不会被低估。因此，股东偏好先通过内部资金为新项目融资，如果确实需要对外融资，由于债券的风险小于股票，企业将先发行债券，接下来才考虑发行新股。

融资优序理论解释了为什么获利能力高的企业财务杠杆较低。获利能力高的公司有足够的内部产生的资金流，无需外部融资，因此负债比率较低，而获利能力较差的企业内部不能提供足够的资金流，只能依靠外部融资。根据融资优序理论，企业向外部融资以负债为主，因此获利性较低的企业负债比率较高。由该理论可以得出，获利能力越强，企业的内部产生的资金就越多，所以企业的获利能力与资本结构负相关。

2.3.6　控制权理论

在不对称信息条件下，控制权理论认为，资本交易还会引起剩余控制权的配置问题。由于企业经理对控制权本身的偏好，他们会通过资本结构来影响控制权的分配，从而影响企业的市场价值。

哈里斯—雷维吾（1990）模型是最早研究资本结构如何影响公司控制权分配的理论模型之一。该模型研究了投票权的经理控制、负债与股权的比例和并购市场三者之间的关系，得出的结论是：企业的价值取决于兼并竞争的结果，而这种结果反过来又由经理的所有权份额决定。同时，存在一种权衡取舍，随着在职经理股份增大，在职经理掌握控制权的概率增大，从而其收益增大；另一方面，如果在职经理股份太大，企业的价值及相应的经理股份的价值就会减少，因为更有能力的潜在竞争者成功的可能性减少。最优的所有权份额是掌握控制权带来的任何个人收益同自有股份的资本价值损失权衡的结果。但在职经理被假定拥有一笔固定数额的财富，他可以通过改变负债水平来增加其股份。他们证明，代理权之争导致需要一些负债，而确保收购股权不能成功则要求更多的负债，因此，兼并目标通常会增加其负债水平。

根据控制权理论，不同的融资方式，对企业剩余控制权的影响也是不同的。内源融资不会对企业现有控制权产生任何影响，股权融资把财产的控制权配置给股东，但是由于经营者比股东拥有较多的信息，以及小股东受精力和资源所限，对管理者难以进行约束，实际上股东控制力是受到限制的。银行借款会加大银行对企业的控制，使企业对银行的依赖性增加，同时，发行债券融资虽然存在偿还约束，但是债权人只在企业无法偿还债务时才能行使控制权，这使管理者在经营中对企业的控制权增加。由于企业管理者存在着对公司控制权的偏好，他会通过资本结构或融资方式的选择来影响控制权的分配，进而影响企业的价值。对于规模足够大，可发行债券的企业来说，举债带来的控制权损失相对较小。因此，当企业达到发行债券的规模和条件时，常由银行融资转向债券融资。对于担心失去控制权的经理来说，最安全的办法是以企业的未分配利润转增资本。由此得出结论：对有控制权偏好的经理来讲，企业融资结构的顺序是由内部集资、发行股票、发行债券、银行贷款，但从有利于企业治理结构和建立约束监督机制来说，其融资结构的顺序正好相反。平衡两者，增大债券融资的比重是最优的。

2.3.7 市场竞争理论

Brander 和 Lewis（1986）的论文是该研究领域最早的文献之一，他们采纳了 Jensen 和 Meckling（1976）的基本思想：债务杠杆比例的增加诱使股东采用风险较大的策略。在 Brander 和 Lewis 的模型中，垄断寡头采用更加积极性的产品策略来增加风险，于是，为了保证在随后的古诺博弈中采用较有攻击性的策略，企业会选择正的债务水平。Brander 和 Lewis 的正式模型如下：

假设存在两个企业，$i = 1$，2。首先，这两个公司同时定下债务水平 D_i，然后同时选择产出水平 q_i。企业 i 的利润是由 R_i（q_i，q_j，z_i）给定的，其中 z_1 和 z_2 为独立的、同分布的对公司利润的随机冲击。假设企业 i 的利润随另一家企业的产出增加而下降，不过随着随机冲击 z_i 的增加而上升。企业 i 的边际利润（$\frac{\partial R_i}{\partial q_i}$）也随着随机冲击 z_i 的增加而上升，随另一家企业的产出增加而下降。

除了假设边际利润随着随机变量变化之外，这些假设在古诺均衡模型中是相当标准的。这些假设表明，在市场情况较好时（z 值较大），产出的边际利润较高；在这种情况下，企业选择的产量高于市场情况较差（z 值较低）时的产量。但是在这个模型中，企业必须在知道边际产出的有关信息之前选择产量水平。然而，因为杠杆企业的股票持有人只有在市场情况较好的情况下才获得收益（由于有限责任），因此股东将会忽视产量的边际产出低的可能性。结果，杠杆刺激了产量的增加。此外，在古诺寡头垄断模型中，企业有动机承诺生产更多的产量，并迫使对手减少产量。于是，杠杆就提供了这样一种手段，使得企业在古诺寡头垄断模型中承诺生产更多的产量。因此，在均衡状态，两家企业都将选择正的负债水平。需要注意的是，由于杠杆企业的产量大于古诺产量，在这种均衡下，企业状况要比在完全股票融资下的古诺均衡要差一些。

2.4　本章小结

　　本章从投资决策理论、期权博弈理论和融资决策理论三个方面，对企业投融资决策互动行为分析的基本理论进行了构建。首先，将项目评估与投资决策方法的发展分为四个阶段，即传统投资评价方法、风险分析技术、实物期权方法和期权博弈方法。在此基础上，分别对四个阶段的项目评估与投资决策方法进行了系统地介绍和评述，并且从投资项目的收益流、投资价值、投资成本、投资时机、影响因素和应用范围几方面进行了全面的比较分析，从而得出期权博弈方法是目前最为科学、合理和有效的企业战略投资决策分析工具。其次，建立了期权博弈方法的整个理论基础，包括它的基本方法、目标、思路、主要依据、企业价值来源、基本理论构件和分析工具等，并给出了投资战略决策分析的一般步骤。特别地，对四种微观市场结构下的经济租金转化形式、竞争者进入后的实物期权价值的变化进行了深入分析，得出寡头垄断是最可能和最现实的一种投资市场结构。最后，对 MM 理论、权衡理论、代理成本理论、信号传递理论、融资优序理论、控制权理论和市场竞争理论进行了全面系统的梳理和总结，以此构建了融资决策的基本理论，为后面的章节建模和分析奠定了基础。

第3章

企业投融资决策互动的对称
双头垄断期权博弈模型

本章在前人研究的基础上，将企业的投资决策和融资决策同时纳入到统一的分析框架下，通过建立一个对称的双头垄断模型，运用期权博弈方法深入分析了两家企业分别作为领导者和追随者的最优投融资交互决策行为，并以此探讨了两家企业最优均衡投融资策略。本章是研究企业投融资决策互动行为最为简单的一个基础性模型，这也是本书所有建模的基础，后面的章节都将在此基础上，基于不同的信贷结构、代理冲突、信息结构和市场结构，进一步扩展进行更深层次的企业投融资决策互动行为的分析。

3.1 引言

企业投资与融资决策是企业理财活动的两大部分，它们是同一资金运动过程中不可分割的两个方面：即企业投资必须考虑其融资的能力和成本，企业融资也必须以投资的需要为依据。不同的资本结构将对企业投资行为产生不同的影响，而不同的投资行为有其相应的最优资本结构。因此，两者的决策优化过程必然是一种彼此适应与协同的过程。

目前，投融资交互关系已成为企业财务理论研究的热点和难点。尤其是，当企业面临着不确定性、不可逆性、管理灵活性和竞争性的投资环境时，企业投融资交互决策关系分析将变得更加复杂，这就对决策方法的科学性、适用性和准确性也提出了更高的要求。期权博弈方法作为一种全新的战略思维方式，并以实物期权理论和博弈论极佳的结合点和巨大的发展潜力，来解决不确定条件下竞争项目评价与投融资决策问题，无疑为我们拓宽了研究视野和思路。

期权博弈方法的研究始于 20 世纪 90 年代，快速发展于最近 10 年间。比较经典的文献如 Smets（1991）、Smit 和 Akum（1993）、Dixit 和 Pindyck（1994）、Huisman 和 Kort（1999）、Kulatilaka 和 Perotti（1998）、Huisman（2001）、Grenadier（1996，1999，2000，2002）、Weeds（2002）、Lambrecht 和 Perraudin（2003）、Smit 和 Trigeorgis（2004）、Murto（2004）、Huisman 和 Kort（2004）、Pawlina 和 Kort（2006）等，其理论和应用已经涉及技术创新、房地产、并购、通信、电力、交通等多个领域。但上述这些研究都只关心企业的投资决策，并不关心企业投资资金约束的限制，即都隐含地假设企业是全权益融资企业，没有考虑企业投融资决策之间的互动关系，也没有考虑竞争对这种交互决策关系的影响等，从而割裂了投资决策与融资决策之间的内在联系。

在不确定性和竞争环境下研究投融资交互决策关系的文献非常少见。较早在连续时间框架下研究产业均衡和融资决策关系的文献，如 Williams（1995）、Fries、Miller 和 Perraudin（1997）、Miao（2005）、Zhdanov（2007）的研究。但这些模型都只是在完全竞争市场下研究竞争和资本结构之间的关系，并未涉及博弈分析，以及企业最优均衡投融资策略的分析。

真正运用期权博弈方法研究企业投融资交互决策关系的主要源于 Lambrecht（2001）开创性工作。Lambrecht（2001）探讨了不确定性和不可逆性环境下，双头垄断企业的退出决策如何受到其自身特性及总体经济环境改变的影响。他考虑了两家企业以 Stackelberg 方式（即 Leader-Follow）决定进入及退出的市场决策。同时还把企业债务视为外生变量，分析了企业债务重组时如何进行债券交换问题。但他们假设企业的进入与退出角色以及杠杆比率都是由外生给定的，与现实存在一定差距，而且也没有涉及如何决定最优负债和资本结构对生产决策的影响等问题。Khadem 和 Perraudin（2001）假设企业的违约概率服从泊松跳跃过程，研究了两家企业的非合作消耗战博弈，着重分析了双头垄断下信贷息差的期限结构问题。但他们的研究仅仅涉及违约破产决策，没有深入分析最优破产的均衡策略，也未涉及投资决策及最优资本结构等问题的探讨。Bayer（2004）在需求不确定性和投资不可逆性条件下，假设两家企业都有扩张或退出自己现有的生产能力的投资机会，考察了债务和有限责任对投资时机的影响，并探讨了两家企业的最优投资和退出均衡策略。但他们没有进行最优资本结构的研究。Morellec 和 Zhdanov（2008）发展了一个动态模型研究了两个投标企业和一个目标企业之间的并购和融资问题，考察了企业并购和财务杠杆之间的互动，分析得到具有内生杠杆比率、破产和并购期限的一个不对称均衡融资策略。同样，他们的分析没有涉及到两企业的均衡投资策略及其与融资决策间的互动。Nishihara 和 Shibata（2008a）研究了竞争环境下企业的价值、债务融资和投资策略，比较了双头垄断市场下的三种均衡投资策略：即两家对称的杠杆企业；仅有一家杠杆企业（领导者）的对称企业；一家杠杆企业和一家非杠杆企业。Nishihara 和 Shibata（2008b）在两人的基础上，考察了企业融资约束的影响，比较了融资约束和非融资约束下的杠杆比率、信贷息差和投资时机，以及双头垄断和完全垄断下的融资限制。虽然 Nishihara 和 Shibata（2008a，2008b）分析了双头垄断企业的均衡投资和融资决策，但是他们考察的只是 R&D 项目，即专利"赢者通吃"这种非常特殊的情形，一家企业一旦投资，则另一家企业什么也得不到，研究的仅仅是一种最简单的情形，没有考察更具广泛性的一般性投资项目。Zhdanov（2008）在 Lambrecht（2001）的基础上，构造了一个对称双头垄断均衡。在他的模型中，投资决策和融资决策都是内生确定的，以此考察了两家企业的最优均衡投融策略。研究发现，两家企业的资本结构与进入决策是相关的，追随者的进入临界值和领导者的财务杠杆是一种非单调关系。与此同时，在均衡中领导者将选择较低的债务水平，而追随者将选择较高的债务水平，并在未来首先违约退出市场。即这种"先进后出"机制将在均衡中占据优势。然而，在 Zhdanov（2008）基础上，Chu（2009）进一步在一个动态对称双头垄断模型中引入产量决策，即在他的模型中，企业的最优进入、融资、破产和产量决策都是内生确定的。与 Zhdanov（2008）不同的是，他假设两家企业的进入、融资和破产决策是最优选择，而产量决策却是次优选择，即产量大小由最大化权益价值来确定。研究发现，在序贯投资均衡中，领导者不仅选择比追随者高的产量，而且将选择比追随者低的杠杆比率。上述这两篇文献都研究了产品市场竞争和资本结构之间的互动，都深入到了企业的微观层面，即都具体假设了不同的生产函数，以此来确定企业的最优产量和收益，但他们没有在宏观层面上进一步考察更为一般性投资项目的投融资决策互动关系。Jou 和 Lee（2008）建立了一个对称寡头垄断模型，并进行了竞争均衡分析。研究表明，在最优对称均衡（同时投资）下，竞争将减小产品价格，并激励企业推迟它的投资。同样，他们的研究也深入到了企业的微观层面，通过假设具体的生产函数，多家企业之间只是进行简单的古诺均衡产量博弈，因而他们既没有考察一般性的投资项目，也没有深入分析企业的最优均衡投融资策略。

本章将在 Lambrecht（2001）、Zhdanov（2008）和 Chu（2009）研究的基础上，对 Dixit 和 Pindyck（1994）、Huisman 和 Kort（1999）的无债务融资的对称双头垄断模型进行扩展，考察存在债务融资时的两家企业投融资交互决策行为。本章与 Lambrecht（2001）不同在于，两家企业的投资决策和融资决策都是内生确定的，并在同一框架下考察了两家企业不同角色的最优资本结构，以及最优均衡投融资策略。而本章与 Zhdanov（2008）和 Chu（2009）不同在于：第一，本章在宏观层面上考察了更为一般性的投资项目，即用企业特殊的确定性利润参数代替了具体的生产函数，内生化了企业的产量竞争与决策，该确定性利润参数取决于企业的效率和市场结构；第二，本章将按照两家企业进入和退出市场的先后次序，全面而细致地考察"垄断市场"、"先进先出"和"后进先出"三种情形，并严格推导出每种情形下企业作为领导者和追随者的权益价值、债务价值和企业总价值，同时探讨每种情形下企业作为领导者和追随者的最优投融资策略；第三，本章对模型所有可能存在的均衡形式及其最优均衡投融资策略进行了全面而详细的总结和分析，本章分析了多种形式下的抢先均衡和序贯均衡，而 Zhdanov（2008）和 Chu（2009）通过数值分析仅考察了"后进先出"这种占优情形下的序贯均衡。

3.2　模型假设

在连续时间 $t \in [0, \infty)$ 里，市场上两家潜在竞争企业（用企业 i 和 j 表示，或用 $i, j \in \{1, 2\}$，$i \neq j$ 表示），现都拥有一个新的项目投资机会。每家企业均需支付初始不可逆投资成本 I 方能进入市场，在项目投资完成后，两家企业立即可以生产同质的产品。本章模型的建立有如下几点假设：

假设 3.1　企业投资后的利润流是不确定的，它受到一个随机外生市场需求冲击的影响，以变量 $\{X_t : t \geq 0\}$ 来描述，它服从几何布朗运动：

$$dX_t = \mu X_t dt + \sigma X_t dz_t^{\mathbb{Q}}, \ X_0 = x_0 > 0 \tag{3.1}$$

其中，$\mu < r$ 且 $\mu < \dfrac{\sigma^2}{2}$[①] 和 $\sigma > 0$ 均为常数，分别为市场需求冲击的瞬时漂移率和波动率，$r > 0$ 为固定的无风险利率；$z_t^\mathbb{Q}$ 表示风险中性概率空间（Ω，$\mathfrak{F}$，$\mathbb{Q}$）下的标准布朗运动。

企业的收益不仅依赖于外生的市场需求冲击变量 X_t，而且取决于企业间的战略行动。企业 $i \in \{1,2\}$ 在时刻 $t(\geq 0)$ 的息税前瞬时利润流[②]可表示为：

$$\pi_{it} = X_t D(n), i = 1,2, n = 1,2 \tag{3.2}$$

其中，$D(n)$ 是利润流确定性乘子参数，表示竞争的战略影响；$n = 1$ 表示垄断市场，而 $n = 2$ 表示双头垄断市场，且 $D(1) > D(2)$，表明先投资的企业利润会因竞争对手的投资而减少。

假设 3.2　企业的所得税率为 $\tau \in (0,1)$[③]。因为债务的利息税盾效应，两家企业都有通过发行债务来融资部分投资成本 I 的激励。假设企业 i 在投资之时作出资本结构决策，即永久性债务的瞬时利息支付选择为 c_i[④]，$i \in \{1,2\}$。一旦利息支付作出选择，在企业整个寿命周期内将保持不变，直到企业宣告违约，即本章不考虑动态资本结构调整问题。

假设 3.3　若企业违约，将直接面临破产清算，本章也不考虑破产重组情况。企业破产时，根据绝对优先权规则，企业股东权益价值为零，而债权人将获得企业破产清算价值。设破产清算价值为 $(1-\alpha)$ 部分破产时非杠杆企业价值，其中 $\alpha \in (0,1)$ 为破产清算成本比例。

假设 3.4　两家企业对以上所有模型参数具有完全信息，并且两家企业是对称的、理性的和风险中性的。同时，两家企业的投资决策、资本结构决策和

---

① $\mu < r$ 是为了确保收益收敛，否则企业永远不会执行投资期权；$\mu < \dfrac{\sigma^2}{2}$ 是为了确保冲击破产临界值的期望时间是有限的。

② 所有息税后利润全部作为股利支付给股东，企业不存在留存收益。

③ 本章均不考虑个人股息和利息收益的税率，这里的企业所得税是一种对称性的税率，企业经营损失可以前向或后向无限期地抵扣税收，除非破产，否则企业都会拥有当期负债的全部税收利益。

④ 即为了筹措足够的投资资金，企业可以在投资之前与债权人达成协议，约定在未来投资之时债权人为其提供与投资时债务价值等额的永久性贷款，以弥补股东投资资金的不足。作为回报，债权人可以在投资之后获得瞬时利息收益 c_i。这种为未来提供融资的借款合约类似于 Chava（2003）提出的贷款承诺（Loan Commitment）。另外，永久性债务的假定主要是可以使企业价值函数独立于时间变量，从而可以获得各种价值的解析表达式。

破产决策均由各自企业经理作出，不存在经理与股东之间的代理冲突问题，其经营目标是实现企业价值最大化[①]。

假设 3.5 两家企业均在市场需求上升首次到达各自投资临界值时进入市场，并作出资本结构决策，而市场需求下降首次到达各自破产临界值时退出市场。若两家企业同时进入或退出市场，其概率均为 $\frac{1}{2}$。同时，假设在博弈的开始，初始市场需求冲击 x_0 非常小，以至于两家企业在初始时刻就不会立即就进行投资。另外，在本章中为了不产生混淆，忽略 X_t 的时间依赖，将其简记为 x。

从以上假设可以看出，我们并没有指定两家企业的角色，两家企业均有可能成为领导者，也可能成为追随者。需要指出的是，在均衡中两家企业的角色由模型内生决定，并且领导者和追随者在均衡中的收益相同（见 Huisman 和 Kort，1999；Pawlina 和 Kort，2006），因此两家企业角色在事前是无差别的。

3.3 企业最优投融资策略

两家企业的博弈均衡策略是通过逆向求解的。首先，我们假设两家企业都已经投资进入市场，推导出它们的最优均衡违约策略；然后，我们假设一家企业作为领导者已经投资进入市场，而另一家企业作为追随者还未投资而继续等待时，探讨追随者的最优投资和融资策略；最后，我们将建立整个博弈的均衡，并分析领导者的最优投资和融资策略。

3.3.1 最优均衡破产策略

首先考虑两家企业都已经进入市场，并作出最优投资和资本结构决策的情况。前面已经假设当市场需求 x 首次到达一个较低的临界值，企业股东将宣告违约，并实施破产清算。根据另一家企业（企业 j）是否已经破产退出市场，企业 i 有两个潜在的最优违约临界值由下列命题 3.1 给定：

命题 3.1 如果企业 $i(i,j \in \{1,2\}, i \neq j)$ 在它的竞争者（企业 j 还未破产）

---

① 假定经理完全代表股东和债权人的利益，不仅不存在股东与经理之间的代理冲突，也不存在股东与债权人之间的代理冲突。

之前破产退出市场，那么企业 i 在市场需求 x 首次到达它的最优双头垄断破产临界值时破产：

$$x_b^d(D(2),c_i) = \frac{\beta_2}{\beta_2 - 1}\frac{r-\mu}{r}\frac{c_i}{D(2)}, i = 1,2 \qquad (3.3)$$

其中，下标"b"和上标"d"分别表示"破产"和"双头垄断"。相反，如果企业 i 决定在它的竞争者（企业 j 已破产）之后破产退出市场，那么企业 i 在市场需求 x 首次到达它的最优垄断破产临界值时破产：

$$x_b^m(D(1),c_i) = \frac{\beta_2}{\beta_2 - 1}\frac{r-\mu}{r}\frac{c_i}{D(1)}, i = 1,2 \qquad (3.4)$$

其中，上标"m"分别表示"垄断"；β_2 是二次方程 $\frac{1}{2}\sigma^2\beta_2(\beta_2-1) + \mu\beta_2 - r = 0$ 的负根，即 $\beta_2 = \frac{1}{2} - \frac{\mu}{\sigma^2} - \sqrt{\left(\frac{1}{2} - \frac{\mu}{\sigma^2}\right)^2 + \frac{2r}{\sigma^2}} < 0$。

命题 3.1 证明见附录 A3.1。

命题 3.1 中的破产临界值一般有下列性质：破产临界值随利息支付 c 的增大而增大，并且随市场需求增长率 μ 和波动率 σ 的减小而增大。较低的市场需求增长率 μ 和波动率 σ 侵蚀了等待的期权价值。但是，破产临界值随贴现率 r 的增大而增大。当贴现率 r 较高时，企业未来潜在的贴现利润将直接面临损失，因此企业将尽早执行违约期权。由式（3.3）和式（3.4），很明显有 $x_b^d(D(2),c_i) > x_b^m(D(1),c_i), i=1,2$，当它的竞争者破产退出市场，企业 i 将享受较高的利润，因此它不愿意去尽早违约。

命题 3.1 同时也表明对于另一家企业 j 同样也有两个潜在的最优破产临界值 $x_b^d(D(2),c_j)$ 和 $x_b^m(D(1),c_j)$。但命题 3.1 并没有确定到底哪一家企业首先破产退出市场。一般而言，有两个均衡是可行的。一个是如果企业 i 在 $x_b^d(D(2),c_i)$ 破产，则增大了企业 j 的利润，企业 j 稍后将在 $x_b^m(D(1),c_j)$ 破产；另一个是如果企业 j 在 $x_b^d(D(2),c_j)$ 破产，而企业 i 将在 $x_b^m(D(1),c_i)$ 破产。很显然，最优均衡破产策略取决于它们的资本结构。如果企业 i 选择一个非常小的利息支付 c_i，充分小于企业 j 的利息支付 c_j，则企业 i 的双头垄断破产临界值 $x_b^d(D(2),c_i)$ 同样也非常小。在这种情况下，企业 j 明显更愿意在 x 首次到达 $x_b^d(D(2),c_j)$ 时第一个破产，因此这时它从企业 i 首先破产中而获得的利润增加是微不足道的。但如果两家企业选择的利息支付相同，这时每家企业都希望它的竞争对手在各自的双头垄断破产临界值 $x_b^d(D(2),c_i)$ 违约，以享有由于竞争的减小而带来的利润增加。

下面我们根据两家企业的利息支付 c_i 和 c_j 的大小关系，得到下列命题3.2：

命题3.2　唯一的子博弈完美纳什均衡破产策略是，具有较高利息支付的企业 j（假设 $c_j > c_i$，$j=1$，2，$j \neq i$），在市场需求 x 首次到达最优双头垄断破产临界值 $x_b^d(D(2),c_j)$ 时第一个破产，而具有较低利息支付的企业 i 将在 $x_b^m(D(1),c_i)$ 到达时破产。

命题3.2的证明直接可以由 Lambrecht（2001）的命题4得来。

命题3.2的经济直觉如下：具有较高利息支付的企业 j 的两个破产临界值都比企业 i 的要高，即 $x_b^d(D(2),c_j) > x_b^d(D(2),c_i)$、$x_b^m(D(1),c_j) > x_b^m(D(1),c_i)$。这时，如果我们假设 $x_b^m(D(1),c_j)$ 首次到达的瞬间企业 j 仍未破产，那么无论企业 i 是否已经破产，对于企业 j 来说，都没有理由继续经营该企业。因此，企业 j 的股东将不会迟于 $x_b^m(D(1),c_j)$ 到达时破产。由于企业 j 的破产将增加企业 i 的利润，因此企业 i 的股东也绝不希望在区域 $x \in [x_b^m(D(1),c_j),y)$ 破产。但另一方面，对于企业 j 来说，它也不会迟于 x 首次到达 y 时才破产。因此，利用类似地重复推导，就可以得到命题3.2的结论。

3.3.2　追随者最优投融资策略

一旦确定了两家企业的最优均衡破产策略之后，我们就可以考察追随者的最优投融资策略，但首先必须推导出追随者投资之后的股东权益价值和债务价值。

根据命题3.2追随者可能面临三种不同的情况：第一，领导者在追随者投资之时或之前破产退出市场，这时市场上只有追随者一家企业，相当于"垄断市场"情形。第二，两家企业都已经投资并且也均未破产退出市场，但追随者有较高的利息支付，因此未来追随者将会第一个破产退出市场。我们把这种情形称为"先进先出"情形。第三，两家企业都已经投资并且也均未破产退出市场，但领导者有较高的利息支付，因此未来领导者将会第一个破产退出市场。我们把这种情形称为"先进先出"情形。若用"F"表示追随者，"l"

表示先退出市场，"w"表示后退出市场。下面我们将根据这三种情形得到下列命题3.3：

命题3.3 若企业 $i(i,j \in \{1,2\}$，$i \neq j)$ 首先投资成为领导者，相应地企业 j 成为追随者。设 T_{ej} 为企业 j 作为追随者的最优投资时机，那么在企业 j 投资进入市场之后的 $t \geq T_{ej}$ 时刻，其股东权益价值和债务价值可分为下列三种情况：

（1）垄断市场情形。企业 i 在企业 j 投资之时或之前违约，企业 j 投资之后成为市场垄断者，那么企业 j 的权益和债务价值函数表达式分别为：

$$E^j_{Fm}(x,c_j) = (1-\tau)\left[\frac{D(1)x}{r-\mu} - \frac{c_j}{r}\right]$$
$$+ (1-\tau)\left[\frac{c_j}{r} - \frac{D(1)x^m_b(D(1),c_j)}{r-\mu}\right]\left(\frac{x}{x^m_b(D(1),c_j)}\right)^{\beta_2} \tag{3.5}$$

$$D^j_{Fm}(x,c_j) = \frac{c_j}{r} - \left[\frac{c_j}{r} - (1-\alpha)(1-\tau)\frac{D(1)x^m_b(D(1),c_j)}{r-\mu}\right]$$
$$\left(\frac{x}{x^m_b(D(1),c_j)}\right)^{\beta_2} \tag{3.6}$$

（2）后进先出情形。两家企业投资后都没有违约，且 $c_j > c_i$（$i \neq j$），那么企业 j 的权益和债务价值函数表达式分别为：

$$E^j_{Fl}(x,c_j) = (1-\tau)\left[\frac{D(2)x}{r-\mu} - \frac{c_j}{r}\right]$$
$$+ (1-\tau)\left[\frac{c_j}{r} - \frac{D(2)x^d_b(D(2),c_j)}{r-\mu}\right]\left(\frac{x}{x^d_b(D(2),c_j)}\right)^{\beta_2} \tag{3.7}$$

$$D^j_{Fl}(x,c_j) = \frac{c_j}{r} - \left[\frac{c_j}{r} - (1-\alpha)(1-\tau)\frac{D(2)x^d_b(D(2),c_j)}{r-\mu}\right]$$
$$\left(\frac{x}{x^d_b(D(2),c_j)}\right)^{\beta_2} \tag{3.8}$$

（3）先进先出情形。两家企业投资后都没有违约，且 $c_j < c_i$（$i \neq j$），那么企业 j 的权益和债务价值函数表达式分别为：

$$E^j_{Fw}(x,c_j) = (1-\tau)\left[\frac{D(2)x}{r-\mu} - \frac{c_j}{r}\right] + (1-\tau)\frac{(D(1)-D(2))x^d_b(D(2),c_i)}{r-\mu}$$

$$\left(\frac{x}{x^d_b(D(2),c_i)}\right)^{\beta_2} + (1-\tau)\left[\frac{c_j}{r} - \frac{D(1)x^m_b(D(1),c_j)}{r-\mu}\right]$$

$$\left(\frac{x}{x^m_b(D(1),c_j)}\right)^{\beta_2} \qquad\qquad (3.9)$$

$$D^j_{Fw}(x,c_j) = \frac{c_j}{r} - \left[\frac{c_j}{r} - (1-\alpha)(1-\tau)\frac{D(1)x^m_b(D(1),c_j)}{r-\mu}\right]\left(\frac{x}{x^m_b(D(1),c_j)}\right)^{\beta_2}$$

$$(3.10)$$

命题 3.3 证明见附录 A3.2。

命题 3.3 中式（3.5）和式（3.7）第一项表示企业 j 没有违约时的永久性收益，第二项表示违约期权价值；式（3.6）、式（3.8）和式（3.10）第一项表示债权人永久性债务利息收益，第二项表示企业 j 违约对债权人利息收益的影响；式（3.9）第一项表示企业 j 没有违约时的永久性收益，第二项表示企业 i 违约时对企业 j 收益的影响，第三项表示企业 j 自己违约时对其收益的影响。

从命题 3.3 可以看出，较低利息支付企业的债务价值式（3.10）要大于较高利息支付企业债务价值式（3.8），表明较低利息支付企业的债权人收益永远是更好的，这是因为较低利息支付企业的违约时机要稍后，因此债权人获得的利息收益也相对时间比较长。但是，对于式（3.7）和式（3.9）的关系却不是那么简单，因为在某些情况下，特别是当竞争者利息支付较小时，若在市场上比竞争者停留地更久而获得收益，还不足以弥补先于竞争者破产退出市场而造成的损失，因而这时较高利息支付的企业股东收益反而会更好。

当然，在命题 3.3 中还存在一种特殊情况，即 $c_i = c_j = c$，这时两家企业的股东都更喜欢对方在 $x^d_b(D(2),c)$ 违约，而自己在 $x^m_b(D(1),c)$ 违约。因为前面已经假设两家是对称的，所以不能区分到底哪一家企业在 $x^d_b(D(2),c)$ 违约，而另一家在 $x^m_b(D(1),c)$ 违约。但是我们已经假设每家企业在 $x^d_b(D(2),c)$ 违约的概率均为 $\frac{1}{2}$。因此，在这种情况下，企业股东权益价值等于式（3.7）和式（3.9）的算术平均，企业债务价值等于式（3.8）和式（3.10）的算术平均。由此可以看出，无论是哪家企业事先违约，但这种情形都已经包含在

"后进先出"和"先进先出"这两种情况中，因此在本章中将不再做过多的讨论。

现在我们来考察企业 j 作为追随者至今还未执行投资期权的情况。设企业 j 的投资临界值为 x_{ej}，于是在投资时机 $T_{ej} = \inf\{t \geq 0 \,|\, x \geq x_{ej}\}$ 企业 j 作为追随者的企业总价值等于权益和债务价值之和减去投资成本 I，即有：

$$V_F^j(x_{ej}, c_j) = E_F^j(x_{ej}, c_j) + D_F^j(x_{ej}, c_j) - I \qquad (3.11)$$

这时假设 $t < T_{ej}$，企业 j 作为追随者还未进入市场，一旦企业 i 作为领导者投资进入市场，那么对企业 j 来说有两种投资策略可供选择：第一，企业 j 在企业 i 违约之时或之后时刻（即 $x_{ej} = x_{ej}^m$）投资进入市场。第二，企业 j 在企业 i 违约之前的某一时刻（即 $x_{ej} = x_{ej}^d$）投资进入市场。因此，企业 j 作为追随者的企业总价值应等于这两种情况的贴现加权平均值。

设企业 i 作为领导者的投资临界值为 x_{ei}。假设 $x_{ei} \in (x_b^m(D(1), c_i), x_{ej}^d)$，表示领导者投资进入市场不会引起自己立即违约或者追随者的进入。用 $\Phi_b(x; z, y)$ 表示在 x 到达上边界 y 之前 x 首次到达下边界 z 时的单位货币现值，而用 $\Phi_e(x; z, y)$ 表示在 x 到达下边界 z 之前 x 首次到达上边界 y 时的单位货币现值。于是，我们可以得到下列命题 3.4：

命题 3.4 若企业 i（$i = 1, 2, i \neq j$）首先投资成为领导者，相应地企业 j 成为追随者。那么当 $t < T_{ei}$ 时，企业 j 作为追随者的投资期权价值可分为下列两种情况：

（1）后进先出情形。如果 $c_j^d > c_i$（$i \neq j$），那么企业 j 作为追随者的投资期权价值函数表达式为：

$$
V_{Fl}^j(x, x_{ej}^m, x_{ej}^d, c_j^m, c_j^d) =
$$

$$
\left\{
\begin{aligned}
&\Phi_e(x_{ei}; x_b^m(D(1), c_i), x_{ej}^d)\left[E_{Fl}^j(x_{ej}^d, c_j^d) + D_{Fl}^j(x_{ej}^d, c_j^d) - I\right] \\
&+ \Phi_b(x_{ei}; x_b^m(D(1), c_i), x_{ej}^d)\left[E_{Fm}^j(x_{ej}^m, c_j^m) + D_{Fm}^j(x_{ej}^m, c_j^m) - I\right] \\
&\left(\frac{x_b^m(D(1), c_i)}{x_{ej}^m}\right)^{\beta_1}
\end{aligned}
\right\}\left(\frac{x}{x_{ei}}\right)^{\beta_2} \quad (3.12)
$$

其中，x_{ej}^m 和 c_j^m 分别是当领导者在追随者投资之时或之前已经违约时追随者的投资临界值和利息支付；x_{ej}^d 和 c_j^d 分别是当领导者仍在市场活动时追随者的投资临界值和利息支付。

（2）先进先出情形。如果 $c_j^d < c_i$（$i \neq j$），那么企业 j 作为追随者的投资期权价值函数表达式为：

$$V_{Fw}^j(x, x_{ej}^m, x_{ej}^d, c_j^m, c_j^d) =$$

$$\left\{ \begin{array}{l} \Phi_e(x_{ei}; x_b^m(D(1), c_i), x_{ej}^d)\left[E_{Fw}^j(x_{ej}^d, c_j^d) + D_{Fw}^j(x_{ej}^d, c_j^d) - I \right] \\ + \Phi_b(x_{ei}; x_b^m(D(1), c_i), x_{ej}^d)\left[E_{Fm}^j(x_{ej}^m, c_j^m) + D_{Fm}^j(x_{ej}^m, c_j^m) - I \right] \\ \left(\dfrac{x_b^m(D(1), c_i)}{x_{ej}^m} \right)^{\beta_1} \end{array} \right\} \left(\dfrac{x}{x_{ei}} \right)^{\beta_2} \quad (3.13)$$

其中，$\Phi_b(x; z, y)$ 和 $\Phi_e(x; z, y)$ 由下列两个方程来定义：

$$\Phi_b(x; z, y) = \frac{y^{\beta_1} x^{\beta_2} - y^{\beta_2} x^{\beta_1}}{y^{\beta_1} z^{\beta_2} - y^{\beta_2} z^{\beta_1}} \quad (3.14)$$

$$\Phi_e(x; z, y) = \frac{x^{\beta_1} z^{\beta_2} - x^{\beta_2} z^{\beta_1}}{y^{\beta_1} z^{\beta_2} - y^{\beta_2} z^{\beta_1}} \quad (3.15)$$

命题 3.4 的证明见附录 A3.3。

根据命题 3.4 的结果，如果给定企业 i 作为领导者的投资临界值 x_{ei} 和利息支付 c_i，那么企业 j 作为追随者的目的就是最大化它的企业总价值 V_F^j。因此，在领导者投资临界值 x_{ei} 和利息支付 c_i 给定情况下，在 $x < x_{ei}$ 时刻，追随者的最优投资和融资策略为：

$$\left[x_{ej}^{m*}, x_{ej}^{d*}, c_j^{m*}, c_j^{d*} \right]$$

求解追随者的最优化问题可分为下列两个步骤：

步骤 1：通过求解下列最优化问题得到 (x_{ej}^{m*}, c_j^{m*})：

$$\max_{(x_{ej}^m, c_j^m)} \left\{ (x_{ej}^m)^{-\beta_1} \left[E_{Fm}^j(x_{ej}^m, c_j^m) + D_{Fm}^j(x_{ej}^m, c_j^m) - I \right] \right\} \quad (3.16)$$

于是，我们得到：

$$c_j^{m*} = c^*(D(1), x_{ej}^{m*}) = \frac{\beta_2 - 1}{\beta_2} \frac{r}{r - \mu} \frac{x_{ej}^{m*} D(1)}{h} \quad (3.17)$$

$$x_{ej}^{m*} = \psi \frac{\beta_1}{\beta_1 - 1} \frac{r - \mu}{1 - \tau} \frac{I}{D(1)} \quad (3.18)$$

其中，$h = \left[1 - \beta_2 \left(1 - \alpha + \dfrac{\alpha}{r} \right) \right]^{-\frac{1}{\beta_2}} > 1$，$\psi = \left[1 + \dfrac{\tau}{(1 - \tau)h} \right]^{-1} < 1$。

步骤2：通过求解下列最优化问题得到 (x_{ej}^{d*}, c_j^{d*})：

$$\max_{(x_{ej}^d, c_j^d)} V_{Fk}^i(x, x_{ej}^{m*}, x_{ej}^d, c_j^{m*}, c_j^d)，k = w, l \tag{3.19}$$

在步骤2中有两种可能的均衡路径，即后进先出和先进先出情况，我们必须去推测哪一种情况才是真实的均衡路径。例如，为了得到最优策略（x_{ej}^{d*}，c_j^{d*}）首先将 V_{Fl}^i（或 V_{Fw}^i）代入式（3.19）目标函数求解，然后检查最优策略（x_{ej}^{d*}，c_j^{d*}）是否满足均衡条件 $c_j^{d*} > c_i$（或 $c_j^{d*} < c_i$）。如果条件满足，此种情形就是真实的均衡路径，否则改变我们的推测，重复进行上述工作。

3.3.3 领导者最优投融资策略

给定追随者的最优投融资策略，现在我们来考察企业 i 作为领导者的最优投融资策略。因为领导者作决策时，必然会考虑到另一家企业的行动。由于我们假设领导者是理性的，而且完全能够预见到追随者的最优策略，因此它会在追随者最优策略选择的基础上作出自己的最优决策。

同追随者分析一样，首先推导出领导者的股东权益和债务价值，才能分析领导者的最优投融资策略。领导者的权益和债务价值也可以分为三种情况：第一，领导者在追随者投资之时或之前违约，也即追随者的投资临界值 x_{ej} 足够低，以至于追随者在领导者违约之时或之后投资。这种情形就是"垄断市场"情形。第二，当追随者投资进入市场时，领导者没有违约，但它会在追随者违约之后第二个违约，即"后进先出"情形。第三，当追随者投资进入市场时，领导者没有违约，但它会在追随者违约之前第一个违约，即"先进先出"情形。若用"L"表示领导者，下面我们将根据这三种情形得到下列命题3.5：

命题3.5 若企业 i（$i=1, 2, i \neq j$）首先投资成为领导者，相应地企业 j 成为追随者。设 T_{ej} 为企业 j 作为追随者的最优投资时机，那么企业 i 在企业 j 投资进入市场之后的 $t \geq T_{ej}$ 时刻，其股东权益价值和债务价值可分为下列三种情况：

（1）垄断市场情形。企业 i 在企业 j 投资之时或之前违约，即：

$$x_{ej}^* \leqslant x_b^m(D(1), c_i)$$

那么领导者的权益价值函数表达式为：

$$E_{Lm}^i(x, c_i) = 0 \tag{3.20}$$

而领导者在追随者投资之时的债务价值函数表达式为：

$$D_{Lm}^i(x_{ej}^*, c_i) = (1 - \alpha)(1 - \tau) \frac{x_{ej}^* D(1)}{r - \mu} \qquad (3.21)$$

其中，x_{ej}^* 是追随者在"垄断市场"情形下的最优投资临界值。

（2）后进先出情形。如果领导者在追随者投资进入市场之后第二个违约，即 $x_{ej}^* > x_b^m(D(1), c_i)$ 和 $c_j^{d*} > c_i$，那么领导者的权益和债务价值函数表达式分别为：

$$E_{Lw}^i(x, c_i) = (1 - \tau) \left[\frac{D(2)x}{r - \mu} - \frac{c_i}{r} \right] + (1 - \tau) \frac{(D(1) - D(2)) x_b^d(D(2), c_j^{d*})}{r - \mu}$$

$$\left(\frac{x}{x_b^d(D(2), c_j^{d*})} \right)^{\beta_2} + (1 - \tau) \left[\frac{c_i}{r} - \frac{D(1) x_b^m(D(1), c_i)}{r - \mu} \right]$$

$$\left(\frac{x}{x_b^m(D(1), c_i)} \right)^{\beta_2} \qquad (3.22)$$

$$D_{Lw}^i(x, c_i) = \frac{c_i}{r} - \left[\frac{c_i}{r} - (1 - \alpha)(1 - \tau) \frac{D(1) x_b^m(D(1), c_i)}{r - \mu} \right]$$

$$\left(\frac{x}{x_b^m(D(1), c_i)} \right)^{\beta_2} \qquad (3.23)$$

其中，x_{ej}^* 和 c_j^{d*} 是追随者在"后进先出"情形下的最优投资临界值和利息支付。

（3）先进先出情形。如果领导者在追随者投资进入市场之后第一个违约，即 $x_{ej}^* > x_b^m(D(1), c_i)$ 和 $c_j^{d*} < c_i$，那么领导者的权益和债务价值函数表达式分别为：

$$E_{Ll}^i(x, c_i) = (1 - \tau) \left[\frac{D(2)x}{r - \mu} - \frac{c_i}{r} \right] + (1 - \tau) \left[\frac{c_i}{r} - \frac{D(2) x_b^d(D(2), c_i)}{r - \mu} \right]$$

$$\left(\frac{x}{x_b^d(D(2), c_i)} \right)^{\beta_2} \qquad (3.24)$$

$$D_{Ll}^i(x, c_i) = \frac{c_i}{r} - \left[\frac{c_i}{r} - (1 - \alpha)(1 - \tau) \frac{D(2) x_b^d(D(2), c_i)}{r - \mu} \right]$$

$$\left(\frac{x}{x_b^d(D(2), c_i)} \right)^{\beta_2} \qquad (3.25)$$

其中，x_{ej}^* 和 c_j^{d*} 是追随者在"先进先出"情形下的最优投资临界值和利息支付。

命题 3.5 的证明见附录 A3.4。

命题 3.5 中的式（3.22）～式（3.25）解释与命题 3.3 中式（3.7）～式（3.10）类似。

现在我们来考察企业 i 作为领导者至今还未执行投资期权的情况。领导者投资期权价值是其投资临界值 x_{ei} 和利息支付 c_i 的函数，我们有以下命题 3.6：

命题 3.6 给定企业 j 作为追随者最优投资临界值 x_{ej}^* 和利息支付 c_j^*，当 $t < T_{ei}$ 时，其中 $T_{ei} = \inf\{t \geq 0 \mid x \geq x_{ei}\}$，企业 i 作为领导者的投资期权价值可分为下列三种情况：

（1）垄断市场情形。企业 i 在企业 j 投资之时立即违约，即：

$$x_{ej}^* \leq x_b^m(D(1), c_i)$$

那么领导者投资期权价值函数表达式为：

$$V_{Lm}^i(x, x_{ei}, c_i) = \left[E_{Lm}^{i*}(x_{ei}, c_i) + D_{Lm}^{i*}(x_{ei}, c_i) - I \right] \left(\frac{x}{x_{ei}} \right)^{\beta_1} \tag{3.26}$$

其中，

$$E_{Lm}^{i*}(x_{ei}, c_i) = (1 - \tau) \left[\frac{D(1) x_{ei}}{r - \mu} - \frac{c_i}{r} \right] + (1 - \tau) \left[\frac{c_i}{r} - \frac{D(1) x_b^m(D(1), c_i)}{r - \mu} \right] \\ \left(\frac{x_{ei}}{x_b^m(D(1), c_i)} \right)^{\beta_2} \tag{3.27}$$

$$D_{Lm}^{i*}(x_{ei}, c_i) = \frac{c_i}{r} - \left[\frac{c_i}{r} - (1 - \alpha)(1 - \tau) \frac{D(1) x_b^m(D(1), c_i)}{r - \mu} \right] \\ \left(\frac{x_{ei}}{x_b^m(D(1), c_i)} \right)^{\beta_2} \tag{3.28}$$

（2）后进先出情形。如果领导者在追随者投资进入市场之后第二个违约，即 $x_{ej}^* > x_b^m(D(1), c_i)$ 和 $c_j^{d*} > c_i$，那么领导者的投资期权价值函数表达式为：

$$V_{Lw}^i(x, x_{ei}, c_i) = \left[E_{Lw}^{i*}(x_{ei}, c_i) + D_{Lw}^{i*}(x_{ei}, c_i) - I \right] \left(\frac{x}{x_{ei}} \right)^{\beta_1} \tag{3.29}$$

其中，

$$
\begin{aligned}
E_{Lw}^{i*}(x_{ei}, c_i) = {} & (1 - \tau)\left[\frac{D(1)x_{ei}}{r - \mu} - \frac{c_i}{r}\right] + \Phi_e(x_{ei}, x_b^m(D(1), c_i), x_{ej}^*) \\
& \left[E_{Lw}^i(x_{ej}^*, c_i) - (1 - \tau)\left(\frac{D(1)x_{ej}^*}{r - \mu} - \frac{c_i}{r}\right)\right] \\
& - \Phi_b(x_{ei}, x_b^m(D(1), c_i), x_{ej}^*) \\
& \left[(1 - \tau)\left(\frac{D(1)x_b^m(D(1), c_i)}{r - \mu} - \frac{c_i}{r}\right)\right]
\end{aligned} \tag{3.30}
$$

$$
\begin{aligned}
D_{Lw}^{i*}(x_{ei}, c_i) = {} & \frac{c_i}{r} + \Phi_e(x_{ei}, x_b^m(D(1), c_i), x_{ej}^*)\left[D_{Lw}^i(x_{ej}^*, c_i) - \frac{c_i}{r}\right] \\
& + \Phi_b(x_{ei}, x_b^m(D(1), c_i), x_{ej}^*)\left[(1 - \alpha)(1 - \tau)\right. \\
& \left.\frac{D(1)x_b^m(D(1), c_i)}{r - \mu} - \frac{c_i}{r}\right]
\end{aligned} \tag{3.31}
$$

（3）先进先出情形。如果领导者在追随者投资进入市场之后第一个违约，即 $x_{ej}^* > x_b^m(D(1), c_i)$ 和 $c_j^{d*} < c_i$，那么领导者的投资期权价值函数表达式为：

$$
V_{Ll}^i(x, x_{ei}, c_i) = \left[E_{Ll}^{i*}(x_{ei}, c_i) + D_{Ll}^{i*}(x_{ei}, c_i) - I\right]\left(\frac{x}{x_{ei}}\right)^{\beta_1} \tag{3.32}
$$

其中，

$$
\begin{aligned}
E_{Ll}^{i*}(x_{ei}, c_i) = {} & (1 - \tau)\left[\frac{D(1)x_{ei}}{r - \mu} - \frac{c_i}{r}\right] + \Phi_e(x_{ei}, x_b^m(D(1), c_i), x_{ej}^*) \\
& \left[E_{Ll}^i(x_{ej}^*, c_i) - (1 - \tau)\left(\frac{D(1)x_{ej}^*}{r - \mu} - \frac{c_i}{r}\right)\right] \\
& - \Phi_b(x_{ei}, x_b^m(D(1), c_i), x_{ej}^*) \\
& \left[(1 - \tau)\left(\frac{D(1)x_b^m(D(1), c_i)}{r - \mu} - \frac{c_i}{r}\right)\right]
\end{aligned} \tag{3.33}
$$

$$
\begin{aligned}
D_{Ll}^{i*}(x_{ei}, c_i) = {} & \frac{c_i}{r} + \Phi_e(x_{ei}, x_b^m(D(1), c_i), x_{ej}^*)\left[D_{Ll}^i(x_{ej}^*, c_i) - \frac{c_i}{r}\right] \\
& + \Phi_b(x_{ei}, x_b^m(D(1), c_i), x_{ej}^*)\left[(1 - \alpha)(1 - \tau)\right.
\end{aligned}
$$

$$\left. \frac{D(1)x_b^m(D(1),c_i)}{r-\mu} - \frac{c_i}{r} \right] \tag{3.34}$$

命题 3.6 的证明见附录 A3.5。

命题 3.6 表明，领导者的投资期权价值是它的投资临界值 x_{ei}、利息支付 c_i 和相应的追随者最优投资临界值 x_{ej} 的函数。对于任意给定的领导者投资临界值 x_{ei} 和利息支付 c_i，由命题 3.4 能够唯一确定追随者价值 $V_F^{j*}(x_{ei},c_i)$。为了获得最优的 $V_F^{j*}(x_{ei},c_i)$，追随者将最优地选择投资临界值 $x_{ej}^*(x_{ei},c_i)$ 和利息支付 $c_j^*(x_{ei},c_i)$。与此同时，领导者在其最优投资时刻发行债务并选择利息支付 c_i，以最大化其企业价值，即有：

$$V_{Lk}^i(x_{ei},x_{ei},c_i^*(x_{ei})) = \max_{c_i} V_{Lk}^i(x_{ei},x_{ei},c_i), k=m,w,l \tag{3.35}$$

其中，$c_i^*(x_{ei})$ 是领导者投资临界值为 x_{ei} 时的最优利息支付。

然而，领导者面临追随者的抢先威胁，它不能任意选择它的投资临界值和无条件地最大化其企业价值。因此，下面我们必须要考虑两类领导者最优投资临界值。设 x_{ei}^m 表示领导者不考虑追随者抢先威胁时的投资临界值，也即垄断情形时投资临界值，即有：

$$x_{ei}^m = \underset{x_{ei}}{\operatorname{argmax}} V_{Lm}^i(x,x_{ei},c_i^*(x_{ei})) \tag{3.36}$$

设 x_{ei}^p 表示领导者抢先投资临界值，即有：

$$x_{ei}^p = \inf\{x_{ei} \geq 0 \mid V_{Lk}^i(x,x_{ei},c_i^*(x_{ei})) = V_{Fk}^i(x,x_{ei}^{m*},x_{ei}^{d*},c_i^{m*},c_i^{d*})\}, k=w,l \tag{3.37}$$

注意，式（3.36）中的 x_{ei}^m 和式（3.37）中的 x_{ei}^{m*} 大小是一样的，但是投资时机是完全不一样的。因为 x_{ei}^m 是企业 i 作为领导者时的最优垄断投资临界值，而 x_{ei}^{m*} 是企业 i 作为追随者时的最优垄断投资临界值。由此，企业 i 作为领导者的最优投资临界值为：

$$x_{ei}^* \equiv \min\{x_{ei}^m, x_{ei}^p\} \tag{3.38}$$

3.4　均衡策略分析

根据上节两家企业最优投融资策略的分析，本模型主要有两大类均衡，即抢先均衡和序贯均衡。

3.4.1　抢先均衡

若 $x_{ei}^* = x_{ei}^p$，即 $x_{ei}^p < x_{ei}^m$ 时，出现抢先均衡。由于两家企业的对称性，两家企业都有可能抢先成功成为领导者，因此在这种情况下，又存在两类抢先均衡，即一类是企业 i 抢先成为领导者，另一类是企业 j 抢先成为领导者。进一步我们根据"后进先出"和"先进先出"情形，每种抢先均衡又可以分为两类子均衡。

结合上节的命题 3.1～3.6，我们可以得到企业 i 作为领导者的最优抢先均衡投融资策略：

（1）后进先出抢先均衡。定义 $t_0 = \inf\{t \geq 0 \,|\, x = x_0\}$。于是，当 $t_0 < T_{ei}^{d*} = \inf\{t \geq 0 \,|\, x \geq x_{ei}^*\}$ 时，两家企业均不投资；当 $T_{ei}^{d*} \leq t_0 < T_{ej}^{d*} = \inf\{t > T_{ei}^{d*} \,|\, x \geq x_{ej}^{d*}\}$ 时，企业 i 抢先投资并发行债务 c_i^{d*} 成为领导者，而企业 j 将继续等待；当 $T_{ej}^{d*} \leq t_0 < T_{bj}^{d*} = \inf\{t > T_{ej}^{d*} \,|\, x \leq x_b^d(D(2), c_j^{d*})\}$ 时，企业 j 投资并发行债务 c_j^{d*} 成为追随者；当 $T_{bj}^{d*} \leq t_0 < T_{bi}^{m*} = \inf\{t > T_{bj}^{d*} \,|\, x \leq x_b^m(D(1), c_i^{d*})\}$ 时，企业 j 首先违约并退出市场，而企业 i 在市场上作为垄断者继续经营；当 $t_0 \geq T_{bi}^{m*}$ 时，企业 i 违约并退出市场。

（2）先进先出抢先均衡。当 $t_0 < T_{ei}^{d*}$ 时，两家企业均不投资；当 $T_{ei}^{d*} \leq t_0 < T_{ej}^{d*}$ 时，企业 i 抢先投资并发行债务 c_i^{d*} 成为领导者，而企业 j 将继续等待；当 $T_{ej}^{d*} \leq t_0 < T_{bi}^{d*} = \inf\{t > T_{ej}^{d*} \,|\, x \leq x_b^d(D(2), c_i^{d*})\}$ 时，企业 j 投资并发行债务 c_j^{d*} 成为追随者；当 $T_{bi}^{d*} \leq t_0 < T_{bj}^{m*} = \inf\{t > T_{bi}^{d*} \,|\, x \leq x_b^m(D(1), c_j^{d*})\}$ 时，企业 i 首先违约并退出市场，而企业 j 在市场上作为垄断者继续经营；当 $t_0 \geq T_{bj}^{m*}$ 时，企业 j 违约并退出市场。

对于企业 j 抢先成为领导者，也有"后进先出"抢先均衡和"先进先出"抢先均衡，其最优抢先均衡投融资策略与企业 i 成为领导者分析类似，在此不予赘述。

3.4.2　序贯均衡

若 $x_{ei}^* = x_{ei}^m$，即 $x_{ei}^m < x_{ei}^p$ 时，出现序贯均衡。由于两家企业的对称性，两家企业都有可能成功成为领导者，因此这种情况又存在两类序贯均衡，即一类是

企业 i 成为领导者，另一类是企业 j 成为领导者。而在每一类下又可分为"垄断情形"序贯均衡、"后进先出"序贯均衡和"先进先出"序贯均衡。

同样结合命题 3.1～命题 3.6 和抢先均衡的分析，我们可以得到企业 i 作为领导者的最优序贯均衡投融资策略：

（1）垄断情形序贯均衡。当 $t_0 < T_{ei}^m = \inf\{t \geq 0 \,|\, x \geq x_{ei}^m\}$ 时，两家企业均不投资；当 $T_{ei}^m \leq t_0 < T_{bi}^{m*} = \inf\{t > T_{ei}^m \,|\, x \leq x_b^m(D(1), c_i^{m*})\}$ 时，在没有任何抢先威胁的情况下，企业 i 投资并发行债务 c_i^{m*} 成为领导者，而企业 j 将继续等待；当 $T_{bi}^{m*} \leq t_0 < T_{ej}^{m*} = \inf\{t > T_{bi}^{m*} \,|\, x \geq x_{ej}^{m*}\}$ 时，企业 i 违约并退出市场，而企业 j 将继续等待；当 $T_{ej}^{m*} \leq t_0 < T_{bj}^{m*} = \inf\{t > T_{ej}^{m*} \,|\, x \leq x_b^m(D(1), c_j^{m*})\}$ 时，在没有任何抢先威胁的情况下，企业 j 投资并发行债务 c_j^{m*} 成为追随者；当 $t_0 \geq T_{bj}^{m*}$ 时，企业 j 违约并退出市场。

（2）后进先出序贯均衡。当 $t_0 < T_{ei}^m$ 时，两家企业均不投资；当 $T_{ei}^m \leq t_0 < T_{ej}^{d*}$ 时，企业 i 投资并发行债务 c_i^{d*} 成为领导者，而企业 j 将继续等待；当 $T_{ej}^{d*} \leq t_0 < T_{bj}^{d*}$ 时，企业 j 投资并发行债务 c_j^{d*} 成为追随者；当 $T_{bj}^{d*} \leq t_0 < T_{bi}^{m*}$ 时，企业 j 首先违约并退出市场，而企业 i 在市场上作为垄断者继续经营；当 $t_0 \geq T_{bi}^{m*}$ 时，企业 i 违约并退出市场。

（3）先进先出序贯均衡。当 $t_0 < T_{ei}^m$ 时，两家企业均不投资；当 $T_{ei}^m \leq t_0 < T_{ej}^{d*}$ 时，企业 i 投资并发行债务 c_i^{d*} 成为领导者，而企业 j 将继续等待；当 $T_{ej}^{d*} \leq t_0 < T_{bi}^{d*}$ 时，企业 j 投资并发行债务 c_j^{d*} 成为追随者；当 $T_{bi}^{d*} \leq t_0 < T_{bj}^{m*}$ 时，企业 i 首先违约并退出市场，而企业 j 在市场上作为垄断者继续经营；当 $t_0 \geq T_{bj}^{m*}$ 时，企业 j 违约并退出市场。

对于企业 j 成为领导者，也有"垄断情形"序贯均衡、"后进先出"序贯均衡和"先进先出"序贯均衡，其最优序贯均衡投融资策略与企业 i 成为领导者分析类似，在此不予赘述。

当然，在上述抢先均衡中两家企业也有可能同时去投资，如果两家企业都为了获得更高的领导者收益，而之间又没有任何信息交流时，这种情况就有可能发生，但这时它们都将获得比追随者还要低的价值，但这个"错误"的概率为正，这时可以引入混合策略分析，但在本章中将不做分析，具体可参见 Huisman 和 Kort（1999）、Yu（2007）的研究。

3.5　本章小结

本章将企业投资决策和融资决策同时结合起来，纳入到一个统一的对称双头垄断模型分析框架下，首先深入探讨了两家企业的均衡破产策略，然后按照"垄断市场"、"先进先出"和"后进先出"三种可能的进入退出机制，严格推导出了每种情形下企业分别作为领导者和追随者的权益价值、债务价值和企业总价值，进而对每种情形下的最优投融资行为进行了分析，最后总结归纳出模型可能存在抢先均衡和序贯均衡两种均衡，其中抢先均衡又包括"后进先出"和"先进先出"两种抢先均衡，而序贯均衡又包括"垄断市场"、"后进先出"和"先进先出"三种抢先均衡。与此同时，本章还对每种均衡下的最优投融资策略进行全面的总结和分析。

通过本章的分析和探讨可以看出，在不确定性和竞争环境下，两家企业的投融资行为是交互影响，并且互为内生确定的。领导者的资本结构选择将对追随者的投资决策和资本结构的选择产生重要影响。而反过来，追随者通过观察领导者的资本结构选择，而采取自己最优的投资行动和资本结构选择，这也将对领导者的期望收益和破产策略产生影响。因此，企业无论是作为领导者，还是作为追随者，其最优的投资和融资策略，不仅取决于自己企业特征，还取决于其他企业的特征。同时，这也反映出了竞争是企业资本结构选择的一个重要变量，企业最优投资和融资的交互决策行为必须通过债务的税收利益、期望破产成本和竞争者的战略行动综合权衡来考察。

但需要特别指出的是，数值分析也是非常必要的环节，主要是在本章第四节多重均衡分析的基础上确定一个占优的均衡，即提炼出一个最优的子博弈精炼均衡。因此，下一步数值分析需要进行的工作包括：第一，探讨领导者资本结构的选择对追随者投资临界值、利息支付、财务杠杆比率的影响；第二，考察领导者资本结构的选择对领导者和追随者价值函数的影响；第三，分析市场需求的增长率和波动率、利率、企业税率和破产成本等企业特征和市场经济因素，对两家企业的最优投资临界值、利息支付、杠杆比率和破产临界值的影响，等等。

附录　A3

A3.1　命题3.1 的证明

证明：利用标准的实物期权方法（见 Dixit，1989；Dixit 和 Pindyck，1994），对于任意获得瞬时现金流 $Ax+B$ 的或有要求权 $W(x)$ 满足下列方程：

$$rW(x) = Ax + B + \frac{1}{dt}E_x[dW(x)] \tag{A3.1}$$

其中，A 和 B 是实常数，$E_x[\cdot]$ 是关于 x 的期望算子。假设 $W(x)$ 是 x 的二次连续可微函数，应用 Ito 引理，（A3.1）满足下列常微分方程（ODE）：

$$rW(x) = \mu x W'_x(x) + \frac{1}{2}\sigma^2 x^2 W''_{xx}(x) + Ax + B \tag{A3.2}$$

式（A3.2）的通解为：

$$W(x) = C_1 x^{\beta_1} + C_2 x^{\beta_2} + \frac{Ax}{r-\mu} + \frac{B}{r} \tag{A3.3}$$

其中，C_1 和 C_2 是由相应边界条件来确定的实常数，β_1 和 β_2 分别是二次方程 $\frac{1}{2}\sigma^2\beta(\beta-1)+\mu\beta-r=0$ 的正根和负根。

因此，当企业 i（$i=1,2$）在它的竞争者之前破产退出市场时，我们得到其权益价值为：

$$E^i_{LL}(x,c_i) = C_1 x^{\beta_1} + C_2 x^{\beta_2} + (1-\tau)\left(\frac{D(2)x}{r-\mu} - \frac{c_i}{r}\right) \tag{A3.4}$$

其相应的非泡沫条件、价值匹配条件和平滑粘贴条件分别为：

$$\lim_{x\to\infty}E^i_{LL}(x,c_i) = (1-\tau)\left(\frac{D(2)x}{r-\mu} - \frac{c_i}{r}\right) \tag{A3.5a}$$

$$E^i_{LL}(x^d_b(D(2),c_i),c_i) = 0 \tag{A3.5b}$$

$$\frac{1}{\partial x}\partial E^i_{LL}(x^d_b(D(2),c_i),c_i) = 0 \tag{A3.5c}$$

将式（A3.4）代入式（A3.5），得到：

$$C_1 = 0 , C_2 = (1 - \tau) \left[\frac{c_i}{r} - \frac{D(2) x_b^d (D(2), c_i)}{r - \mu} \right] \left(\frac{1}{x_b^d (D(2), c_i)} \right)^{\beta_2}$$

(A3.6)

$$x_b^d (D(2), c_i) = \frac{\beta_2}{\beta_2 - 1} \frac{r - \mu}{r} \frac{c_i}{D(2)}$$

(A3.7)

同理，当企业 i（$i = 1$，2）在它的竞争者之后破产退出市场时，由于企业 $j(j = 1, 2; j \neq i)$ 首先破产退出市场，这时企业 i 的瞬时现金流为 $(1 - \tau) D(1) x - c_i$。因此，可以利用上面类似的推导过程，得到企业 i 的最优垄断破产临界值为：

$$x_b^m (D(1), c_i) = \frac{\beta_2}{\beta_2 - 1} \frac{r - \mu}{r} \frac{c_i}{D(1)}$$

(A3.8)

于是，命题 3.1 立即得证。

A3.2　命题 3.3 的证明

证明：企业 j（$j = 1$，2；$j \neq i$）在三种情形下的权益价值可以利用命题 3.1 类似的证明方法得证，在此不予赘述。若企业 j 的利息支付水平为 c_j，那么在"后进先出"情形下其债务价值 $D_{Fl}^j (x, c_j)$ 满足类似式（A3.4）的方程：

$$D_{Fl}^j (x, c_j) = G_1 x^{\beta_1} + G_2 x^{\beta_2} + \frac{c_j}{r}$$

(A3.9)

以及相应的两个边界条件：

$$\lim_{x \to \infty} D_{Fl}^j (x, c_j) = \frac{c_j}{r}$$

(A3.10a)

$$D_{Fl}^j (x_b^d (D(2), c_j), c_j) = (1 - \alpha)(1 - \tau) \frac{D(2) x_b^d (D(2), c_j)}{r - \mu}$$

(A3.10b)

将式（A3.9）代入式（A3.10），得到：

$$G_1 = 0 \ , \ G_2 = \left[(1 - \alpha)(1 - \tau) \frac{D(2) x_b^d (D(2), c_j)}{r - \mu} - \frac{c_j}{r} \right] \left(\frac{1}{x_b^d (D(2), c_j)} \right)^{\beta_2}$$

$$(A3.11)$$

$$D_{Fl}^j(x, c_j) = \frac{c_j}{r} - \left[\frac{c_j}{r} - (1 - \alpha)(1 - \tau) \frac{D(2) x_b^d (D(2), c_j)}{r - \mu} \right]$$

$$\left(\frac{x}{x_b^d (D(2), c_j)} \right)^{\beta_2}$$

$$(A3.12)$$

其余两种情形下的债务价值可以采取相同的方法得证，在此不予赘述。
证毕。

A3.3　命题 3.4 的证明

证明：我们仅仅证明企业 j（$j = 1$，2；$j \neq i$）在"后进先出"情形下的投资期权价值，而"先进先出"情形下的投资期权价值可以采取相同的方法得证。

当市场条件 $x \in (x_b^m (D(1), c_i), x_{ej})$ 时，利用标准的实物期权方法，企业 j 的投资期权价值 $V_{Fl}^j(x)$ 满足下列常微分方程（ODE）：

$$r V_{Fl}^j(x) = \mu x \frac{\partial V_{Fl}^j(x)}{\partial x} + \frac{1}{2} \sigma^2 x^2 \frac{\partial^2 V_{Fl}^j(x)}{\partial x^2}$$

$$(A3.13)$$

以及相应的两个边界条件：

$$V_{Fl}^j(x_{ej}^d) = E_{Fl}^j(x_{ej}^d, c_j^d) + D_{Fl}^j(x_{ej}^d, c_j^d) - I$$

$$(A3.14a)$$

$$V_{Fl}^j(x_b^m(D(1), c_i)) = \left[E_{Fm}^j(x_{ej}^m, c_j^m) + D_{Fm}^j(x_{ej}^m, c_j^m) - I \right] \left(\frac{x_b^m(D(1), c_i)}{x_{ej}^m} \right)^{\beta_1}$$

$$(A3.14b)$$

式（A3.13）的通解是 $V_{Fl}^j(x) = H_1 x^{\beta_1} + H_2 x^{\beta_2}$，其中 H_1 和 H_2 是上述边界条件确定的实常数。因此，利用上述两个边界条件，立即就可以得到企业 j 投资期权价值为：

$$V_{Fl}^j\left(x,x_{ej}^m,x_{ej}^d,c_j^m,c_j^d\right) =$$

$$
\left\{
\begin{aligned}
&\Phi_e\left(x_{ei};x_b^m(D(1),c_i),x_{ej}^d\right)\left[E_{Fl}^j\left(x_{ej}^d,c_j^d\right)+D_{Fl}^j\left(x_{ej}^d,c_j^d\right)-I\right] \\
&+\Phi_b\left(x_{ei};x_b^m(D(1),c_i),x_{ej}^d\right)\left[E_{Fm}^j\left(x_{ej}^m,c_j^m\right)+D_{Fm}^j\left(x_{ej}^m,c_j^m\right)-I\right]\left(\frac{x_b^m(D(1),c_i)}{x_{ej}^m}\right)^{\beta_1}
\end{aligned}
\right\}\left(\frac{x}{x_{ei}}\right)^{\beta_2}
$$

$$(A3.15)$$

证毕。

A3.4　命题 3.5 的证明

证明：在"垄断市场"情形下，企业 i（$i=1,2$）的权益价值和债务价值通过 $x_{ej}^* \leqslant x_b^m\left(D(1),c_i\right)$ 和债权人获得全部清算价值的假设很容易就可以得证。同样，利用命题 3.3 相同的方法可以获得"先进先出"情形下企业 i 的权益和债务价值，以及"后进先出"情形下企业 i 的债务价值。在此不予赘述。下面我们只需证明"后进先出"情形下企业 i 的权益价值。

当市场条件 $x>x_b^d\left(D(2),c_j^{d*}\right)$ 时，企业 i 的投资期权价值 $E_{Lw}^i\left(x,c_i\right)$ 满足下列常微分方程（ODE）：

$$rE_{Lw}^i(x,c_i) = \mu x\frac{\partial E_{Lw}^i(x,c_i)}{\partial x}+\frac12\sigma^2x^2\frac{\partial^2 E_{Lw}^i(x,c_i)}{\partial x^2}+\left[(1-\tau)D(2)x-c_i\right]$$

$$(A3.16)$$

以及相应的两个边界条件：

$$\lim_{x\to\infty}E_{Lw}^i(x,c_i) = (1-\tau)\left[\frac{D(2)x}{r-\mu}-\frac{c_i}{r}\right]$$ （A3.17a）

$$
\begin{aligned}
E_{Lw}^i\left(x_b^d(D(2),c_j^{d*}),c_i\right) = (1-\tau)&\left[\frac{D(1)x_b^d(D(2),c_j^{d*})}{r-\mu}-\frac{c_i}{r}\right.\\
&\left.-\left(\frac{D(1)x_b^m(D(1),c_i)}{r-\mu}-\frac{c_i}{r}\right)\left(\frac{x_b^d(D(2),c_j^{d*})}{x_b^m(D(1),c_i)}\right)^{\beta_2}\right]
\end{aligned}
$$

$$(A3.17b)$$

利用式（A3.16）和式（A3.17）就可以得到企业 i 的权益价值为：

$$E_{Lw}^i(x,c_i) = (1-\tau)\left[\frac{D(2)x}{r-\mu}-\frac{c_i}{r}\right]+(1-\tau)\frac{\left(D(1)-D(2)\right)x_b^d(D(2),c_j^{d*})}{r-\mu}$$

$$\left(\frac{x}{x_b^d(D(2),c_j^{d*})}\right)^{\beta_2} + (1-\tau)\left[\frac{c_i}{r} - \frac{D(1)x_b^m(D(1),c_i)}{r-\mu}\right]$$

$$\left(\frac{x}{x_b^m(D(1),c_i)}\right)^{\beta_2} \tag{A3.18}$$

证毕。

A3.5 命题 3.6 的证明

证明：因为当市场需求冲击首次到达 x_{ei} 而获得的单位收益现值是 $\left(\frac{x}{x_{ei}}\right)^{\beta_1}$，因此很容易就得到企业 i 作为领导者在"垄断市场"情形下的投资期权价值式 (3.26)。其他"后进先出"和"先进先出"两种情形，可以通过附录 A3.3 中命题 3.4 类似的方法得到证明。

证毕。

第4章

收益不对称下企业投融资决策
互动的期权博弈模型

现实中的企业往往是不对称的，包括投资收益和成本均存在着差异，而这些差异将会对企业的投融资决策互动行为产生重大的影响。本章将第3章的对称双头垄断模型进一步扩展到收益不对称双头垄断模型，并在企业投资决策和融资决策统一分析框架下，运用期权博弈方法深入分析两家企业分别作为领导者和追随者的最优投融资交互决策行为，以此探讨两家企业最优均衡投融资策略。

4.1 引言

由第2章我们已经知道，期权博弈方法的主要依据是建立在扩展的净现值最大化基础之上的，即扩展的（战略）NPV =（静态）NPV + 柔性（实物期权）价值 + 战略（博弈论）价值。其中，战略价值主要是指竞争互动对实物期权价值的影响。而又由第3章我们知道，竞争是企业资本结构选择的重要变量，企业最优投融资决策互动行为由债务税收利益、破产成本和竞争者战略行动来共同驱动。因此，在不确定性和竞争环境下，研究企业投融资之间的互动关系，实现两者之间的协同，对于提高企业决策效率和项目价值，具有十分重要的意义。

首先，从现有研究不确定性和竞争环境下的投资决策文献来看，比较经典的有 Dixit 和 Pindyck（1994）的新市场模型、Grenadier（1996）的房地产投资占先博弈模型、Huisman 和 Kort（1999）的现有市场模型、Weeds（2002）的 R&D 期权博弈模型等。这些研究都假设企业是完全一样的，与现实不符。现实的企业往往是不对称的，包括投资收益和成本存在着差异，而这些差异会对企业的投资决策产生重大的影响。研究不对称企业的文献仅有几篇，如 Pawlina 和 Kort（2006）研究了企业投资成本的差异对企业投资决策的影响，主要考察了企业价值与投资成本差异的关系以及社会福利问题。余冬平和邱菀华（2005）考察了研发成本不对称的 R&D 投资均衡策略。夏晖和曾勇（2005）主要是在 Pawlina 和 Kort 工作论文的基础上引入创新成功时间，探讨了其对技术创新战略投资决策的影响。黄学军和吴冲锋（2005）考察了竞争作用不对称下的技术创新均衡投资策略，其实质考察的还是一种收益的不对称。上述这些文献一个重要的缺陷就是只关心企业的投资决策，没有考虑到企业投资资金约束的限制，即都隐含地假设企业是全权益融资企业。因而，就更不涉及企业投融资决策之间的互动关系，从而割裂了投资决策与融资决策之间的内在联系。

其次，从现有研究不确定性和竞争环境下的投融资决策互动文献来看，比较经典的研究如 Lambrecht（2001）、Khadem 和 Perraudin（2001）、Bayer（2004）、Morellec 和 Zhdanov（2008）、Nishihara 和 Shibata（2008a，2008b）、Zhdanov（2008）、Chu（2009）、Jou 和 Lee（2008）。其中，Khadem 和 Perraudin（2001）、Bayer（2004）、Morellec 和 Zhdanov（2008）、Nishihara 和 Shibata（2008b）、Zhdanov（2008）、Chu（2009）、Jou 和 Lee（2008）这些文献都是对称的双头垄断或寡头垄断模型，而只有 Lambrecht（2001），Nishihara 和 Shibata（2008a）这几篇文献研究不对称双头垄断模型。其中，Lambrecht（2001）建立了一个收益不对称的双头垄断模型，探讨了两家企业进入及退出的市场决策。但他的研究是假设企业的进入与退出角色，以及杠杆比率都是由外生给定的，这与现实存在一定差距，而且也没有涉及如何决定最优负债和资本结构对生产决策的影响等问题。Nishihara 和 Shibata（2008a）研究了竞争环境下企业的价值、债务融资和投资策略，比较了双头垄断市场下的三种均衡投资策略：即两家对称的杠杆企业；仅有一家杠杆企业（领导者）的对称企业；一家杠杆企业和一家非杠杆企业。但他们研究的不对称仅仅只是一家企业能发行债务，而另一家企业不能发行债务这种比较特殊的情形，而不是两家企业真正意义上的收益或成本不对称。

本章将在上述这些前人研究成果的基础上，将第 3 章的对称双头垄断模型扩展到不对称双头垄断模型，这里的不对称主要指的是两家企业的确定性收益参数具有不对称性。以此来探讨存在债务融资时的两家不对称企业的投融资交互决策行为。本章与第 3 章本质的区别在于最优均衡破产策略的判断标准发生了改变，并且在"垄断市场"、"先进先出"和"后进先出"三种情形下的领导者和追随者价值函数，以及最优均衡投融资策略均有所不同。

4.2　模型假设

在连续时间 $t \in [0, \infty)$ 里，市场上两家潜在竞争企业（用企业 i 和 j 表示，或用 $i,j \in \{1,2\}$，$i \neq j$ 表示），现都拥有一个新的项目投资机会。每家企业均需支付初始不可逆投资成本 I 方能进入市场，在项目投资完成后，两家企业立即可以生产同质的产品。本章模型的建立有如下几点假设：

假设 4.1　企业投资后的利润流是不确定的，它受到一个随机外生市场需求冲击的影响，以变量 $\{X_t : t \geq 0\}$ 来描述，它服从几何布朗运动：

$$\mathrm{d}X_t = \mu X_t \mathrm{d}t + \sigma X_t \mathrm{d}z_t^{\mathbb{Q}}, X_0 = x_0 > 0 \tag{4.1}$$

其中，$\mu < r$ 且 $\mu < \dfrac{\sigma^2}{2}$[①] 和 $\sigma > 0$ 均为常数，分别为市场需求冲击的瞬时漂移率和波动率，$r > 0$ 为固定的无风险利率；$z_t^{\mathbb{Q}}$ 表示风险中性概率空间（Ω，$\mathfrak{F}$，$\mathbb{Q}$）下的标准布朗运动。

企业的收益不仅依赖于外生的市场需求冲击变量 X_t，而且取决于企业间的战略行动。企业 $i \in \{1,2\}$ 在时刻 t（≥ 0）的瞬时利润流[②]可表示为：

$$\pi_{it} = X_t D_i(n), i = 1,2, n = 1,2 \tag{4.2}$$

其中，$D_i(n)$ 是利润流确定性乘子参数，表示竞争的战略影响；$n=1$ 表示垄断市场，而 $n=2$ 表示双头垄断市场，且 $D_i(1) > D_i(2)$，表明先投资的企业利润会因竞争对手的投资而减少。但是，两家企业具有利润参数的不对称性，即有 $D_i(1) \neq D_j(1)$，$D_i(2) \neq D_j(2)$。不失一般性，为了分析问题的简便，我们假设 $D_i(1) > D_j(1)$，并且 $D_i(2) = \theta D_i(1)$，$D_j(2) = \theta D_j(1)$，其中 $\theta \in (0,1)$。

---

①　$\mu < r$ 是为了确保收敛，否则企业永远不会执行投资期权；$\mu < \dfrac{\sigma^2}{2}$ 是为了确保冲击破产临界值的期望时间是有限的。

②　所有息税后利润全部作为股利支付给股东，企业不存在留存收益。

假设 4.2 企业的所得税率为 $\tau \in (0,1)$ [1]。因为债务的利息税盾效应,两家企业都有通过发行债务来融资部分投资成本 I 的激励。设企业 i 在投资之时作出资本结构决策,即永久性债务的瞬时利息支付选择为 c_i [2], $i \in \{1,2\}$。一旦利息支付作出选择,在企业整个寿命周期内将保持不变,直到企业宣告违约,即本章不考虑动态资本结构调整问题。

假设 4.3 若企业违约,将直接面临破产清算,本章也不考虑破产重组情况。企业破产时,根据绝对优先权规则,企业股东权益价值为零,而债权人将获得企业破产清算价值。设破产清算价值为 $(1-\alpha)$ 部分破产时非杠杆企业价值,其中 $\alpha \in (0,1)$ 为破产清算成本比例。

假设 4.4 两家企业对以上所有模型参数具有完全信息,并且两家企业是理性的和风险中性的。同时,两家企业的投资决策、资本结构决策和破产决策均由各自企业经理作出,不存在经理与股东之间的代理冲突问题,其经营目标是实现企业价值最大化 [3]。

假设 4.5 两家企业均在市场需求上升首次到达各自投资临界值时进入市场,并作出资本结构决策,而市场需求下降首次到达各自破产临界值时退出市场。若两家企业同时进入或退出市场,其概率均为 $\frac{1}{2}$。同时,假设在博弈的开始,初始市场需求冲击 x_0 非常小,以至于两家企业在初始时刻就不会立即就进行投资。另外,在本章中为了不产生混淆,忽略 X_t 的时间依赖,将其简记为 x。

从以上假设可以看出,我们并没有指定两家企业的角色,两家企业均有可能成为领导者,也可能成为追随者。需要指出的是,在均衡中两家企业的角色由模型内生决定,并且领导者和追随者在均衡中的收益相同(见 Huisman 和

---

① 本章均不考虑个人股息和利息收益的税率,这里的企业所得税率是一种对称性的税率,企业经营损失可以前向或后向无限期地抵扣税收,除非破产,否则企业都会拥有当期负债的全部税收利益。

② 即为了筹措足够的投资资金,企业可以在投资之前与债权人达成协议,约定在未来投资之时债权人为其提供与投资时债务价值等额的永久性贷款,以弥补股东投资资金的不足。作为回报,债权人可以在投资之后获得瞬时利息收益 c_i。这种为未来提供融资的借款合约类似于 Chava(2003)提出的贷款承诺(Loan Commitment)。另外,永久性债务的假定主要是可以使企业价值函数独立于时间变量,从而可以获得各种价值的解析表达式。

③ 假定经理完全代表股东和债权人的利益,不仅不存在股东与经理之间的代理冲突,也不存在股东与债权人之间的代理冲突。

Kort，1999；Pawlina 和 Kort，2006），因此两家企业角色在事前是无差别的。

4.3　企业最优投融资策略

两家企业的博弈均衡策略是通过逆向求解的。首先，我们假设两家企业都已经投资进入市场，推导出它们的最优均衡违约策略；然后，我们假设一家企业作为领导者已经投资进入市场，而另一家企业作为追随者还未投资而继续等待时，探讨追随者的最优投资和融资策略；最后，我们将建立整个博弈的均衡，并分析领导者的最优投资和融资策略。

4.3.1　最优均衡破产策略

首先考虑两家企业都已经进入市场，并作出最优投资和资本结构决策的情况。前面已经假设当市场需求 x 首次到达一个较低的临界值，企业股东将宣告违约，并实施破产清算。一家企业根据另一家企业是否已经破产退出市场，每家企业都具有两个潜在的最优违约临界值，由下列命题4.1给定：

命题4.1　（1）假设企业 $j(j=1,2,j\neq i)$ 是领导者，而企业 i 是追随者。如果企业 j 在企业 i 之前破产退出市场，那么企业 j 在市场需求 x 首次到达它的双头垄断破产临界值时违约：

$$x_b^d(D_j(2),c_{Lj})=\frac{\beta_2}{\beta_2-1}\frac{r-\mu}{r}\frac{c_{Lj}}{D_j(2)} \tag{4.3}$$

而企业 i 在 x 首次到达它的垄断破产临界值时违约：

$$x_b^m(D_i(1),c_{Fi})=\frac{\beta_2}{\beta_2-1}\frac{r-\mu}{r}\frac{c_{Fi}}{D_i(1)} \tag{4.4}$$

其中，下标"L"和"F"分别表示领导者和追随者；下标"b"和上标"d"分别表示"破产"和"双头垄断"；β_2 是二次方程 $\frac{1}{2}\sigma^2\beta_2(\beta_2-1)+\mu\beta_2-r$

$=0$ 的负根，即 $\beta_2=\frac{1}{2}-\frac{\mu}{\sigma^2}-\sqrt{\left(\frac{1}{2}-\frac{\mu}{\sigma^2}\right)^2+\frac{2r}{\sigma^2}}<0$。

（2）假设企业 j（$j=1$，2）是追随者，而企业 i 是领导者。如果企业 j $(j=1,2)$ 在企业 $i(i\neq j)$ 之前破产退出市场，那么企业 j 市场需求 x 首次到达它的双头垄断破产临界值时违约：

$$x_b^d(D_j(2), c_{Fj}) = \frac{\beta_2}{\beta_2 - 1} \frac{r - \mu}{r} \frac{c_{Fj}}{D_j(2)} \tag{4.5}$$

而企业 i 在 x 首次到达它的垄断破产临界值时违约：

$$x_b^m(D_i(1), c_{Li}) = \frac{\beta_2}{\beta_2 - 1} \frac{r - \mu}{r} \frac{c_{Li}}{D_i(1)} \tag{4.6}$$

命题4.1的证明可以参见第3章附录A3类似证明。

命题4.1中的破产临界值一般有下列性质：破产临界值随利息支付 c 的增大而增大，并且随市场需求增长率 μ 和波动率 σ 的减小而增大。较低的市场需求增长率 μ 和波动率 σ 侵蚀了等待的期权价值。但是，破产临界值随贴现率 r 的增大而增大。当贴现率 r 较高时，企业未来潜在的贴现利润将直接面临损失，因此企业将尽早执行违约期权。由式（4.3）～式（4.6），很明显有 $x_b^d(D_i(2), c_i) > x_b^m(D_i(1), c_i)$，$i = 1, 2$，当它的竞争者破产退出市场，企业 i 将享受较高的利润，因此它不愿意去尽早违约。

命题4.1表明两家企业都有两个潜在的最优破产临界值，但没有确定到底哪一家企业首先破产退出市场。一般而言，有两个均衡是可行的。一个是如果企业 i 无论是作为领导者还是追随者若在 $x_b^d(D_i(2), c_i)$ 破产，那么则增大了企业 j 的利润，企业 j 稍后将在 $x_b^m(D_j(1), c_j)$ 破产；同理，将企业 i 和 j 的角色互换也是一样。很显然，最优均衡破产策略取决于它们的资本结构。如果企业 i 选择一个非常小的利息－利润比支付 $\frac{c_i}{D_i(2)}$，充分小于企业 j 的利息－利润比支付 $\frac{c_j}{D_j(2)}$，则企业 i 的双头垄断破产临界值 $x_b^d(D_i(2), c_i)$ 同样也非常小。在这种情况下，企业 j 明显更愿意在 x 首次到达 $x_b^d(D_j(2), c_j)$ 时第一个破产，因此这时它从企业 i 首先破产中而获得利润增加是微不足道的。但如果两家企业有相同的利息—利润比 $\frac{c_i}{D_i(2)}$（$i = 1, 2$），这时每家企业都希望它的竞争对手在各自的双头垄断破产临界值违约，以享有由于竞争的减小而带来的利润增加。

下面我们根据两家企业的利息—利润比支付 $\frac{c_i}{D_i(2)}$ 和 $\frac{c_j}{D_j(2)}$ 的大小关系，

得到下列命题 4.2：

命题 4.2　唯一的子博弈完美纳什均衡破产策略是：企业 $j(j=1,2,j\neq i)$

首先违约，当且仅当企业 j 有一个较高的利息—利润比，即 $\dfrac{c_j}{D_j(2)}>\dfrac{c_i}{D_i(2)}$。

命题 4.2 的证明直接可以由 Lambrecht（2001）的命题 4 得来。

命题 4.2 的经济直觉如下：具有较高利息—利润比的企业 j 的两个破产临界值都比企业 i 的要高，即 $x_b^d(D_j(2),c_j)>x_b^d(D_i(2),c_i)$、$x_b^m(D_j(1),c_j)>x_b^m(D_i(1),c_i)$。这时，如果我们假设 $x_b^m(D_j(1),c_j)$ 首次到达的瞬间企业 j 仍未破产，那么无论企业 i 是否已经破产，对于企业 j 来说，都没有理由继续经营该企业。因此，企业 j 的股东将不会迟于 $x_b^m(D_j(1),c_j)$ 到达时破产。由于企业 j 的破产将增加企业 i 的利润，因此企业 i 的股东也绝不希望在区域 $x\in[x_b^m(D_j(1),c_j),y)$ 破产。但另一方面，对于企业 j 来说，它也不会迟于 x 首次到达 y 时才破产。因此，利用类似地重复推导，就可以得到命题 4.2 的结论。

4.3.2　追随者最优投融资策略

一旦确定了两家企业的最优均衡破产策略之后，我们就可以考察追随者的最优投融资策略，但首先必须推导出追随者投资之后的股东权益价值和债务价值。

根据命题 4.2 追随者可能面临三种不同的情况：第一，领导者在追随者投资之时或之前破产退出市场，这时市场上只有追随者一家企业，相当于"垄断市场"情形。第二，两家企业都已经投资并且也均未破产退出市场，但追随者有较高的利息支付，因此未来追随者将会第一个破产退出市场。我们把这种情形称为"后进先出"情形。第三，两家企业都已经投资并且也均未破产退出市场，但领导者有较高的利息支付，因此未来领导者将会第一个破产退出市场。我们把这种情形称为"先进先出"情形。若用"l"表示先退出市场，"w"表示后退出市场。下面我们将根据这三种情形得到下列命题 4.3：

命题 4.3　若企业 $i(i=1,2,i\neq j)$ 首先投资成为领导者，相应地企业 j 成为追随者。设 T_{eFj} 为企业 j 作为追随者的最优投资时机，那么在企业 j 投资进入市场之后的 $t\geq T_{eFj}$ 时刻，其股东权益价值和债务价值可分为下列三种情况：

（1）垄断市场情形。企业 i 在企业 j 投资之时或之前违约，企业 j 投资之后成为市场垄断者，那么企业 j 的权益和债务价值函数表达式分别为：

$$E_{Fm}^{j}(x,c_{Fj}) = (1-\tau)\left[\frac{D_j(1)x}{r-\mu} - \frac{c_{Fj}}{r}\right]$$

$$+ (1-\tau)\left[\frac{c_{Fj}}{r} - \frac{D_j(1)x_b^m(D_j(1),c_{Fj})}{r-\mu}\right]\left(\frac{x}{x_b^m(D_j(1),c_{Fj})}\right)^{\beta_2}$$

$$(4.7)$$

$$D_{Fm}^{j}(x,c_{Fj}) = \frac{c_{Fj}}{r} - \left[\frac{c_{Fj}}{r} - (1-\alpha)(1-\tau)\frac{D_j(1)x_b^m(D_j(1),c_{Fj})}{r-\mu}\right]$$

$$\left(\frac{x}{x_b^m(D_j(1),c_{Fj})}\right)^{\beta_2}$$

$$(4.8)$$

（2）后进先出情形。两家企业投资后都没有违约，且 $\frac{c_{Fj}}{D_j(2)} > \frac{c_{Li}}{D_i(2)}$（$i \neq j$），那么企业 j 的权益和债务价值函数表达式分别为：

$$E_{Fl}^{j}(x,c_{Fj}) = (1-\tau)\left[\frac{D_j(2)x}{r-\mu} - \frac{c_{Fj}}{r}\right]$$

$$+ (1-\tau)\left[\frac{c_{Fj}}{r} - \frac{D_j(2)x_b^d(D_j(2),c_{Fj})}{r-\mu}\right]\left(\frac{x}{x_b^d(D_j(2),c_{Fj})}\right)^{\beta_2}$$

$$(4.9)$$

$$D_{Fl}^{j}(x,c_{Fj}) = \frac{c_{Fj}}{r} - \left[\frac{c_{Fj}}{r} - (1-\alpha)(1-\tau)\frac{D_j(2)x_b^d(D_j(2),c_{Fj})}{r-\mu}\right]$$

$$\left(\frac{x}{x_b^d(D_j(2),c_{Fj})}\right)^{\beta_2}$$

$$(4.10)$$

（3）先进先出情形。两家企业投资后都没有违约，且 $\frac{c_{Fj}}{D_j(2)} < \frac{c_{Li}}{D_i(2)}$（$i \neq j$），那么企业 j 的权益和债务价值函数表达式分别为：

$$E_{Fw}^{j}(x,c_{Fj}) = (1-\tau)\left[\frac{D_j(2)x}{r-\mu} - \frac{c_{Fj}}{r}\right] + (1-\tau)$$

$$\frac{(D_j(1)-D_j(2))x_b^d(D_i(2),c_{Li})}{r-\mu}\left(\frac{x}{x_b^d(D_i(2),c_{Li})}\right)^{\beta_2}$$

$$+ (1-\tau)\left[\frac{c_{Fj}}{r} - \frac{D_j(1)x_b^m(D_j(1),c_{Fj})}{r-\mu}\right]\left(\frac{x}{x_b^m(D_j(1),c_{Fj})}\right)^{\beta_2}$$

$$(4.11)$$

$$D^j_{Fw}(x, c_{Fj}) = \frac{c_{Fj}}{r} - \left[\frac{c_{Fj}}{r} - (1-\alpha)(1-\tau)\frac{D_j(1) x_b^m(D_j(1), c_{Fj})}{r - \mu} \right]$$

$$\left(\frac{x}{x_b^m(D_j(1), c_{Fj})} \right)^{\beta_2} \tag{4.12}$$

命题 4.3 的证明可以参见第 3 章附录 A3 类似证明。

命题 4.3 中式（4.7）和式（4.9）第一项表示企业 j 没有违约时的永久性收益，第二项表示违约期权价值；式（4.8）、式（4.10）和式（4.12）第一项表示债权人永久性债务利息收益，第二项表示企业 j 违约对债权人利息收益的影响；式（4.11）第一项表示企业 j 没有违约时的永久性收益，第二项表示企业 i 违约时对企业 j 收益的影响，第三项表示企业 j 自己违约时对其收益的影响。

从命题 4.3 可以看出，较低利息—利润比企业的债务价值式（4.12）要大于较高利息—利润比企业债务价值式（4.10），表明较低利息—利润比企业的债权人收益永远是更好的，这是因为较低利息—利润比企业的违约时机要稍后，因此债权人获得的利息收益也相对时间比较长。但是，对于式（4.9）和式（4.11）的关系却不是那么简单，因为在某些情况下，特别是当竞争者利息—利润比较小时，若在市场上比竞争者停留地更久而获得收益，还不足以弥补先于竞争者破产退出市场而造成的损失，因而这时较高利息—利润比企业股东收益反而会更好。

当然，在命题 4.3 中还存在一种特殊情况，即 $\dfrac{c_j}{D_j(2)} = \dfrac{c_i}{D_i(2)} = \dfrac{c}{D(2)}$，这时也有 $\dfrac{c_j}{D_j(1)} = \dfrac{c_i}{D_i(1)} = \dfrac{c}{D(1)}$，两家企业的股东都更喜欢对方在 $x_b^d(D(2), c)$ 违约，而自己在 $x_b^m(D(1), c)$ 违约。因而这时不能区分到底哪一家企业在 $x_b^d(D(2), c)$ 违约，而另一家在 $x_b^m(D(1), c)$ 违约。但是我们已经假设每家企业在 $x_b^d(D(2), c)$ 违约的概率均为 $\dfrac{1}{2}$。因此，在这种情况下，企业股东权益价值等于式（4.9）和式（4.11）的算术平均，企业债务价值等于式（4.10）和式（4.12）的算术平均。由此可以看出，无论是哪家企业事先违约，这种情形都已经包含在"后进先出"和"先进先出"这两种情况中，因此在本章中将不再做过多的讨论。

现在我们来考察企业 $j(j=1,2,j\neq i)$ 作为追随者至今还未执行投资期权的情况。设企业 j 的投资临界值为 x_{eFj}，于是在投资时机 $T_{eFj}=\inf\{t\geq 0\,|\,x\geq x_{eFj}\}$ 企业 j 作为追随者的企业总价值等于权益和债务价值之和减去投资成本 I，即有：

$$V_F^j(x_{eFj},c_{Fj}) = E_F^j(x_{eFj},c_{Fj}) + D_F^j(x_{eFj},c_{Fj}) - I \qquad (4.13)$$

这时假设 $t<T_{eFj}$，企业 j 作为追随者还未进入市场，一旦企业 i 作为领导者投资进入市场，那么对企业 j 来说有两种投资策略可供选择：一是，企业 j 在企业 i 违约之时或之后的时刻（即 $x_{eFj}=x_{eFj}^m$）投资进入市场。二是，企业 j 在企业 i 违约之前的某一时刻（即 $x_{eFj}=x_{eFj}^d$）投资进入市场。因此，企业 j 作为追随者的企业总价值应等于这两种情况的加权贴现平均值。

设企业 i 作为领导者的投资临界值为 x_{eLi}，其投资时机为 $T_{eLi}=\inf\{t\geq 0\,|\,x\geq x_{eLi}\}$。假设 $x_{eLi}\in(x_b^m(D_i(1),c_{Li}),x_{eFj}^d)$，表示领导者投资进入市场不会引起自己立即违约或者追随者的进入。用 $\Phi_b(x;z,y)$ 表示在 x 到达上边界 y 之前 x 首次到达下边界 z 时的单位货币现值，而用 $\Phi_e(x;z,y)$ 表示在 x 到达下边界 z 之前 x 首次到达上边界 y 时的单位货币现值。于是，我们可以得到下列命题4.4：

命题4.4 若企业 $i(i=1,2,i\neq j)$ 首先投资成为领导者，相应地企业 j 成为追随者。那么当 $t<T_{eLi}$ 时，企业 j 作为追随者的投资期权价值可分为下列两种情况：

（1）后进先出情形。如果 $\dfrac{c_{Fj}^d}{D_j(2)}>\dfrac{c_{Li}}{D_i(2)}$，那么企业 j 作为追随者的投资期权价值函数表达式为：

$$
V_{Fl}^j(x,x_{eFj}^m,x_{eFj}^d,c_{Fj}^m,c_{Fj}^d) =
$$
$$
\left\{
\begin{aligned}
&\Phi_e(x_{eLi};x_b^m(D_i(1),c_{Li}),x_{eFj}^d)\left[E_{Fl}^j(x_{eFj}^d,c_{Fj}^d) + D_{Fl}^j(x_{eFj}^d,c_{Fj}^d) - I\right]\\
&+ \Phi_b(x_{eLi};x_b^m(D_i(1),c_{Li}),x_{eFj}^d)\left[E_{Fm}^j(x_{eFj}^m,c_{Fj}^m) + D_{Fm}^j(x_{eFj}^m,c_{Fj}^m) - I\right]\left(\frac{x_b^m(D_i(1),c_{Li})}{x_{eFj}^m}\right)^{\beta_1}
\end{aligned}
\right\}\left(\frac{x}{x_{eLi}}\right)^{\beta_2}
$$

$$(4.14)$$

其中，x_{eFj}^m 和 c_{Fj}^m 分别是当领导者在追随者投资之前已经违约时追随者的投资临界值和利息支付；x_{eFj}^d 和 c_{Fj}^d 分别是当领导者仍在市场活动时追随者的投资临界值和利息支付。

（2）先进先出情形。如果 $\dfrac{c_{Fj}^{d}}{D_j(2)} < \dfrac{c_{Li}}{D_i(2)}$，那么企业 j 作为追随者的投资期权价值函数表达式为：

$$V_{Fw}^{j}(x, x_{eFj}^{m}, x_{eFj}^{d}, c_{Fj}^{m}, c_{Fj}^{d}) =$$

$$\left\{ \begin{array}{l} \Phi_e(x_{eLi}; x_b^m(D_i(1), c_{Li}), x_{eFj}^{d})\left[E_{Fw}^{j}(x_{eFj}^{d}, c_{Fj}^{d}) + D_{Fw}^{j}(x_{eFj}^{d}, c_{Fj}^{d}) - I\right] \\ + \Phi_b(x_{eLi}; x_b^m(D_i(1), c_{Li}), x_{eFj}^{d})\left[E_{Fm}^{j}(x_{eFj}^{m}, c_{Fj}^{m}) + D_{Fm}^{j}(x_{eFj}^{m}, c_{Fj}^{m}) - I\right]\left(\dfrac{x_b^m(D_i(1), c_{Li})}{x_{eFj}^{m}}\right)^{\beta_1} \end{array} \right\} \left(\dfrac{x}{x_{eLi}}\right)^{\beta_2}$$

$$(4.15)$$

其中，$\Phi_b(x; z, y)$ 和 $\Phi_e(x; z, y)$ 由下列两个方程来定义：

$$\Phi_b(x; z, y) = \frac{y^{\beta_1} x^{\beta_2} - y^{\beta_2} x^{\beta_1}}{y^{\beta_1} z^{\beta_2} - y^{\beta_2} z^{\beta_1}} \qquad (4.16)$$

$$\Phi_e(x; z, y) = \frac{x^{\beta_1} z^{\beta_2} - x^{\beta_2} z^{\beta_1}}{y^{\beta_1} z^{\beta_2} - y^{\beta_2} z^{\beta_1}} \qquad (4.17)$$

命题 4.4 的证明可以参见第 3 章附录 A3 类似证明。

根据命题 4.4 的结果，如果给定企业 i 作为领导者的投资临界值 x_{eLi} 和利息支付 c_{Li}，那么企业 j 作为追随者的目的就是最大化它的企业总价值 V_F^{j}。因此，在领导者投资临界值 x_{eLi} 和利息支付 c_{Li} 给定情况下，在 $x < x_{eLi}$ 的时刻，追随者的最优投资和融资策略为：

$$\left[x_{eFj}^{m*}, x_{eFj}^{d*}, c_{Fj}^{m*}, c_{Fj}^{d*}\right]$$

求解追随者的最优化问题可分为下列两个步骤：

步骤 1：通过求解下列最优化问题得到 $(x_{eFj}^{m*}, c_{Fj}^{m*})$：

$$\max_{(x_{eFj}^{m}, c_{Fj}^{m})} \left\{ (x_{eFj}^{m})^{-\beta_1}\left[E_{Fm}^{j}(x_{eFj}^{m}, c_{Fj}^{m}) + D_{Fm}^{j}(x_{eFj}^{m}, c_{Fj}^{m}) - I\right]\right\} \qquad (4.18)$$

于是，我们得到：

$$c_{Fj}^{m*} = c^*(D_j(1), x_{eFj}^{m*}) = \frac{\beta_2 - 1}{\beta_2} \frac{r}{r - \mu} \frac{x_{eFj}^{m*} D_j(1)}{h} \qquad (4.19)$$

$$x_{eFj}^{m*} = \psi \frac{\beta_1}{\beta_1 - 1} \frac{r - \mu}{1 - \tau} \frac{I}{D(1)} \qquad (4.20)$$

其中，$h = \left[1 - \beta_2\left(1 - \alpha + \dfrac{\alpha}{r}\right)\right]^{-\frac{1}{\beta_2}} > 1$，$\psi = \left[1 + \dfrac{\tau}{(1 - \tau)h}\right]^{-1} < 1$。

步骤2：通过求解下列最优化问题得到 $(x_{eFj}^{d*}, c_{Fj}^{d*})$：

$$\max_{(x_{eFj}^d, c_{Fj}^d)} V_{Fk}^j(x, x_{eFj}^{m*}, x_{eFj}^d, c_{Fj}^{m*}, c_{Fj}^d), k = w, l \qquad (4.21)$$

在步骤2中有两种可能的均衡路径，即后进先出和先进先出情况，我们必须去推测哪一种情况才是真实的均衡路径。例如，为了得到最优策略 $(x_{eFj}^{d*},$ $c_{Fj}^{d*})$ 首先将 V_{Fl}^j（或 V_{Fw}^j）代入式（4.21）目标函数求解，然后检查最优策略 $(x_{eFj}^{d*}, c_{Fj}^{d*})$ 是否满足均衡条件 $\dfrac{c_{Fj}^{d*}}{D_j(2)} > \dfrac{c_{Li}}{D_i(2)}$（或 $\dfrac{c_{Fj}^{d*}}{D_j(2)} < \dfrac{c_{Li}}{D_i(2)}$）。如果条件满足，此种情形就是真实的均衡路径，否则改变我们的推测，重复进行上述工作。

4.3.3 领导者最优投融资策略

给定追随者的最优投融资策略，现在我们来考察企业 i 作为领导者的最优投融资策略。因为领导者作决策时，必然会考虑到另一家企业的行动。由于我们假设领导者是理性的，而且完全能够预见到追随者的最优策略，因此它会在追随者最优策略选择的基础上作出自己的最优决策。

同追随者分析一样，首先推导出领导者的股东权益和债务价值，才能分析领导者的最优投融资策略。领导者的权益和债务价值也可以分为三种情况：第一，领导者在追随者投资之时或之前违约，也即追随者的投资临界值 x_{eFj} 足够低，以至于追随者在领导者违约之时或之后投资。这种情形就是"垄断市场"情形。第二，当追随者投资进入市场时，领导者没有违约，但它会在追随者违约之后第二个违约，即"后进先出"情形。第三，当追随者投资进入市场时，领导者没有违约，但它会在追随者违约之前第一个违约，即"先进先出"情形。下面我们将根据这三种情形得到下列命题4.5：

命题 4.5 若企业 $i(i=1,2, i \neq j)$ 首先投资成为领导者，相应地企业 j 成为追随者。设 T_{eLi} 为企业 i 作为领导者的最优投资时机，那么在企业 i 投资进入市场之后的 $t \geqslant T_{eLi}$ 时刻，其股东权益价值和债务价值可分为下列三种情况：

（1）垄断市场情形。企业 i 在企业 j 投资之时或之前违约，即 $x_{eFj}^* \leqslant x_b^m(D_i(1), c_{Li})$，那么领导者的权益价值函数表达式为：

$$E_{Lm}^i(x, c_{Li}) = 0 \qquad (4.22)$$

而领导者在追随者投资时刻的债务价值函数表达式为：

$$D_{Lm}^i(x_{eFj}^*, c_{Li}) = (1-\alpha)(1-\tau)\frac{x_{eFj}^* D_i(1)}{r-\mu} \qquad (4.23)$$

其中，x_{eFj}^*是追随者在"垄断市场"情形下的最优投资临界值。

（2）后进先出情形。如果领导者在追随者投资进入市场之后第二个违约，即 $x_{eFj}^* > x_b^m(D_i(1), c_{Li})$ 和 $\dfrac{c_{Fj}^{d*}}{D_j(2)} > \dfrac{c_{Li}}{D_i(2)}$，那么领导者的权益和债务价值函数表达式分别为：

$$
\begin{aligned}
E_{Lw}^i(x, c_{Li}) = {}& (1-\tau)\left[\frac{D_i(2)x}{r-\mu} - \frac{c_{Li}}{r}\right] + (1-\tau) \\
& \frac{(D_i(1)-D_i(2))x_b^d(D_j(2), c_{Fj}^{d*})}{r-\mu}\left(\frac{x}{x_b^d(D_j(2), c_{Fj}^{d*})}\right)^{\beta_2} \\
& + (1-\tau)\left[\frac{c_{Li}}{r} - \frac{D_i(1)x_b^m(D_i(1), c_{Li})}{r-\mu}\right]\left(\frac{x}{x_b^m(D_i(1), c_{Li})}\right)^{\beta_2}
\end{aligned}
$$
$$(4.24)$$

$$
\begin{aligned}
D_{Lw}^i(x, c_{Li}) = {}& \frac{c_{Li}}{r} - \left[\frac{c_{Li}}{r} - (1-\alpha)(1-\tau)\frac{D_i(1)x_b^m(D_i(1), c_{Li})}{r-\mu}\right] \\
& \left(\frac{x}{x_b^m(D_i(1), c_{Li})}\right)^{\beta_2}
\end{aligned}
$$
$$(4.25)$$

其中，x_{eFj}^* 和 c_{Fj}^{d*} 是追随者在"后进先出"情形下的最优投资临界值和利息支付。

（3）先进先出情形。如果领导者在追随者投资进入市场之后第一个违约，即 $x_{eFj}^* > x_b^m(D_i(1), c_{Li})$ 和 $\dfrac{c_{Fj}^{d*}}{D_j(2)} < \dfrac{c_{Li}}{D_i(2)}$，那么领导者的权益和债务价值函数表达式分别为：

$$
\begin{aligned}
E_{Ll}^i(x, c_{Li}) = {}& (1-\tau)\left[\frac{D_i(2)x}{r-\mu} - \frac{c_{Li}}{r}\right] \\
& + (1-\tau)\left[\frac{c_{Li}}{r} - \frac{D_i(2)x_b^d(D_i(2), c_{Li})}{r-\mu}\right]\left(\frac{x}{x_b^d(D_i(2), c_{Li})}\right)^{\beta_2}
\end{aligned}
$$
$$(4.26)$$

$$D_{Ll}^i(x, c_{Li}) = \frac{c_{Li}}{r} - \left[\frac{c_{Li}}{r} - (1-\alpha)(1-\tau) \frac{D_i(2) x_b^d(D_i(2), c_{Li})}{r-\mu} \right]$$

$$\left(\frac{x}{x_b^d(D_i(2), c_{Li})} \right)^{\beta_2} \tag{4.27}$$

其中，x_{eFj}^* 和 c_{Fj}^{d*} 是追随者在"先进先出"情形下的最优投资临界值和利息支付。

命题 4.5 的证明可以参见第 3 章附录 A3 类似证明。

命题 4.5 中的式（4.24）～式（4.27）解释与命题 4.3 中式（4.9）～式（4.12）类似。

现在我们来考察企业 i 作为领导者至今还未执行投资期权的情况。领导者投资期权价值是其投资临界值 x_{eLi} 和利息支付 c_{Li} 的函数，我们有以下命题 4.6：

命题 4.6 给定企业 $j(j=1,2, j\neq i)$ 作为追随者最优投资临界值 x_{eFj}^* 和利息支付 c_{Fj}^*，当 $t < T_{eLi}$ 时，其中 $T_{eLi} = \inf\{t \geq 0 \mid x \geq x_{eLi}\}$，企业 i 作为领导者的投资期权价值可分为下列三种情况：

（1）垄断市场情形。企业 i 在企业 j 投资之时立即违约，即 $x_{eFj}^* \leqslant x_b^m(D_i(1), c_{Li})$，那么领导者投资期权价值函数表达式为：

$$V_{Lm}^i(x, x_{eLi}, c_{Li}) = \left[E_{Lm}^{i*}(x_{eLi}, c_{Li}) + D_{Lm}^{i*}(x_{eLi}, c_{Li}) - I \right] \left(\frac{x}{x_{eLi}} \right)^{\beta_1} \tag{4.28}$$

其中，

$$E_{Lm}^{i*}(x_{eLi}, c_{Li}) = (1-\tau) \left[\frac{D_i(1) x_{eLi}}{r-\mu} - \frac{c_{Li}}{r} \right] + (1-\tau)$$

$$\left[\frac{c_{Li}}{r} - \frac{D_i(1) x_b^m(D_i(1), c_{Li})}{r-\mu} \right] \left(\frac{x_{eLi}}{x_b^m(D_i(1), c_{Li})} \right)^{\beta_2} \tag{4.29}$$

$$D_{Lm}^{i*}(x_{eLi}, c_{Li}) = \frac{c_{Li}}{r} - \left[\frac{c_{Li}}{r} - (1-\alpha)(1-\tau) \frac{D_i(1) x_b^m(D_i(1), c_{Li})}{r-\mu} \right]$$

$$\left(\frac{x_{eLi}}{x_b^m(D_i(1), c_{Li})} \right)^{\beta_2} \tag{4.30}$$

（2）后进先出情形。如果领导者在追随者投资进入市场之后第二个违约，

即 $x_{eFj}^{*} > x_{b}^{m}(D_{i}(1),c_{Li})$ 和 $\dfrac{c_{Fj}^{d*}}{D_{j}(2)} > \dfrac{c_{Li}}{D_{i}(2)}$，那么领导者的投资期权价值函数表达式为：

$$V_{Lw}^{i}(x,x_{eLi},c_{Li}) = [E_{Lw}^{i*}(x_{eLi},c_{Li}) + D_{Lw}^{i*}(x_{eLi},c_{Li}) - I]\left(\frac{x}{x_{eLi}}\right)^{\beta_{1}} \quad (4.31)$$

其中，

$$E_{Lw}^{i*}(x_{eLi},c_{Li}) = (1-\tau)\left[\frac{D_{i}(1)x_{eLi}}{r-\mu} - \frac{c_{Li}}{r}\right] + \Phi_{e}(x_{eLi},x_{b}^{m}(D_{i}(1),c_{Li}),x_{eFj}^{*})$$
$$\left[E_{Lw}^{i}(x_{eFj}^{*},c_{Li}) - (1-\tau)\left(\frac{D_{i}(1)x_{eFj}^{*}}{r-\mu} - \frac{c_{Li}}{r}\right)\right]$$
$$- \Phi_{b}(x_{eLi},x_{b}^{m}(D_{i}(1),c_{Li}),x_{eFj}^{*})$$
$$\left[(1-\tau)\left(\frac{D_{i}(1)x_{b}^{m}(D_{i}(1),c_{Li})}{r-\mu} - \frac{c_{Li}}{r}\right)\right] \quad (4.32)$$

$$D_{Lw}^{i*}(x_{eLi},c_{Li}) = \frac{c_{Li}}{r} + \Phi_{e}(x_{eLi},x_{b}^{m}(D_{i}(1),c_{Li}),x_{eFj}^{*})\left[D_{Lw}^{i}(x_{eFj}^{*},c_{Li}) - \frac{c_{Li}}{r}\right]$$
$$+ \Phi_{b}(x_{eLi},x_{b}^{m}(D_{i}(1),c_{Li}),x_{eFj}^{*})$$
$$\left[(1-\alpha)(1-\tau)\frac{D_{i}(1)x_{b}^{m}(D_{i}(1),c_{Li})}{r-\mu} - \frac{c_{Li}}{r}\right] \quad (4.33)$$

（3）先进先出情形。如果领导者在追随者投资进入市场之后第一个违约，即 $x_{eFj}^{*} > x_{b}^{m}(D_{i}(1),c_{Li})$ 和 $\dfrac{c_{Fj}^{d*}}{D_{j}(2)} < \dfrac{c_{Li}}{D_{i}(2)}$，那么领导者的投资期权价值函数表达式为：

$$V_{Ll}^{i}(x,x_{eLi},c_{Li}) = [E_{Ll}^{i*}(x_{eLi},c_{Li}) + D_{Ll}^{i*}(x_{eLi},c_{Li}) - I]\left(\frac{x}{x_{eLi}}\right)^{\beta_{1}} \quad (4.34)$$

其中，

$$E_{Ll}^{i*}(x_{eLi},c_{Li}) = (1-\tau)\left[\frac{D_{i}(1)x_{eLi}}{r-\mu} - \frac{c_{Li}}{r}\right] + \Phi_{e}(x_{eLi},x_{b}^{m}(D_{i}(1),c_{Li}),x_{eFj}^{*})$$
$$\left[E_{Ll}^{i}(x_{eFj}^{*},c_{Li}) - (1-\tau)\left(\frac{D_{i}(1)x_{eFj}^{*}}{r-\mu} - \frac{c_{Li}}{r}\right)\right]$$
$$- \Phi_{b}(x_{eLi},x_{b}^{m}(D_{i}(1),c_{Li}),x_{eFj}^{*})$$

$$\left[(1-\tau) \left(\frac{D_i(1) x_b^m (D_i(1), c_{Li})}{r-\mu} - \frac{c_{Li}}{r} \right) \right] \qquad (4.35)$$

$$D_{Ll}^{i*}(x_{eLi}, c_{Li}) = \frac{c_{Li}}{r} + \Phi_e(x_{eLi}, x_b^m(D_i(1), c_{Li}), x_{eFj}^*) \left[D_{Ll}^i(x_{eFj}^*, c_{Li}) - \frac{c_{Li}}{r} \right]$$

$$+ \Phi_b(x_{eLi}, x_b^m(D_i(1), c_{Li}), x_{eFj}^*)$$

$$\left[(1-\alpha)(1-\tau) \frac{D_i(1) x_b^m(D_i(1), c_{Li})}{r-\mu} - \frac{c_{Li}}{r} \right] \qquad (4.36)$$

命题 4.6 的证明可以参见第 3 章附录 A3 类似证明。

命题 4.6 表明，领导者的投资期权价值是它的投资临界值 x_{eLi}、利息支付 c_{Li} 和相应的追随者最优投资临界值 x_{eFj} 的函数。对于任意给定的领导者投资临界值 x_{eLi} 和利息支付 c_{Li}，由命题 4.4 能够唯一确定追随者价值 $V_F^{j*}(x_{eLi}, c_{Li})$。为了获得最优的 $V_F^{j*}(x_{eLi}, c_{Li})$，追随者将最优地选择投资临界值 $x_{eFj}^*(x_{eLi}, c_{Li})$ 和利息支付 $c_{Fj}^*(x_{eLi}, c_{Li})$。与此同时，领导者在其最优投资时刻发行债务并选择利息支付 c_{Li}，以最大化其企业价值，即有：

$$V_{Lk}^i(x_{eLi}, x_{eLi}, c_{Li}^*(x_{eLi})) = \max_{c_{Li}} V_{Lk}^i(x_{eLi}, x_{eLi}, c_{Li}), k=m,w,l \qquad (4.37)$$

其中，$c_{Li}^*(x_{eLi})$ 是领导者投资临界值为 x_{eLi} 时的最优利息支付。

然而，领导者面临追随者的抢先威胁，它不能任意选择它的投资临界值和无条件地最大化其企业价值。因此，下面我们必须要考虑两类领导者最优投资临界值。设 x_{eLi}^{m*} 表示领导者不考虑追随者抢先威胁时的投资临界值，也即垄断情形时投资临界值，即有：

$$x_{eLi}^{m*} = \underset{x_{eLi}}{\mathrm{argmax}} V_{Lm}^i(x, x_{eLi}, c_{Li}^*(x_{eLi})) \qquad (4.38)$$

设 x_{eLi}^{p*} 表示领导者抢先投资临界值，即有：

$$x_{eLi}^{p*} = \inf \left\{ x_{eLi} \geq 0 \left| \begin{array}{l} V_{Lk}^i(x, x_{eLi}, c_{Li}^*(x_{eLi})) \\ = V_{Fk}^i(x, x_{eFi}^{m*}, x_{eFi}^{d*}, c_{Fi}^{m*}, c_{Fi}^{d*}) \end{array} \right. \right\}, k=w,l \qquad (4.39)$$

需要注意的是，式（4.38）中的 x_{eLi}^{m*} 和式（4.39）中的 x_{eLi}^{m*} 大小是一样的，但是投资时机是完全不一样的。因为 x_{eLi}^{m*} 是企业 i 作为领导者时的最优垄断投资临界值，而 x_{eFi}^{m*} 是企业 i 作为追随者时的最优垄断投资临界值。

同理，对企业 j 也有领导者抢先投资临界值，只需将式（4.39）中的 x_{eLi}

用 x_{eLj} 作相应替换即可得到。若假设 $x_{eLi}^{p*} < x_{eLj}^{p*}$ 由此，企业 i 作为领导者的最优投资临界值为：

$$x_{eLi}^{*} \equiv \min\{x_{eLi}^{m*}, x_{eLj}^{p*}\} \tag{4.40}$$

4.4　均衡策略分析

根据上节两家企业最优投融资策略的分析，本模型主要有两大类均衡，即抢先均衡和序贯均衡。

4.4.1　抢先均衡

若 $x_{eLi}^{*} = x_{eLj}^{p*}$，即 $x_{eLj}^{p*} < x_{eLi}^{m*}$ 时，出现抢先均衡。由于两家企业都有可能抢先成功成为领导者，因此在这种情况下，又可能存在两类抢先均衡，即一类是企业 $i(i=1,2, i \neq j)$ 抢先成为领导者，另一类是企业 j 抢先成为领导者。进一步我们根据"后进先出"和"先进先出"情形，每种抢先均衡又可以分为两类子均衡。

结合上节的命题 4.1 ~ 命题 4.6，我们可以得到企业 i 作为领导者的最优抢先均衡投融资策略：

（1）后进先出抢先均衡。定义 $t_0 = \inf\{t \geq 0 \mid x = x_0\}$。于是，当 $t_0 < T_{eLi}^{d*} = \inf\{t \geq 0 \mid x \geq x_{eLi}^{*}\}$ 时，两家企业均不投资；当 $T_{eLi}^{d*} \leq t_0 < T_{eFj}^{d*} = \inf\{t > T_{eLi}^{d*} \mid x \geq x_{eFj}^{d*}\}$ 时，企业 i 抢先投资并发行债务 c_{Li}^{d*} 成为领导者，而企业 j 将继续等待；当 $T_{eFj}^{d*} \leq t_0 < T_{bFj}^{d*} = \inf\{t > T_{eFj}^{d*} \mid x \leq x_b^d(D_j(2), c_{Fj}^{d*})\}$ 时，企业 j 投资并发行债务 c_{Fj}^{d*} 成为追随者；当 $T_{bFj}^{d*} \leq t_0 < T_{bLi}^{m*} = \inf\{t > T_{bFj}^{d*} \mid x \leq x_b^m(D_i(1), c_{Li}^{d*})\}$ 时，企业 j 首先违约并退出市场，而企业 i 在市场上作为垄断者继续经营；当 $t_0 \geq T_{bLi}^{m*}$ 时，企业 i 违约并退出市场。

（2）先进先出抢先均衡。当 $t_0 < T_{eLi}^{d*}$ 时，两家企业均不投资；当 $T_{eLi}^{d*} \leq t_0 < T_{eFj}^{d*}$ 时，企业 i 抢先投资并发行债务 c_{Li}^{d*} 成为领导者，而企业 j 将继续等待；当 $T_{eFj}^{d*} \leq t_0 < T_{bLi}^{d*} = \inf\{t > T_{eFj}^{d*} \mid x \leq x_b^d(D_i(2), c_{Li}^{d*})\}$ 时，企业 j 投资并发行债务 c_{Fj}^{d*} 成为追随者；当 $T_{bLi}^{d*} \leq t_0 < T_{bFj}^{m*} = \inf\{t > T_{bLi}^{d*} \mid x \leq x_b^m(D_j(1), c_{Fj}^{d*})\}$ 时，企业 i 首先违约并退出市场，而企业 j 在市场上作为垄断者继续经营；当 $t_0 \geq T_{bFj}^{m*}$ 时，

企业 j 违约并退出市场。

对于企业 j 抢先成为领导者，也有"后进先出"抢先均衡和"先进先出"抢先均衡，其最优抢先均衡投融资策略与企业 i 成为领导者分析类似，在此不予赘述。

4.4.2　序贯均衡

若 $x_{eLi}^* = x_{eLi}^{m*}$，即 $x_{eLi}^{m*} < x_{eLj}^{p*}$ 时，出现序贯均衡。由于两家企业都有可能成功成为领导者，因此这种情况又存在两类序贯均衡，即一类是企业 i 成为领导者；另一类是企业 j 成为领导者。而在每一类下又可分为"垄断情形"序贯均衡、"后进先出"序贯均衡和"先进先出"序贯均衡。

同样结合命题 4.1 ~ 命题 4.6 和抢先均衡的分析，我们可以得到企业 i 作为领导者的最优序贯均衡投融资策略：

（1）垄断情形序贯均衡。当 $t_0 < T_{eLi}^{m*} = \inf\{t \geq 0 \,|\, x \geq x_{eLi}^{m*}\}$ 时，两家企业均不投资；当 $T_{eLi}^{m*} \leq t_0 < T_{bLi}^{m*} = \inf\{t > T_{eLi}^{m*} \,|\, x \leq x_b^m(D_i(1), c_{Li}^{m*})\}$ 时，在没有任何抢先威胁的情况下，企业 i 投资并发行债务 c_{Li}^{m*} 成为领导者，而企业 j 将继续等待；当 $T_{bLi}^{m*} \leq t_0 < T_{eFj}^{m*} = \inf\{t > T_{bLi}^{m*} \,|\, x \geq x_{eFj}^{m*}\}$ 时，企业 i 违约并退出市场，而企业 j 将继续等待；当 $T_{eFj}^{m*} \leq t_0 < T_{bFj}^{m*} = \inf\{t > T_{eFj}^{m*} \,|\, x \leq x_b^m(D_j(1), c_{Fj}^{m*})\}$ 时，在没有任何抢先威胁的情况下，企业 j 投资并发行债务 c_{Fj}^{m*} 成为追随者；当 $t_0 \geq T_{bFj}^{m*}$ 时，企业 j 违约并退出市场。

（2）后进先出序贯均衡。当 $t_0 < T_{eLi}^{m*}$ 时，两家企业均不投资；当 $T_{eLi}^{m*} \leq t_0 < T_{eFj}^{d*}$ 时，企业 i 投资并发行债务 c_{Li}^{d*} 成为领导者，而企业 j 将继续等待；当 $T_{eFj}^{d*} \leq t_0 < T_{bFj}^{d*}$ 时，企业 j 投资并发行债务 c_{Fj}^{d*} 成为追随者；当 $T_{bFj}^{d*} \leq t_0 < T_{bLi}^{m*}$ 时，企业 j 首先违约并退出市场，而企业 i 在市场上作为垄断者继续经营；当 $t_0 \geq T_{bLi}^{m*}$ 时，企业 i 违约并退出市场。

（3）先进先出序贯均衡。当 $t_0 < T_{eLi}^{m*}$ 时，两家企业均不投资；当 $T_{eLi}^{m*} \leq t_0 < T_{eFj}^{d*}$ 时，企业 i 投资并发行债务 c_{Li}^{d*} 成为领导者，而企业 j 将继续等待；当 $T_{eFj}^{d*} \leq t_0 < T_{bLi}^{d*}$ 时，企业 j 投资并发行债务 c_{Fj}^{d*} 成为追随者；当 $T_{bLi}^{d*} \leq t_0 < T_{bFj}^{m*}$ 时，企业 i 首先违约并退出市场，而企业 j 在市场上作为垄断者继续经营；当 $t_0 \geq T_{bFj}^{m*}$ 时，企业 j 违约并退出市场。

对于企业 j 成为领导者，也有"垄断情形"序贯均衡、"后进先出"序贯均衡和"先进先出"序贯均衡，其最优序贯均衡投融资策略与企业 i 成为领导者分析类似，在此不予赘述。

当然，同第 3 章一样，在上述抢先均衡中两家企业也有可能同时去投资，如果两家企业都为了获得更高的领导者收益，而之间又没有任何信息交流时，这种情况就有可能发生，但这时它们都将获得比追随者还要低的价值，但这个"错误"的概率为正，这时可以引入混合策略分析，但在本章中将不做分析，具体可参见 Huisman 和 Kort（1999）、Yu（2007）的研究。

4.5　本章小结

本章通过建立一个不对称双头垄断期权博弈模型，将企业投资决策和融资决策同时结合起来，首先深入探讨了两家企业的均衡破产策略，然后按照"垄断市场"、"先进先出"和"后进先出"三种可能的进入退出机制，严格推导出了每种情形下企业分别作为领导者和追随者的权益价值、债务价值和企业总价值，进而对每种情形下的最优投融资行为进行了分析，最后总结归纳出不对称双头垄断模型仍然可能存在抢先均衡和序贯均衡两种均衡，其中抢先均衡又包括"后进先出"和"先进先出"两种抢先均衡，而序贯均衡又包括"垄断市场"、"后进先出"和"先进先出"三种序贯均衡。同样，本章也对每种均衡下的最优投融资策略进行全面的总结和分析。

通过本章的分析和探讨可以看出，在收益不对称双头垄断模型下，企业最优均衡破产策略判断标准不再是依据利息支付的大小，而是依据利息 -利润比的大小。与此同时，"垄断市场"、"先进先出"和"后进先出"三种机制下的企业投融资策略分析变得更加复杂，进而最优均衡投融资策略也将略有不同。只不过这时需要通过数值模拟仿真分析来进一步确定最优的子博弈精炼均衡。同对称双头垄断模型分析一样，下一步的数值分析工作包括：第一，探讨领导者资本结构的选择对追随者投资临界值、利息支付、财务杠杆比率的影响；第二，考察领导者资本结构的选择对领导者和追随者价值函数的影响；第三，分析市场需求的增长率和波动率、利率、企业税率和破产成本等企业特征和市场经济因素，对两家企业的最优投资临界值、利息支付、杠杆比率和破产临界值的影响等。

第5章

信贷能力不对称下企业投融资
决策互动的期权博弈模型

现实中企业的不对称，不仅包括投资收益和成本的差异，而且还包括信贷能力的差异。特别是这种融资能力的差异，将对企业的投融资决策互动行为产生更大的影响。本章将继续在第3章的基础上，将对称双头垄断模型扩展到信贷能力不对称双头垄断模型，以此将具有信贷能力的杠杆企业投融资决策与不具有信贷能力的非杠杆企业投资决策，纳入统一的分析框架下，运用期权博弈方法深入分析杠杆企业分别作为领导者和追随者的最优投融资交互决策行为，以及非杠杆企业分别作为领导者和追随者的最优投资决策行为，并在此基础上来探讨两家企业最优均衡投融资或投资策略。

5.1 引言

历经长期的探索与反思，国内外学者们逐步认识到企业投融资决策之间存在一种紧密联系、唇齿相依的关系。从最初经典的 MM 理论，到权衡理论、代理理论、非对称信息理论、产品市场竞争理论、再到 Black 和 Scholes（1973）、Merton（1974）等学者开创了实物期权理论，各种理论均试图从不同的视角为企业投融资决策的内在关系提供一定程度的解释。但是，当面临诸如不确定性、不可逆性、管理灵活性和竞争性的现实环境时，这些方法都变得束手无策，无法解决根本的现实问题。期权博弈方法作为一种全新的战略思维方式，对解决不确定性和竞争下的企业投融资交互决策问题具有独特的魅力，已成为企业投融资交互决策理论与方法发展的一个必然趋势。

最早运用期权博弈方法研究企业投资决策问题的经典文献，包括 Smets

（1991）、Smit 和 Akum（1993）、Dixit 和 Pindyck（1994）、Huisman 和 Kort（1999）、Kulatilaka 和 Perotti（1998）、Huisman（2001）、Grenadier（1996，1999，2000，2002）、Weeds（2002）、Lambrecht 和 Perraudin（2003）、Smit 和 Trigeorgis（2004）、Murto（2004）、Huisman 和 Kort（2004）、Pawlina 和 Kort（2006）等，其研究领域已经涉及技术创新、房地产、并购、通信等多个行业。上述这些文献有既有研究对称双头垄断企业的，也有研究不对称双头垄断企业的，还有研究寡头垄断企业的。其中研究不对称的仅仅是研究企业投资收益或投资成本的不对称。不仅如此，而且上述研究都是假设企业是全权益融资企业，即项目投资成本不存在内部资金融资的限制，全部由自有资金获得。显然，这与现实不相符，一是企业不能很好地利用债务获得税收利益，二是企业也不能利用债务来减轻经理与股东之间的代理冲突，三是对于大规模的战略性投资项目，企业不可能拥有充足的自有投资资金，必须利用现有的金融市场以获得部分项目投资资金。

而现有运用期权博弈方法研究企业投融资交互决策行为的经典文献，包括 Lambrecht（2001）、Khadem 和 Perraudin（2001）、Bayer（2004）、Morellec 和 Zhdanov（2008）、Nishihara 和 Shibata（2008b）、Zhdanov（2008）、Chu（2009）、Jou 和 Lee（2008）。但这些文献均假设企业具有完全的信贷能力，都能够从金融市场上获得足够的项目投资资金。而在现实中，一部分企业由于经营能力、管理不善、资金使用效率低下等原因，而使得企业在金融市场信用级别降低，以至于融资渠道不畅，不能获得有效的项目投资资金。现有文献仅有 Nishihara 和 Shibata（2008a）研究信贷能力不对称下企业投融资决策问题。但是，他们研究的只是 R&D 项目，即专利"赢者通吃"这种非常特殊的情形，一家企业一旦投资，则另一家企业什么也得不到，研究的仅仅是一种最简单的情形，没有考察更具广泛性的一般性投资项目。

有鉴于此，本章将在 Nishihara 和 Shibata（2008a）研究的基础上，将其模型和第 3 章中的模型进一步扩展到信贷能力不对称的双头垄断企业，以此研究杠杆企业的最优投融资交互决策行为、非杠杆企业的最优投资决策行为，以及两家企业的最优均衡投融资或投资策略。

5.2 模型假设

在连续时间 $t \in [0, \infty)$ 里，市场上两家潜在竞争企业（用企业 i 和 j 表示），现都拥有一个新的项目投资机会。每家企业均需支付初始不可逆投资成本 I 方能进入市场，在项目投资完成后，两家企业立即可以生产同质的产品。本章模型的建立有如下几点假设：

假设 5.1 企业投资后的利润流是不确定的，它受到一个随机外生市场需求冲击的影响，以变量 $\{X_t : t \geq 0\}$ 来描述，它服从几何布朗运动：

$$\mathrm{d}X_t = \mu X_t \mathrm{d}t + \sigma X_t \mathrm{d}z_t^{\mathbb{Q}}, X_0 = x_0 > 0 \tag{5.1}$$

其中，$\mu < r$ 且 $\mu < \dfrac{\sigma^2}{2}$①和 $\sigma > 0$ 均为常数，分别为市场需求冲击的瞬时漂移率和波动率，$r > 0$ 为固定的无风险利率；$z_t^{\mathbb{Q}}$ 表示风险中性概率空间 $(\Omega, \vartheta, \mathbb{Q})$ 下的标准布朗运动。

企业的收益不仅依赖于外生的市场需求冲击变量 X_t，而且取决于企业间的战略行动。企业 i（j）在时刻 t（≥ 0）的瞬时利润流②可表示为：

$$\pi_{i(j)t} = X_t D(n), n = 1, 2 \tag{5.2}$$

其中，$D(n)$ 是利润流确定性乘子参数，表示竞争的战略影响；$n = 1$ 表示垄断市场，而 $n = 2$ 表示双头垄断市场，且 $D(1) > D(2)$，表明先投资的企业利润会因竞争对手的投资而减少。

假设 5.2 企业的所得税率为 $\tau \in (0, 1)$③。因为债务的利息税盾效应，企业能够通过发行债务来融资部分投资成本 I，但是本章假设两家企业的信贷能力是不对称的，一家企业能够发行债务（本章假设企业 i 为杠杆企业），而另一家企业由于某些信用级别问题等原因而不能发行债务（本章假设企业 j 为非

---

① $\mu < r$ 是为了确保收敛，否则企业永远不会执行投资期权；$\mu < \dfrac{\sigma^2}{2}$ 是为了确保冲击破产临界值的期望时间是有限的。

② 所有息税后利润全部作为股利支付给股东，企业不存在留存收益。

③ 本章均不考虑个人股息和利息收益的税率，这里的企业所得税率是一种对称性的税率，企业经营损失可以前向或后向无限期地抵扣税收，除非破产，否则企业都会拥有当期负债的全部税收利益。

杠杆企业）。设企业 i 发行永久性债务的瞬时利息支付为 c_i[①]。一旦企业 i 的债务利息支付作出选择，它将在企业整个寿命周期内保持不变，直到企业 i 宣告违约，也即本章不考虑动态资本结构调整问题。

假设5.3 若企业 i 违约，将直接面临破产清算，本章也不考虑破产重组情况。企业破产时，根据绝对优先权规则，企业股东权益价值为零，而债权人将获得企业破产清算价值。设破产清算价值为 $(1-\alpha)$ 部分破产时非杠杆企业价值，其中 $\alpha \in (0,1)$ 为破产清算成本比例。

假设5.4 两家企业对以上所有模型参数具有完全信息，并且两家企业是理性的和风险中性的。同时，两家企业的投融资决策均由各自企业经理作出，不存在经理与股东之间的代理冲突问题，其经营目标是实现企业价值最大化[②]。

假设5.5 对于企业 i，在市场需求上升首次到达其投资临界值时投资，并作出最优资本结构决策，而市场需求下降首次到达其破产临界值时作出违约决策。但对于企业 j 由于不能发行债务，而只需作出投资决策。与此同时，我们还假设在博弈的开始，初始市场需求冲击 x_0 非常小，以至于两家企业在初始时刻不会立即就进行投资。另外，在本章中为了不产生混淆，忽略 X_t 的时间依赖，将其简记为 x。

从以上假设可以看出，我们并没有指定两家企业的角色，两家企业均有可能成为领导者，也可能成为追随者。在本模型中，两家企业的角色是由内生决定的。

5.3 企业最优投融资策略

两家企业的博弈均衡策略是通过逆向求解的。首先，我们推导出能够发行

[①] 即为了筹措足够的投资资金，企业可以在投资之前与债权人达成协议，约定在未来投资之时债权人为其提供与投资时债务价值等额的永久性贷款，以弥补股东投资资金的不足。作为回报，债权人可以在投资之后获得瞬时利息收益 c_i。这种为未来提供融资的借款合约类似于 Chava（2003）提出的贷款承诺（Loan Commitment）。另外，永久性债务的假定主要是可以使企业价值函数独立于时间变量，从而可以获得各种价值的解析表达式。

[②] 假定经理完全代表股东和债权人的利益，不仅不存在股东与经理之间的代理冲突，也不存在股东与债权人之间的代理冲突。

债务企业 i 的最优违约策略；然后，我们假设领导者已经投资进入市场，而追随者还未投资而继续等待时，探讨追随者的最优投资和融资策略；最后，我们将建立整个博弈的均衡，并分析领导者的最优投资和融资策略。

5.3.1 最优破产策略

因为只有企业 i 才能发行债务，因此可以根据企业 j 是否已经投资进入市场，来推导企业 i 的最优违约临界值。企业 i 有两个潜在的最优违约临界值，可由下列命题 5.1 给定：

命题 5.1 如果两家企业都已投资进入市场①，不管企业 i 是先于企业 j 投资进入市场，还是后于企业 j 投资进入市场，只要市场需求 x 首次到达它的最优双头垄断破产临界值时，企业 i 就违约：

$$x_b^d(D(2), c_i) = \frac{\beta_2}{\beta_2 - 1} \frac{r - \mu}{r} \frac{c_i}{D(2)} \tag{5.3}$$

其中，下标"b"和上标"d"分别表示"破产"和"双头垄断"。相反，如果企业 i 在企业 j 还未投资进入市场之前违约，那么企业 i 在市场需求 x 首次到达它的最优垄断破产临界值时破产：

$$x_b^m(D(1), c_i) = \frac{\beta_2}{\beta_2 - 1} \frac{r - \mu}{r} \frac{c_i}{D(1)} \tag{5.4}$$

其中，上标"m"表示"垄断"；β_2 是二次方程 $\frac{1}{2}\sigma^2\beta_2(\beta_2 - 1) + \mu\beta_2 - r = 0$ 的负根，即 $\beta_2 = \frac{1}{2} - \frac{\mu}{\sigma^2} - \sqrt{\left(\frac{1}{2} - \frac{\mu}{\sigma^2}\right)^2 + \frac{2r}{\sigma^2}} < 0$。

命题 5.1 的证明可以参见第 3 章附录 A3 类似证明。

命题 5.1 中的破产临界值一般有下列性质：领导者破产临界值随利息支付 c 的增大而增大，并且随市场需求增长率 μ 和波动率 σ 的减小而增大。较低的市场需求增长率 μ 和波动率 σ 侵蚀了等待的期权价值。但是，破产临界值随贴现率 r 的增大而增大。当贴现率 r 较高时，企业未来潜在的贴现利润将直接

---

① 由于企业 j 不能够发行债务，因此只要其进入市场，也就不存在因债务违约而退出市场的问题。

面临损失，因此企业将尽早执行违约期权。由式（5.3）和式（5.4），很明显有 $x_b^d(D(2),c_i) > x_b^m(D(1),c_i)$。

5.3.2 追随者最优投融资策略

因为两家企业都有可能成为追随者，因此下面我们将分非杠杆企业 j 作为追随者和杠杆企业 i 作为追随者两种情况进行讨论。

5.3.2.1 非杠杆企业 j 作为追随者

由于企业 j 不能发行债务，其债务价值为零，下面我们只需确定追随者的权益价值，然后再来分析追随者的最优投资策略。

根据命题 5.1，非杠杆企业 j 作为追随者可能面临两种不同的情况：一是，领导者在追随者投资之时或之前破产退出市场，这时市场上只有追随者一家企业，但是作为追随者不能发行债务。这种情况相当于全权益融资下的"垄断市场"情形。二是，两家企业都已经投资，领导者将在未来某一时刻违约退出市场，而追随者永远也不会退出市场。我们把这种情形称为"先进先出"情形。若用"F"表示追随者，用"w"表示领导者违约退出市场而追随者成为胜利者。下面我们将根据这两种情形得到下列命题 5.2：

命题 5.2 若企业 i 首先投资成为领导者，相应地企业 j 成为追随者。设 T_{ej} 为企业 j 作为追随者的最优投资时机，那么在企业 j 投资进入市场之后的 $t \geq T_{ej}$ 时刻，其权益价值可分为下面两种情况：

（1）垄断市场情形。企业 i 在企业 j 投资之时或之前违约，企业 j 投资之后成为市场垄断者，那么企业 j 的权益价值函数表达式为：

$$E_{Fm}^j(x,0) = (1-\tau)\frac{D(1)x}{r-\mu} \tag{5.5}$$

（2）先进先出情形。企业 i 在企业 j 投资之时还没有违约，那么企业 j 的权益价值函数表达式为：

$$E_{Fw}^j(x,0) = (1-\tau)\frac{D(2)x}{r-\mu} + (1-\tau)\frac{(D(1)-D(2))x_b^d(D(2),c_i)}{r-\mu}\left(\frac{x}{x_b^d(D(2),c_i)}\right)^{\beta_2} \tag{5.6}$$

命题 5.2 的证明可以参见第 3 章附录 A3 类似证明。

命题 5.2 中式（5.5）表示企业 j 作为追随者不会违约，将获得永久性收益。式（5.6）第一项表示企业 j 的永久性收益，第二项表示企业 i 违约时对企业 j 收益的影响。

现在我们来考察企业 j 作为追随者至今还未执行投资期权的情况。设企业 j 的投资临界值为 x_{ej}，于是在投资时机 $T_{ej} = \inf\{t \geqslant 0 \,|\, x \geqslant x_{ej}\}$ 企业 j 作为追随者的企业总价值就等于权益减去投资成本 I，即有：

$$V_F^j(x_{ej},0) = E_F^j(x_{ej},0) - I \tag{5.7}$$

这时假设 $t < T_{ej}$，企业 j 作为追随者还未进入市场，一旦企业 i 作为领导者投资进入市场，那么对企业 j 来说有两种投资策略可供选择：（1）企业 j 在企业 i 违约之时或之后的稍后时刻（即 $x_{ej} = x_{ej}^m$）投资进入市场。（2）企业 j 在企业 i 违约之前的某一时刻（即 $x_{ej} = x_{ej}^d$）投资进入市场。因此，企业 j 作为追随者的企业总价值应等于这两种情况的加权贴现平均值。

设企业 i 作为领导者的投资临界值为 x_{ei}，其投资时机为 $T_{ei} = \inf\{t \geqslant 0 \,|\, x \geqslant x_{ei}\}$。假设 $x_{ei} \in (x_b^m(D(1),c_i),x_{ej}^d)$，表示领导者投资进入市场不会引起自己立即违约或者追随者的进入。用 $\Phi_b(x;z,y)$ 表示在 x 到达上边界 y 之前 x 首次到达下边界 z 时的单位货币现值，而用 $\Phi_e(x;z,y)$ 表示在 x 到达下边界 z 之前 x 首次到达上边界 y 时的单位货币现值。于是，我们可以得到下列命题 5.3：

命题 5.3 若企业 i 首先投资成为领导者，相应地企业 j 成为追随者。那么当 $t < T_{ei}$ 时，企业 j 作为追随者的投资期权价值函数表达式为：

$$V_{Fw}^j(x, x_{ej}^m, x_{ej}^d) =$$

$$\left\{ \begin{aligned} &\Phi_e(x_{ei};x_b^m(D(1),c_i),x_{ej}^d)[E_{Fw}^j(x_{ej}^d,0) - I] \\ &+ \Phi_b(x_{ei};x_b^m(D(1),c_i),x_{ej}^d)[E_{Fm}^j(x_{ej}^m,0) - I]\left(\frac{x_b^m(D(1),c_i)}{x_{ej}^m}\right)^{\beta_1} \end{aligned} \right\} \left(\frac{x}{x_{ei}}\right)^{\beta_2}$$

$$\tag{5.8}$$

其中，$\Phi_b(x;z,y)$ 和 $\Phi_e(x;z,y)$ 由下列两个方程来定义：

$$\Phi_b(x;z,y) = \frac{y^{\beta_1}x^{\beta_2} - y^{\beta_2}x^{\beta_1}}{y^{\beta_1}z^{\beta_2} - y^{\beta_2}z^{\beta_1}} \tag{5.9}$$

$$\Phi_e(x;z,y) = \frac{x^{\beta_1}z^{\beta_2} - x^{\beta_2}z^{\beta_1}}{y^{\beta_1}z^{\beta_2} - y^{\beta_2}z^{\beta_1}} \tag{5.10}$$

命题 5.3 的证明可以参见第 3 章附录 A3 类似证明。

根据命题 5.3 的结果，如果给定企业 i 作为领导者的投资临界值 x_{ei} 和利息支付 c_i，那么企业 j 作为追随者的目标就是最大化它的企业总价值 V_F^j。因此，在领导者投资临界值 x_{ei} 和利息支付 c_i 给定情况下，在 $x < x_{ei}$ 的时刻，追随者的最优投资策略为：

$$[\ x_{ej}^{m*}\ ,x_{ej}^{d*}\ ]$$

求解追随者的最优化问题可分为下列两个步骤：

步骤 1：通过求解下列最优化问题得到 x_{ej}^{m*}：

$$\max_{x_{ej}^m}\{\ (x_{ej}^m)^{-\beta_1}[\ E_{Fm}^j(x_{ej}^m,0)-I]\ \} \tag{5.11}$$

于是，我们得到：

$$x_{ej}^{m*}=\frac{\beta_1}{\beta_1-1}\frac{r-\mu}{1-\tau}\frac{I}{D(1)} \tag{5.12}$$

步骤 2：通过求解下列最优化问题得到 x_{ej}^{d*}：

$$\max_{x_{ej}^d}V_{Fw}^j(x,x_{ej}^{m*},x_{ej}^d) \tag{5.13}$$

5.3.2.2　杠杆企业 i 作为追随者

由于企业 i 能够发行债务，根据命题 5.2 杠杆企业 i 作为追随者只有"后进先出"一种情形。若用"l"表示企业 i 作为追随者违约退出市场成为失败者。其权益价值和债务价值可用下列命题 5.4 表示：

命题 5.4　若非杠杆企业 j 首先投资成为领导者，相应地杠杆企业 i 成为追随者。设 T_{ei} 为企业 i 作为追随者的最优投资时机，那么在企业 i 投资进入市场之后的 $t \geqslant T_{ei}$ 时刻，其股东权益价值和债务价值函数表达式可分为：

$$E_{Fl}^i(x,c_i)=(1-\tau)\left[\frac{D(2)x}{r-\mu}-\frac{c_i}{r}\right]$$
$$+(1-\tau)\left[\frac{c_i}{r}-\frac{D(2)x_b^d(D(2),c_i)}{r-\mu}\right]\left(\frac{x}{x_b^d(D(2),c_i)}\right)^{\beta_2} \tag{5.14}$$

$$D_{Fl}^i(x,c_i)=\frac{c_i}{r}-\left[\frac{c_i}{r}-(1-\alpha)(1-\tau)\frac{D(2)x_b^d(D(2),c_i)}{r-\mu}\right]\left(\frac{x}{x_b^d(D(2),c_i)}\right)^{\beta_2} \tag{5.15}$$

现在我们来考察杠杆企业 i 作为追随者至今还未执行投资期权的情况。设企业 i 的投资临界值为 x_{ei}，于是在投资时机 $T_{ei} = \inf\{t \geq 0 \mid x \geq x_{ei}\}$ 企业 i 作为追随者的企业总价值等于权益和债务价值之和减去投资成本 I，即有：

$$V_F^i(x_{ei}, c_i) = E_F^i(x_{ei}, c_i) + D_F^i(x_{ei}, c_i) - I \tag{5.16}$$

因为杠杆企业 i 在投资之前只面临着"后进先出"一种情况，比非杠杆企业 j 作为追随者情况要简单一些。我们可以直接得出下列命题 5.5：

命题 5.5　若非杠杆企业 j 首先投资成为领导者，相应地杠杆企业 i 成为追随者。那么当 $t < T_{ej}$ 时，杠杆企业 i 作为追随者的投资期权价值函数表达式为：

$$V_{Fl}^i(x, x_{ei}^d, c_i^d) = [E_{Fl}^i(x_{ei}^d, c_i^d) + D_{Fl}^i(x_{ei}^d, c_i^d) - I]\left(\frac{x}{x_{ej}}\right)^{\beta_2} \tag{5.17}$$

命题 5.5 的证明可以参见第 3 章附录 A3 类似证明。

根据命题 5.5 的结果，如果给定非杠杆企业 j 作为领导者的投资临界值 x_{ej}，那么杠杆企业 i 作为追随者的目的就是最大化它的企业总价值 V_F^i。因此，在领导者投资临界值 x_{ej} 给定情况下，在 $x < x_{ej}$ 时刻，杠杆企业 i 作为追随者的最优投资和融资策略为：

$$[x_{ei}^{d*}, c_i^{d*}]$$

直接求解下列最优化问题：

$$\max_{(x_{ei}^d, c_i^d)} \{(x_{ej}^m)^{-\beta_1}[E_{Fl}^i(x_{ei}^d, c_i^d) + D_{Fl}^i(x_{ei}^d, c_i^d) - I]\} \tag{5.18}$$

我们得到：

$$c_i^{d*} = c^*(D(2), x_{ei}^{d*}) = \frac{\beta_2 - 1}{\beta_2}\frac{r}{r-\mu}\frac{x_{ei}^{d*}D(2)}{h} \tag{5.19}$$

$$x_{ei}^{d*} = \psi\frac{\beta_1}{\beta_1 - 1}\frac{r-\mu}{1-\tau}\frac{I}{D(2)} \tag{5.20}$$

其中，$h = \left[1 - \beta_2\left(1 - \alpha + \frac{\alpha}{r}\right)\right]^{-\frac{1}{\beta_2}} > 1$，$\psi = \left[1 + \frac{\tau}{(1-\tau)h}\right]^{-1} < 1$。

5.3.3　领导者最优投融资策略

给定追随者的最优投资策略，现在我们来考察领导者的最优投融资策略。

因为领导者作决策时，必然会考虑到另一家企业的行动。由于我们假设领导者是理性的，而且完全能够预见到追随者的最优策略，因此它会在追随者最优策略选择的基础上作出自己的最优决策。

同追随者分析一样，杠杆企业 i 和非杠杆企业 j 都有可能成为领导者，下面我们也分这两种情况进行讨论。

5.3.3.1 非杠杆企业 j 作为领导者

当企业 j 首先投资成为领导者后，由于不能发行债务，因而没有破产的风险，它将在市场上持续经营。之后，杠杆企业 i 作为追随者投资进入市场，并在某一时刻违约退出市场。因此，非杠杆企业 j 作为领导者只面临着"后进先出"这种情形。于是，我们有下列命题 5.6：

命题 5.6 若非杠杆企业 j 首先投资成为领导者，相应地杠杆企业 i 成为追随者。那么在杠杆企业 i 投资进入市场之后的 $t \geq T_{ei}$ 时刻，企业 j 作为领导者的股东权益价值函数表达式为：

$$
E_{Lw}^{j}(x,0) = (1-\tau)\frac{D(2)x}{r-\mu}
$$
$$
+ (1-\tau)\frac{(D(1)-D(2))x_{b}^{d}(D(2),c_{i}^{d*})}{r-\mu}\left(\frac{x}{x_{b}^{d}(D(2),c_{i}^{d*})}\right)^{\beta_{2}}
$$

$$(5.21)$$

命题 5.6 的证明可以参见第 3 章附录 A3 类似证明。

现在我们来考察非杠杆企业 j 作为领导者至今还未执行投资期权的情况。领导者投资期权价值是其投资临界值 x_{ej} 的函数，于是我们有以下命题 5.7：

命题 5.7 给定杠杆企业 i 作为追随者最优投资临界值 x_{ei}^{*} 和利息支付 c_{i}^{*}，当 $t < T_{ej}$ 时，非杠杆企业 j 作为领导者的投资期权价值函数表达式为：

$$
V_{Lw}^{j}(x,x_{ej},0) = [E_{Lw}^{j*}(x_{ej},0)-I]\left(\frac{x}{x_{ej}}\right)^{\beta_{1}} \tag{5.22}
$$

其中，

$$
E_{Lw}^{j*}(x_{ej},0) = (1-\tau)\frac{D(1)x_{ej}}{r-\mu} + \left[E_{Lw}^{j}(x_{ei}^{*},0)-(1-\tau)\frac{D(1)x_{ei}^{*}}{r-\mu}\right]\left(\frac{x_{ej}}{x_{ei}^{*}}\right)
$$

$$(5.23)$$

命题 5.7 的证明可以参见第 3 章附录 A3 类似证明。

命题 5.7 表明，非杠杆企业 j 作为领导者的投资期权价值是它自己的投资临界值 x_{ej} 和杠杆企业 i 最优投资临界值 x_{ei} 的函数。对于任意给定的企业 j 领导者投资临界值 x_{ej}，由命题 5.5 能够唯一确定企业 i 追随者价值 $V_F^{i*}(x_{ej},0)$。为了获得最优的 $V_F^{i*}(x_{ej},0)$，企业 i 将最优地选择追随者投资临界值 $x_{ei}^*(x_{ej},0)$。而企业 j 将选择最优投资策略以最大化其领导者价值。

然而，企业 j 将面临企业 i 的抢先威胁，它不能任意选择它的投资临界值和无条件地最大化其领导者价值。因此，下面我们必须要考虑企业 j 作为领导者的两类最优投资临界值。设 x_{ej}^m 表示企业 j 不考虑企业 i 抢先威胁时的投资临界值，也即垄断情形时投资临界值：

$$x_{ej}^m = \frac{\beta_1}{\beta_1-1}\frac{r-\mu}{1-\tau}\frac{I}{D(1)} \tag{5.24}$$

设 x_{ej}^p 表示非杠杆企业 j 作为领导者抢先投资临界值，即有：

$$x_{ej}^p = \inf\{x_{ej} \geq 0 \mid V_{Lw}^j(x,x_{ej},0) = V_{Fw}^j(x,x_{ej}^{m*},x_{ej}^{d*})\} \tag{5.25}$$

其中，$V_{Lw}^j(x,x_{ej},0)$ 由式（5.22）给定，$V_{Fw}^j(x,x_{ej}^{m*},x_{ej}^{d*})$ 由式（5.8）给定。

5.3.3.2 杠杆企业 i 作为领导者

杠杆企业 i 作为领导者的权益和债务价值可以分为两种情况：一是，领导者在追随者投资之时或之前违约，也即追随者的投资临界值 x_{ej} 足够低，以至于追随者在领导者违约之时或之后投资。这种情形就是"垄断市场"情形。二是，当追随者投资进入市场时，领导者没有违约，但它会在未来某一时刻违约，即"先进先出"情形。下面我们将根据这两种情形得到下列命题 5.8：

命题 5.8 若杠杆企业 i 首先投资成为领导者，相应地非杠杆企业 j 成为追随者。那么在企业 j 投资进入市场之后的 $t \geq T_{ej}$ 时刻，领导者的股东权益价值和债务价值可分为下列两种情况：

（1）垄断市场情形。企业 i 在企业 j 投资之时或之前违约，即 $x_{ej}^* \leq x_b^m(D(1),c_i)$，那么领导者的权益价值函数表达式为：

$$E_{Lm}^i(x,c_i) = 0 \tag{5.26}$$

而领导者在追随者投资之时的债务价值函数表达式为：

$$D_{Lm}^i(x_{ej}^*,c_i) = (1-\alpha)(1-\tau)\frac{x_{ej}^* D(1)}{r-\mu} \tag{5.27}$$

其中，x_{ej}^* 是追随者在"垄断市场"情形下的最优投资临界值。

（2）先进先出情形。如果领导者在追随者投资进入市场之后违约，即 $x_{ej}^* > x_b^m(D(1), c_i)$，那么领导者的权益和债务价值函数表达式分别为：

$$E_{Ll}^i(x, c_i) = (1-\tau)\left[\frac{D(2)x}{r-\mu} - \frac{c_i}{r}\right]$$
$$+ (1-\tau)\left[\frac{c_i}{r} - \frac{D(2)x_b^d(D(2), c_i)}{r-\mu}\right]\left(\frac{x}{x_b^d(D(2), c_i)}\right)^{\beta_2} \quad (5.28)$$

$$D_{Ll}^i(x, c_i) = \frac{c_i}{r} - \left[\frac{c_i}{r} - (1-\alpha)(1-\tau)\frac{D(2)x_b^d(D(2), c_i)}{r-\mu}\right]\left(\frac{x}{x_b^d(D(2), c_i)}\right)^{\beta_2}$$
$$(5.29)$$

其中，x_{ej}^* 是追随者在"先进先出"情形下的最优投资临界值。

命题 5.8 的证明可以参见第 3 章附录 A3 类似证明。

下面考察杠杆企业 i 作为领导者至今还未执行投资期权的情况。领导者投资期权价值是其投资临界值 x_{ei} 和利息支付 c_i 的函数，我们有以下命题 5.9：

命题 5.9　给定非杠杆企业 j 作为追随者最优投资临界值 x_{ej}^*，当 $t < T_{ei}$ 时，企业 i 作为领导者的投资期权价值可分为下列两种情况：

（1）垄断市场情形。企业 i 在企业 j 投资之时或之前违约，即 $x_{ej}^* \leqslant x_b^m$ $(D(1), c_i)$，那么领导者投资期权价值函数表达式为：

$$V_{Lm}^i(x, x_{ei}, c_i) = [E_{Lm}^{i*}(x_{ei}, c_i) + D_{Lm}^{i*}(x_{ei}, c_i) - I]\left(\frac{x}{x_{ei}}\right)^{\beta_1} \quad (5.30)$$

其中，

$$E_{Lm}^{i*}(x_{ei}, c_i) = (1-\tau)\left[\frac{D(1)x_{ei}}{r-\mu} - \frac{c_i}{r}\right]$$
$$+ (1-\tau)\left[\frac{c_i}{r} - \frac{D(1)x_b^m(D(1), c_i)}{r-\mu}\right]\left(\frac{x_{ei}}{x_b^m(D(1), c_i)}\right)^{\beta_2} \quad (5.31)$$

$$D_{Lm}^{i*}(x_{ei}, c_i) = \frac{c_i}{r} - \left[\frac{c_i}{r} - (1-\alpha)(1-\tau)\frac{D(1)x_b^m(D(1), c_i)}{r-\mu}\right]\left(\frac{x_{ei}}{x_b^m(D(1), c_i)}\right)^{\beta_2}$$
$$(5.32)$$

（2）先进先出情形。如果领导者在追随者投资进入市场之后违约，即

$x_{ej}^* > x_b^m(D(1), c_i)$，那么领导者的投资期权价值函数表达式为：

$$V_{Ll}^i(x, x_{ei}, c_i) = [E_{Ll}^{i*}(x_{ei}, c_i) + D_{Ll}^{i*}(x_{ei}, c_i) - I]\left(\frac{x}{x_{ei}}\right)^{\beta_1} \quad (5.33)$$

其中，

$$E_{Ll}^{i*}(x_{ei}, c_i) = (1-\tau)\left[\frac{D(1)x_{ei}}{r-\mu} - \frac{c_i}{r}\right]$$

$$+ \Phi_e(x_{ei}, x_b^m(D(1), c_i), x_{ej}^*)\left[E_{Ll}^i(x_{ej}^*, c_i) - (1-\tau)\left(\frac{D(1)x_{ej}^*}{r-\mu} - \frac{c_i}{r}\right)\right]$$

$$- \Phi_b(x_{ei}, x_b^m(D(1), c_i), x_{ej}^*)\left[(1-\tau)\left(\frac{D(1)x_b^m(D(1)^*, c_i)}{r-\mu} - \frac{c_i}{r}\right)\right]$$

$$(5.34)$$

$$D_{Ll}^{i*}(x_{ei}, c_i) = \frac{c_i}{r} + \Phi_e(x_{ei}, x_b^m(D(1), c_i), x_{ej}^*)\left[D_{Ll}^i(x_{ej}^*, c_i) - \frac{c_i}{r}\right]$$

$$+ \Phi_b(x_{ei}, x_b^m(D(1), c_i), x_{ej}^*)\left[(1-\alpha)(1-\tau)\frac{D(1)x_b^m(D(1), c_i)}{r-\mu} - \frac{c_i}{r}\right]$$

$$(5.35)$$

命题 5.9 的证明可以参见第 3 章附录 A3 类似证明。

命题 5.9 也表明，杠杆企业 i 作为领导者的投资期权价值是它自己的投资临界值 x_{ei}、利息支付 c_i 和非杠杆企业 j 追随者最优投资临界值 x_{ej} 的函数。对于任意给定的企业 i 投资临界值 x_{ei} 和利息支付 c_i，由命题 5.3 能够唯一确定企业 j 追随者价值 $V_F^j(x_{ei}, c_i)$。为了获得最优的 $V_F^{j*}(x_{ei}, c_i)$，追随者将最优地选择投资临界值 $x_{ej}^*(x_{ei}, c_i)$。与此同时，领导者在其最优投资时刻发行债务并选择利息支付 c_i，以最大化其企业价值，即有：

$$V_{Ll}^i(x_{ei}, x_{ei}, c_i^*(x_{ei})) = \max_{c_i} V_{Ll}^i(x_{ei}, x_{ei}, c_i) \quad (5.36)$$

其中，$c_i^*(x_{ei})$ 是领导者投资临界值为 x_{ei} 时的最优利息支付。

当然，与非杠杆企业 j 作为领导者一样，杠杆企业 i 作为领导者也会面临追随者的抢先威胁。下面我们必须要考虑杠杆企业 i 作为领导者的两类最优投资临界值。设 x_{ei}^m 表示企业 i 作为垄断者时的最优投资临界值，即有：

$$x_{ei}^m = \underset{x_{ei}}{\operatorname{argmax}} V_{Lm}^i(x, x_{ei}, c_i^*(x_{ei})) \quad (5.37)$$

另外，设 x_{ei}^p 表示杠杆企业 i 作为领导者抢先投资临界值，即有：

$$x_{ei}^p = \inf\{x_{ei} \geq 0 \mid V_{Ll}^i(x, x_{ei}, c_i^*(x_{ei})) = V_{Fl}^i(x, x_{ei}^{d*}, c_i^{d*})\} \quad (5.38)$$

其中，$V_{Ll}^i(x, x_{ei}, c_i^*(x_{ei}))$ 由式（5.33）给定，$V_{Fl}^i(x, x_{ei}^{d*}, c_i^{d*})$ 由式（5.17）给定。

由此，企业 i 作为领导者的最优投资临界值为：

$$x_{ei}^* \equiv \min\{x_{ei}^m, x_{ei}^p\} \quad (5.39)$$

5.4　均衡策略分析

根据上节两家企业最优投融资策略的分析，本模型主要存在两大类均衡，即抢先均衡和序贯均衡，具体哪个均衡占优，取决于模型参数的设置。

5.4.1　抢先均衡

对于抢先均衡可能存在两种类型，一类是杠杆企业 i 抢先成为领导者，另一类是非杠杆企业 j 抢先成为领导者。

（1）先进先出抢先均衡。由式（5.25）和式（5.38）可知，如果 x_{ei}^p 和 x_{ej}^p 都存在，并且若 $x_{ei}^p < x_{ej}^p$，那么杠杆企业 i 作为领导者的最优投资临界值为：

$$x_{ei}^* \equiv \min\{x_{ei}^m, x_{ej}^p\} \quad (5.40)$$

因此，若 $x_{ei}^* = x_{ei}^p$，即 $x_{ei}^p < x_{ei}^m$ 时，出现杠杆企业 i 的抢先均衡。结合上节命题 5.1～命题 5.3，命题 5.8 和命题 5.9，我们可以得到若杠杆企业 i 作为领导者时的最优抢先均衡投融资策略：

当 $t_0 = \inf\{t \geq 0 \mid x = x_0\} < T_{ei}^{d*} = \inf\{t \geq 0 \mid x \geq x_{ei}^*\}$ 时，两家企业均不投资；当 $T_{ei}^{d*} \leq t_0 < T_{ej}^{d*} = \inf\{t > T_{ei}^{d*} \mid x \geq x_{ej}^{d*}\}$ 时，杠杆企业 i 抢先投资并发行债务 c_i^{d*} 成为领导者，而非杠杆企业 j 将继续等待；当 $T_{ej}^{d*} \leq t_0 < T_{bi}^{d*} = \inf\{t > T_{ej}^{d*} \mid x \leq x_b^d(D(2), c_i^{d*})\}$ 时，非杠杆企业 j 投资成为追随者；当 $t_0 \geq T_{bi}^{d*}$ 时，杠杆企业 i 违约并退出市场，而非杠杆企业 j 在市场上作为垄断者将持续经营。

（2）后进先出抢先均衡。但如果 x_{ei}^p 和 x_{ej}^p 都存在，并且若 $x_{ej}^p < x_{ei}^p$，那么非杠杆企业 j 作为领导者的最优投资临界值为：

$$x_{ej}^* \equiv \min\{x_{ej}^m, x_{ej}^p\} \tag{5.41}$$

因此，若 $x_{ej}^* = x_{ej}^p$，即 $x_{ej}^p < x_{ej}^m$ 时，出现非杠杆企业 j 的抢先均衡。结合上节命题 5.1、命题 5.4~命题 5.7，我们可以得到非杠杆企业 j 作为领导者时的最优抢先均衡投资策略：

当 $t_0 < T_{ej}^{d*} = \inf\{t \geq 0 \mid x \geq x_{ej}^*\}$ 时，两家企业均不投资；当 $T_{ej}^{d*} \leq t_0 < T_{ei}^{d*} = \inf\{t > T_{ei}^{d*} \mid x \geq x_{ei}^{d*}\}$ 时，非杠杆企业 j 抢先投资成为领导者，而杠杆企业 i 将继续等待；当 $T_{ei}^{d*} \leq t_0 < T_{bi}^{d*} = \inf\{t > T_{ei}^{d*} \mid x \leq x_b^d(D(2), c_i^{d*})\}$ 时，杠杆企业 i 投资并发行债务 c_i^{d*} 成为追随者；当 $t_0 \geq T_{bi}^{d*}$ 时，杠杆企业 i 违约并退出市场，而非杠杆企业 j 在市场上作为垄断者将持续经营。

5.4.2 序贯均衡

对于序贯均衡可能存在三种类型，一类是杠杆企业 i 成为领导者且在追随者进入之时或之前违约，另一类是杠杆企业 i 成为领导者但在追随者进入之后违约，最后一类是非杠杆企业 j 成为领导者。

如果 x_{ei}^p 和 x_{ej}^p 都存在，并且若 $x_{ei}^p < x_{ej}^p, x_{ei}^* = x_{ei}^m$ 时，出现杠杆企业 i 成为领导者的序贯均衡；根据上节命题 5.1~命题 5.3、命题 5.8 和命题 5.9，我们得到若杠杆企业 i 作为领导者时的最优序贯均衡投融资策略：

(1) 垄断情形序贯均衡。当 $t_0 < T_{ei}^m = \inf\{t \geq 0 \mid x \geq x_{ei}^m\}$ 时，两家企业均不投资；当 $T_{ei}^m \leq t_0 < T_{bi}^{m*} = \inf\{t > T_{ei}^m \mid x \leq x_b^m(D(1), c_i^{m*})\}$ 时，在没有任何抢先威胁的情况下，杠杆企业 i 投资并发行债务 c_i^{m*} 成为领导者，而非杠杆企业 j 将继续等待；当 $T_{bi}^{m*} \leq t_0 < T_{ej}^m = \inf\{t > T_{bi}^{m*} \mid x \geq x_{ej}^m\}$ 时，杠杆企业 i 违约并退出市场，而非杠杆企业 j 将继续等待；当 $t_0 \geq T_{ej}^{m*}$ 时，在没有任何抢先威胁的情况下，非杠杆企业 j 投资成为追随者，并将一直持续经营企业。

(2) 先进先出序贯均衡。当 $t_0 < T_{ei}^m$ 时，两家企业均不投资；当 $T_{ei}^m \leq t_0 < T_{ej}^{d*} = \inf\{t > T_{ei}^m \mid x \geq x_{ej}^{d*}\}$ 时，杠杆企业 i 投资并发行债务 c_i^{d*} 成为领导者，而非杠杆企业 j 将继续等待；当 $T_{ej}^{d*} \leq t_0 < T_{bi}^{d*} = \inf\{t > T_{ej}^{d*} \mid x \leq x_{ei}^{d*}\}$ 时，非杠杆企业 j 投资成为追随者；当 $t_0 \geq T_{bi}^{d*}$ 时，杠杆企业 i 违约并退出市场，而非杠杆企业 j 在市场上作为垄断者一直将持续经营。

但如果 x_{ei}^p 和 x_{ej}^p 都存在，并且若 $x_{ej}^p < x_{ei}^p, x_{ej}^* = x_{ej}^m$ 时，出现非杠杆企业 j 成为领导者的序贯均衡；根据命题 5.1，命题 5.4~命题 5.7，我们可以得到若非杠

杆企业 j 作为领导者时的最优序贯均衡投资策略：

（3）后进先出序贯均衡。当 $t_0 < T_{ej}^m = \inf\{t \geq 0 \mid x \geq x_{ej}^m\}$ 时，两家企业均不投资；当 $T_{ej}^m \leq t_0 < T_{ei}^{d*} = \inf\{t \geq T_{ej}^m \mid x \geq x_{ei}^{d*}\}$ 时，非杠杆企业 j 投资成为领导者，而杠杆企业 i 将继续等待；当 $T_{ei}^{d*} \leq t_0 < T_{bi}^d = \inf\{t > T_{ei}^{d*} \mid x \leq x_b^d(D(2), c_i^{d*})\}$ 时，杠杆企业 i 投资并发行债务 c_i^{d*} 成为追随者；当 $t_0 \geq T_{bi}^{d*}$ 时，杠杆企业 i 违约并退出市场，而非杠杆企业 j 在市场上作为垄断者一直将持续经营。

当然，同前面两章一样，在上述抢先均衡中两家企业也有可能同时去投资，例如如果两家企业都为了获得更高的领导者收益，而之间又没有任何信息交流时，这种情况就有可能发生，但这时它们都将获得比追随者还要低的价值，但这个"错误"的概率为正，这时可以引入混合策略分析，但在本章中将不做分析，具体可参见 Huisman 和 Kort（1999）、Yu（2007）的研究。

5.5 本章小结

与第 4 章企业收益不对称有所不同，本章着重从企业信贷能力不对称的角度，运用期权博弈方法，对两家企业的最优投融资或投资决策行为进行了深入研究。一方面，对于不具备信贷能力的非杠杆企业而言，由于它不存在债务违约问题，于是无论其竞争对手是否进入市场或者违约退出市场，只要它投资进入市场就能够获得永久收益，因而非杠杆企业具有抢先投资获得超额利润的动力；另一方面，对于具备信贷能力的杠杆企业而言，虽然它具有债务违约的风险，但同时具备获得债务利息税收收益的优势，因而它也具有抢先投资获得高额利润的激励。这样，杠杆和非杠杆企业都具有抢先投资成为领导者的可能，但与前两章不同的是，若杠杆企业首先投资成为领导者，那么只存在"垄断市场"和"先进先出"两种机制；而若非杠杆企业首先投资成为领导者，那么却只存在"后进先出"这一种机制。与此同时，在这些情况下两家企业分别作为领导者和追随者的价值函数均会与前面两章出现较大差异，这主要是因为非杠杆企业这时没有债务价值，而最后两家企业的最优均衡投融资或投资策略也会因此而有所不同，尽管均衡形式依然存在抢先和序贯两种均衡。

从本章分析可以看出，杠杆企业的投资决策和资本结构的选择对非杠杆企业的投资决策有重要影响，反过来，非杠杆企业的投资决策又对杠杆企业的投资和资本结构的选择产生影响。因此，杠杆企业的投融资决策行为需要综合考虑债务利息税收收益、破产成本和竞争对手战略行动之间的权衡，而非杠杆企业的投资决策行为则需要综合考虑债务利息税收收益和竞争对手战略行动之间的权衡。本章第四节我们归结出了所有可能存在的均衡，那么最终到底哪一种均衡占优，取决于我们模型的参数设定与综合考察，这就需要我们进一步通过数值模拟仿真分析来进行验证。这也是下一步需要进行的工作，包括：第一，综合考察非杠杆企业分别作为领导者和追随者的投资决策行为对杠杆企业投融资决策行为的影响；第二，全面探讨杠杆企业分别作为领导者和追随者的资本结构的选择对非杠杆企业投资决策的影响；第三，深入分析市场需求的增长率和波动率、利率、企业税率和破产成本等企业特征和市场经济因素，对杠杆企业的最优投资临界值、利息支付、杠杆比率和破产临界值的影响，以及对非杠杆企业最优投资临界值的影响等。

第 6 章

只有领导者发行债务下企业投融资决策互动的期权博弈模型

第 5 章我们考察了信贷能力不对称下的双头垄断企业投融资交互决策行为，本章在此基础上将其进一步扩展，考察另外一种比较特殊的不对称情况，即只有抢先投资成功成为领导者的企业，才有能力发行债务融资部分项目投资资金。在这种假设条件下，运用期权博弈方法，以此来深入探讨杠杆企业作为领导者的最优投融资交互决策行为、非杠杆企业作为追随者的最优投资决策行为，以及它们的最优均衡投融资或投资策略。

6.1 引言

不确定性、不可逆性、管理灵活性和竞争性，是企业在项目投资决策时所必须考虑的几大因素，随着 Black 和 Scholes（1973）、Merton（1974）等学者开创的实物期权方法已不再适应不确定性和竞争环境下的投资项目估价与决策的需要，引入博弈论方法是一种必然，也是一种趋势。实物期权与博弈论这种交叉学科的结合，无疑为解决不确定性和竞争环境下的投资决策问题，提供了更加科学的方法和思路。但另一方面，我们也不能割裂企业投资决策与融资决策之间的内在关系，而单独地分别对企业的投资决策或者是融资决策进行分析，它们应该是企业理财活动的两大部分，两者的决策优化过程也应该是一种彼此适应与协同的过程。

现有的期权博弈文献大多数是研究投资决策问题，如比较经典的 Smets（1991）、Smit 和 Akum（1993）、Dixit 和 Pindyck（1994）、Huisman 和 Kort（1999）、Kulatilaka 和 Perotti（1998）、Huisman（2001）、Grenadier（1996，

1999，2000，2002）、Weeds（2002）、Lambrecht 和 Perraudin（2003）、Smit 和 Trigeorgis（2004）、Murto（2004）、Huisman 和 Kort（2004）、Pawlina 和 Kort（2006）等，这些文献都忽略了企业的融资决策，没有考虑债务的利息税收利益和破产成本之间的权衡，大多假设企业都是全权益融资企业，企业完全有能力融资项目的所有投资资金，而不需要外部融资资金。显然，这是一种比较理想的假设，明显与现实不符：一是企业不能很好地利用债务获得税收利益，二是企业也不能利用债务来减轻经理与股东之间的代理冲突，三是企业不可能对所有项目具有充足的自有投资资金。

而运用期权博弈方法同时研究投资和融资决策的文献却非常少见。仅有的几篇文献如 Lambrecht（2001）、Khadem 和 Perraudin（2001）、Bayer（2004）、Morellec 和 Zhdanov（2008）、Nishihara 和 Shibata（2008b）、Zhdanov（2008）、Chu（2009）、Jou 和 Lee（2008）。但这些文献均假设企业具有完全的信贷能力，都能够从金融市场上获得融资足够的项目投资资金。而在现实中，有些金融机构为了减少项目的投资风险，可能会设置一定限制条件，即只会对率先抢先投资成功的项目进行贷款，而不会再对追随投资该项目的企业提供贷款，追随者企业也无法从其他金融机构获得融资资金。这种情况比第 5 章信贷能力不对称更加特殊，但也是在现实中普遍存在的一种情况。现有文献仅有 Nishihara 和 Shibata（2008a）研究只有领导者才能发行债务下的企业投融资决策问题。但是，他们研究的只是 R&D 项目，即专利"赢者通吃"这种非常特殊的情形，一家企业一旦投资，则另一家企业什么也得不到。他们考察的仅仅是一种最简单的情形，没有考察更具广泛性的一般性投资项目。

本章将继续在 Nishihara 和 Shibata（2008a）研究的基础上，将其模型和第 5 章模型进一步扩展到只能领导者才能发行债务的情形，以此研究作为领导者的杠杆企业最优投融资交互决策行为、作为追随者的非杠杆企业最优投资决策行为，以及两家企业的最优均衡投融资或投资策略。

6.2 模型假设

在连续时间 $t \in [0, \infty)$ 里，市场上两家潜在竞争企业（用企业 i 和 j 表示，或用 $i, j \in \{1,2\}$，$i \neq j$ 表示），现都拥有一个新的项目投资机会。每家企业均需支付初始不可逆投资成本 I 方能进入市场，在项目投资完成后，两家企业立即可以生产同质的产品。本章模型的建立有如下几点假设：

假设6.1 企业投资后的利润流是不确定的，它受到一个随机外生市场需求冲击的影响，以变量 $\{X_t : t \geq 0\}$ 来描述，它服从几何布朗运动：

$$dX_t = \mu X_t dt + \sigma X_t dz_t^{\mathbb{Q}}, X_0 = x_0 > 0 \tag{6.1}$$

其中，$\mu < r$ 且 $\mu < \dfrac{\sigma^2}{2}$[①] 和 $\sigma > 0$ 均为常数，分别为市场需求冲击的瞬时漂移率和波动率，$r > 0$ 为固定的无风险利率；$z_t^{\mathbb{Q}}$ 表示风险中性概率空间 $(\Omega, \mathfrak{F}, \mathbb{Q})$ 下的标准布朗运动。

企业的收益不仅依赖于外生的市场需求冲击变量 X_t，而且取决于企业间的战略行动。企业 $i \in \{1, 2\}$ 在时刻 $t(\geq 0)$ 息税前瞬时利润流[②]可表示为：

$$\pi_{it} = X_t D(n), i = 1, 2, n = 1, 2 \tag{6.2}$$

其中，$D(n)$ 是利润流确定性乘子参数，表示竞争的战略影响；$n = 1$ 表示垄断市场，而 $n = 2$ 表示双头垄断市场，且 $D(1) > D(2)$，表明先投资的企业利润会因竞争对手的投资而减少。

假设6.2 企业的所得税率为 $\tau \in (0, 1)$[③]。因为债务的利息税盾效应，企业有通过发行债务来融资部分投资成本 I 的激励，但是本章假设只有抢先投资成为领导者的企业才允许发行债务。若企业 i 抢先投资成为领导者，其永久性债务瞬时利息支付为 c_i[④]，$i \in \{1, 2\}$。一旦领导者债务利息支付作出选择，它将在企业整个寿命周期内将保持不变，直到领导者宣告违约，也即本章不考虑动态资本结构调整问题。

假设6.3 若领导者违约，将直接面临破产清算，本章也不考虑破产重组

---

① $\mu < r$ 是为了确保收敛，否则企业永远不会执行投资期权；$\mu < \dfrac{\sigma^2}{2}$ 是为了确保冲击破产临界值的期望时间是有限的。

② 所有息税后利润全部作为股利支付给股东，企业不存在留存收益。

③ 本章均不考虑个人股息和利息收益的税率，这里的企业所得税率是一种对称性的税率，企业经营损失可以前向或后向无限期地抵扣税收，除非破产，否则企业都会拥有当期负债的全部税收利益。

④ 即为了筹措足够的投资资金，企业可以在投资之前与债权人达成协议，约定在未来投资之时债权人为其提供与投资时债务价值等额的永久性贷款，以弥补股东投资资金的不足。作为回报，债权人可以在投资之后获得瞬时利息收益 c_i。这种为未来提供融资的借款合约类似于 Chava（2003）提出的贷款承诺（Loan Commitment）。另外，永久性债务的假定主要是可以使企业价值函数独立于时间变量，从而可以获得各种价值的解析表达式。

情况。企业破产时，根据绝对优先权规则，企业股东权益价值为零，而债权人将获得企业破产清算价值。设破产清算价值为 $(1-\alpha)$ 部分破产时非杠杆企业价值，其中 $\alpha \in (0,1)$ 为破产清算成本比例。

假设 6.4 两家企业对以上所有模型参数具有完全信息，并且两家企业是对称的、理性的和风险中性的。同时，两家企业的投资决策、资本结构决策和破产决策均由各自企业经理做出，不存在经理与股东之间的代理冲突问题，其经营目标是实现企业价值最大化①。

假设 6.5 对于领导者，在市场需求上升首次到达其投资临界值时投资，并作出最优资本结构决策，而市场需求下降首次到达其破产临界值时作出违约决策。但对于追随者由于不能发行债务，而只需作出投资决策。同时，假设在博弈的开始，初始市场需求冲击 x_0 非常小，以至于两家企业在初始时刻不会立即就进行投资。另外，在本章中为了不产生混淆，忽略 X_t 的时间依赖，将其简记为 x。

从以上假设可以看出，我们并没有指定两家企业的角色，两家企业均有可能成为领导者，也可能成为追随者。这是因为在本模型中有两个优势，即先动优势和后动优势。先动优势是由于两家企业都有动力抢先投资成为领导者，一方面可以通过发行债务以弥补权益融资投资成本的不足，另一方面可以获得债务利息税收收益，并将部分风险转移给债权人。后动优势是由于两家企业都有动力成为追随者，因为领导者发行债务将面临破产的风险，一旦领导者违约，追随者可以从领导者破产退出市场中获得超额收益。因此，在本章模型中，两家企业的角色取决于先动优势和后动优势之间的权衡，是由模型内生所决定的。

6.3 企业最优投融资策略

两家企业的博弈均衡策略是通过逆向求解的。首先，我们推导出领导者的最优违约策略；然后，我们假设领导者已经投资进入市场，而追随者还未投资而继续等待时，探讨追随者的最优投资策略；最后，我们将建立整个博弈的均

---

① 假定经理完全代表股东和债权人的利益，不仅不存在股东与经理之间的代理冲突，也不存在股东与债权人之间的代理冲突。

衡，并分析领导者的最优投资和融资策略。

6.3.1 最优破产策略

因为只有成为领导者的企业才允许发行债务，因此可以根据追随者是否已经投资进入市场，领导者有两个潜在的最优破产临界值，由下列命题 6.1 给定：

命题 6.1 假设企业 i ($i = 1, 2, i \neq j$) 首先投资成为领导者，而相应地企业 j 成为追随者。如果企业 j 已经投资进入市场，那么企业 i 在市场需求 x 首次到达它的最优双头垄断破产临界值时违约：

$$x_b^d(D(2), c_i) = \frac{\beta_2}{\beta_2 - 1} \frac{r - \mu}{r} \frac{c_i}{D(2)}, \quad i = 1, 2 \qquad (6.3)$$

其中，下标"b"和上标"d"分别表示"破产"和"双头垄断"。相反，如果企业 i 在企业 j 还未投资进入市场之前违约，那么企业 i 在市场需求 x 首次到达它的最优垄断破产临界值时破产：

$$x_b^m(D(1), c_i) = \frac{\beta_2}{\beta_2 - 1} \frac{r - \mu}{r} \frac{c_i}{D(1)}, \quad i = 1, 2 \qquad (6.4)$$

其中，上标"m"表示"垄断"；β_2 是二次方程 $\frac{1}{2}\sigma^2\beta_2(\beta_2 - 1) + \mu\beta_2 - r = 0$ 的负

根，即 $\beta_2 = \frac{1}{2} - \frac{\mu}{\sigma^2} - \sqrt{\left(\frac{1}{2} - \frac{\mu}{\sigma^2}\right)^2 + \frac{2r}{\sigma^2}} < 0$。

命题 6.1 的证明可以参见第 3 章附录 A3 类似证明。

命题 6.1 中的破产临界值一般有下列性质：领导者破产临界值随利息支付 c 的增大而增大，并且随市场需求增长率 μ 和波动率 σ 的减小而增大。较低的市场需求增长率 μ 和波动率 σ 侵蚀了等待的期权价值。但是，破产临界值随贴现率 r 的增大而增大。当贴现率 r 较高时，企业未来潜在的贴现利润将直接面临损失，因此企业将尽早执行违约期权。由式（6.3）和式（6.4），很明显有 $x_b^d(D(2), c_i) > x_b^m(D(1), c_i)$，$i = 1, 2$。

6.3.2 追随者最优投资策略

由于追随者不能发行债务，其债务价值为零，下面我们只需确定追随者的

权益价值，然后再来分析追随者的最优投资策略。

根据命题 6.1 追随者可能面临两种不同的情况：一是，领导者在追随者投资之时或之前破产退出市场，这时市场上只有追随者一家企业，但是作为追随者不能发行债务。这种情况相当于全权益融资下的"垄断市场"情形。二是，两家企业都已经投资，领导者将在未来某一时刻违约退出市场，而追随者永远也不会退出市场。我们把这种情形称为"先进先出"情形。若用"F"表示追随者，用"w"表示领导者违约退出市场而追随者成为胜利者。下面我们将根据这两种情形得到下列命题 6.2：

命题 6.2 若企业 i（$i=1$，2，$i \neq j$）首先投资成为领导者，相应地企业 j 成为追随者。设 T_{ej} 为企业 j 作为追随者的最优投资时机，那么在企业 j 投资进入市场之后的 $t \geq T_{ej}$ 时刻，其权益价值可分为下面两种情况：

（1）垄断市场情形。企业 i 在企业 j 投资之前已经违约，企业 j 投资之后成为市场垄断者，那么企业 j 的权益价值函数表达式为：

$$E_{Fm}^{j}(x,0) = (1-\tau)\frac{D(1)x}{r-\mu} \tag{6.5}$$

（2）先进先出情形。企业 i 在企业 j 投资之时没有违约，那么企业 j 的权益价值函数表达式为：

$$E_{Fw}^{j}(x,0) = (1-\tau)\frac{D(2)x}{r-\mu}$$
$$+ (1-\tau)\frac{(D(1)-D(2))x_b^d(D(2),c_i)}{r-\mu}\left(\frac{x}{x_b^d(D(2),c_i)}\right)^{\beta_2} \tag{6.6}$$

命题 6.2 的证明可以参见第 3 章附录 A3 类似证明。

式（6.5）表示企业 j 作为追随者不会违约，将获得永久性收益。式（6.6）第一项表示企业 j 的永久性收益，第二项表示企业 i 违约时对企业 j 收益的影响。

现在我们来考察企业 j 作为追随者至今还未执行投资期权的情况。设企业 j 的投资临界值为 x_{ej}，于是在投资时机 $T_{ej} = \inf\{t \geq 0 \,|\, x \geq x_{ej}\}$ 企业 j 作为追随者的企业总价值就等于权益减去投资成本 I，即有：

$$V_F^j(x_{ej},0) = E_F^j(x_{ej},0) - I \tag{6.7}$$

这时假设 $t < T_{ej}$，企业 j 作为追随者还未进入市场，一旦企业 i 作为领导者

投资进入市场，那么对企业 j 来说有两种投资策略可供选择：第一，企业 j 在企业 i 违约之时或之后的稍后时刻（即 $x_{ej} = x_{ej}^m$）投资进入市场。第二，企业 j 在企业 i 违约之前的某一时刻（即 $x_{ej} = x_{ej}^d$）投资进入市场。因此，企业 j 作为追随者的企业总价值应等于这两种情况的加权贴现平均值。

设企业 i 作为领导者的投资临界值为 x_{ei}，其投资时机为 $T_{ei} = \inf\{t \geq 0 \,|\, x \geq x_{ei}\}$。假设 $x_{ei} \in (x_b^m(D(1), c_i), x_{ej}^d)$，表示领导者投资进入市场不会引起自己立即违约或者追随者的进入。用 $\Phi_b(x; z, y)$ 表示在 x 到达上边界 y 之前 x 首次到达下边界 z 时的单位货币现值，而用 $\Phi_e(x; z, y)$ 表示在 x 到达下边界 z 之前 x 首次到达上边界 y 时的单位货币现值。于是，我们可以得到下列命题 6.3：

命题6.3　若企业 $i(i=1,2, i \neq j)$ 首先投资成为领导者，相应地企业 j 成为追随者。那么当 $t < T_{ei}$ 时，企业 j 作为追随者的投资期权价值函数表达式为：

$$V_{Fw}^j(x, x_{ej}^m, x_{ej}^d) =$$

$$\left\{ \begin{aligned} &\Phi_e(x_{ei}; x_b^m(D(1), c_i), x_{ej}^d)[E_{Fw}^j(x_{ej}^d, 0) - I] \\ &+ \Phi_b(x_{ei}; x_b^m(D(1), c_i), x_{ej}^d)[E_{Fm}^j(x_{ej}^m, 0) - I]\left(\frac{x_b^m(D(1), c_i)}{x_{ej}^m}\right)^{\beta_1} \end{aligned} \right\} \left(\frac{x}{x_{ei}}\right)^{\beta_2}$$

$$(6.8)$$

其中，$\Phi_b(x; z, y)$ 和 $\Phi_e(x; z, y)$ 由下列两个方程来定义：

$$\Phi_b(x; z, y) = \frac{y^{\beta_1} x^{\beta_2} - y^{\beta_2} x^{\beta_1}}{y^{\beta_1} z^{\beta_2} - y^{\beta_2} z^{\beta_1}} \qquad (6.9)$$

$$\Phi_e(x; z, y) = \frac{x^{\beta_1} z^{\beta_2} - x^{\beta_2} z^{\beta_1}}{y^{\beta_1} z^{\beta_2} - y^{\beta_2} z^{\beta_1}} \qquad (6.10)$$

命题 6.3 的证明可以参见第 3 章附录 A3 类似证明。

根据命题 6.3 的结果，如果给定企业 i 作为领导者的投资临界值 x_{ei} 和利息支付 c_i，那么企业 j 作为追随者的目标就是最大化它的企业总价值 V_{Fw}^j。因此，在领导者投资临界值 x_{ei} 和利息支付 c_i 给定情况下，在 $x < x_{ei}$ 的时刻，追随者的最优投资策略为：

$$[x_{ej}^{m*}, x_{ej}^{d*}]$$

求解追随者的最优化问题可分为下列两个步骤：

步骤1：通过求解下列最优化问题得到 x_{ej}^{m*}：

$$\max_{x_{ej}^m}\{(x_{ej}^m)^{-\beta_1}[E_{Fm}^j(x_{ej}^m,0)-I]\} \tag{6.11}$$

于是，我们得到：

$$x_{ej}^{m*}=\frac{\beta_1}{\beta_1-1}\frac{r-\mu}{1-\tau}\frac{I}{D(1)} \tag{6.12}$$

步骤2：通过求解下列最优化问题得到 x_{ej}^{d*}：

$$\max_{x_{ej}^d}V_{Fw}^j(x,x_{ej}^{m*},x_{ej}^d) \tag{6.13}$$

6.3.3 领导者最优投融资策略

给定追随者的最优投资策略，现在我们来考察企业 i 作为领导者的最优投融资策略。因为领导者作决策时，必然会考虑到另一家企业的行动。由于我们假设领导者是理性的，而且完全能够预见到追随者的最优策略，因此它会在追随者最优策略选择的基础上作出自己的最优决策。

同追随者分析一样，首先推导出领导者的股东权益和债务价值，才能分析领导者的最优投融资策略。领导者的权益和债务价值也可以分为两种情况：第一，领导者在追随者投资之时或之前违约，也即追随者的投资临界值 x_{ej} 足够低，以至于追随者在领导者违约之时或之后投资。这种情形就是"垄断市场"情形。第二，当追随者投资进入市场时，领导者没有违约，但它会在未来某一时刻违约，即"先进先出"情形。若用"L"表示领导者，用"l"表示领导者违约退出市场成为失败者。下面我们将根据这两种情形得到下列命题6.4：

命题6.4 若企业 $i(i=1,2,i\neq j)$ 首先投资成为领导者，相应地企业 j 成为追随者。那么在企业 j 投资进入市场之后的 $t\geq T_{ej}$ 时刻，领导者的股东权益价值和债务价值可分为下列两种情况：

（1）垄断市场情形。企业 i 在企业 j 投资之时或之前违约，即 $x_{ej}^*\leq x_b^m(D(1),c_i)$，那么领导者的权益价值函数表达式为：

$$E_{Lm}^i(x,c_i)=0 \tag{6.14}$$

而领导者在追随者投资时刻的债务价值函数表达式为：

$$D_{Lm}^i(x_{ej}^*, c_i) = (1-\alpha)(1-\tau)\frac{x_{ej}^* D(1)}{r-\mu} \tag{6.15}$$

其中，x_{ej}^* 是追随者在"垄断市场"情形下的最优投资临界值。

（2）先进先出情形。如果领导者在追随者投资进入市场之后违约，即 $x_{ej}^* > x_b^m(D(1), c_i)$，那么领导者的权益和债务价值函数表达式分别为：

$$E_{Ll}^i(x, c_i) = (1-\tau)\left[\frac{D(2)x}{r-\mu} - \frac{c_i}{r}\right]$$
$$+ (1-\tau)\left[\frac{c_i}{r} - \frac{D(2)x_b^d(D(2), c_i)}{r-\mu}\right]\left(\frac{x}{x_b^d(D(2), c_i)}\right)^{\beta_2} \tag{6.16}$$

$$D_{Ll}^i(x, c_i) = \frac{c_i}{r} - \left[\frac{c_i}{r} - (1-\alpha)(1-\tau)\frac{D(2)x_b^d(D(2), c_i)}{r-\mu}\right]\left(\frac{x}{x_b^d(D(2), c_i)}\right)^{\beta_2}$$
$$\tag{6.17}$$

其中，x_{ej}^* 是追随者在"先进先出"情形下的最优投资临界值。

命题 6.4 的证明可以参见第 3 章附录 A3 类似证明。

现在我们来考察企业 i 作为领导者至今还未执行投资期权的情况。领导者投资期权价值是其投资临界值 x_{ei} 和利息支付 c_i 的函数，我们有以下命题 6.5：

命题 6.5　给定企业 j $(j=1, 2, j\neq i)$ 作为追随者最优投资临界值 x_{ej}^* 和利息支付 c_j^*，当 $t<T_{ei}$ 时，企业 i 作为领导者的投资期权价值可分为下列两种情况：

（1）垄断市场情形。企业 i 在企业 j 投资之时或之前违约，即 $x_{ej}^* \leqslant x_b^m(D(1), c_i)$，那么领导者投资期权价值函数表达式为：

$$V_{Lm}^i(x, x_{ei}, c_i) = [E_{Lm}^{i*}(x_{ei}, c_i) + D_{Lm}^{i*}(x_{ei}, c_i) - I]\left(\frac{x}{x_{ei}}\right)^{\beta_1} \tag{6.18}$$

其中，

$$E_{Lm}^{i*}(x_{ei}, c_i) = (1-\tau)\left[\frac{D(1)x_{ei}}{r-\mu} - \frac{c_i}{r}\right]$$
$$+ (1-\tau)\left[\frac{c_i}{r} - \frac{D(1)x_b^m(D(1), c_i)}{r-\mu}\right]\left(\frac{x_{ei}}{x_b^m(D(1), c_i)}\right)^{\beta_2} \tag{6.19}$$

$$D_{Lm}^{i*}(x_{ei},c_i) = \frac{c_i}{r} - \left[\frac{c_i}{r} - (1-\alpha)(1-\tau)\frac{D(1)x_b^m(D(1),c_i)}{r-\mu} \right]\left(\frac{x_{ei}}{x_b^m(D(1),c_i)} \right)^{\beta_2}$$

(6.20)

（2）先进先出情形。如果领导者在追随者投资进入市场之后违约，即 x_{ej}^* $> x_b^m(D(1),c_i)$，那么领导者的投资期权价值函数表达式为：

$$V_{Ll}^i(x,x_{ei},c_i) = [E_{Ll}^{i*}(x_{ei},c_i) + D_{Ll}^{i*}(x_{ei},c_i) - I]\left(\frac{x}{x_{ei}} \right)^{\beta_1}$$

(6.21)

其中，

$$E_{Ll}^{i*}(x_{ei},c_i) = (1-\tau)\left[\frac{D(1)x_{ei}}{r-\mu} - \frac{c_i}{r} \right]$$

$$+ \Phi_e(x_{ei},x_b^m(D(1),c_i),x_{ej}^*)\left[E_{Ll}^i(x_{ej}^*,c_i) - (1-\tau)\left(\frac{D(1)x_{ej}^*}{r-\mu} - \frac{c_i}{r} \right) \right]$$

$$- \Phi_b(x_{ei},x_b^m(D(1),c_i),x_{ej}^*)\left[(1-\tau)\left(\frac{D(1)x_b^m(D(1),c_i)}{r-\mu} - \frac{c_i}{r} \right) \right]$$

(6.22)

$$D_{Ll}^{i*}(x_{ei},c_i) = \frac{c_i}{r} + \Phi_e(x_{ei},x_b^m(D(1),c_i),x_{ej}^*)\left[D_{Ll}^i(x_{ej}^*,c_i) - \frac{c_i}{r} \right]$$

$$+ \Phi_b(x_{ei},x_b^m(D(1),c_i),x_{ej}^*)\left[(1-\alpha)(1-\tau)\frac{D(1)x_b^m(D(1),c_i)}{r-\mu} - \frac{c_i}{r} \right]$$

(6.23)

命题 6.5 的证明可以参见第 3 章附录 A3 类似证明。

命题 6.5 表明，领导者的投资期权价值是它的投资临界值 x_{ei}、利息支付 c_i 和相应的追随者最优投资临界值 x_{ej} 的函数。对于任意给定的领导者投资临界值 x_{ei} 和利息支付 c_i，由命题 6.3 能够唯一确定追随者价值 $V_F^{j*}(x_{ei},c_i)$。为了获得最优的 $V_F^{j*}(x_{ei},c_i)$，追随者将最优地选择投资临界值 $x_{ej}^*(x_{ei},c_i)$。与此同时，领导者在其最优投资时刻发行债务并选择利息支付 c_i，以最大化其企业价值，即有：

$$V_{Lk}^i(x_{ei},x_{ei},c_i^*(x_{ei})) = \max_{c_i}V_{Lk}^i(x_{ei},x_{ei},c_i), k = m,l$$

(6.24)

其中，$c_i^*(x_{ei})$ 是领导者投资临界值为 x_{ei} 时的最优利息支付。

然而，领导者将面临追随者的抢先威胁，它不能任意选择它的投资临界值和无条件地最大化其企业价值。因此，下面我们必须要考虑领导者的两类最优投资临界值。设 x_{ei}^{m} 表示领导者不考虑追随者抢先威胁时的投资临界值，也即垄断情形时投资临界值，即有：

$$x_{ei}^{m} = \underset{x_{ei}}{\mathrm{argmax}} V_{Lm}^{i}(x, x_{ei}, c_{i}^{*}(x_{ei})) \qquad (6.25)$$

设 x_{ei}^{p} 表示领导者抢先投资临界值，即有：

$$x_{ei}^{p} = \inf\{x_{ei} \geqslant 0 \mid V_{Ll}^{i}(x, x_{ei}, c_{i}^{*}(x_{ei})) = V_{Fw}^{i}(x, x_{ei}^{m*}, x_{ei}^{d*})\} \qquad (6.26)$$

注意，式（6.25）中的 x_{ei}^{m} 和式（6.26）中的 x_{ei}^{m*} 虽然大小一样，但是投资时机是完全不一样的。因为 x_{ei}^{m} 是企业 i 作为领导者时的最优垄断投资临界值，而 x_{ei}^{m*} 是企业 i 作为追随者时的最优垄断投资临界值。由此，企业 i 作为领导者的最优投资临界值为：

$$x_{ei}^{*} \equiv \min\{x_{ei}^{m}, x_{ei}^{p}\} \qquad (6.27)$$

6.4　均衡策略分析

根据上节两家企业最优投融资策略的分析，本模型主要有两大类均衡，即抢先均衡和序贯均衡。

6.4.1　抢先均衡

若 $x_{ei}^{*} = x_{ei}^{p}$，即 $x_{ei}^{p} < x_{ei}^{m}$ 时，出现抢先均衡。由于两家企业的对称性，两家企业都有可能抢先成功成为领导者，因此在这种情况下，又存在两类抢先均衡，即一类是企业 i 抢先成为领导者，另一类是企业 j 抢先成为领导者。结合上节的命题6.1～命题6.5，我们可以得到企业 i 作为领导者时的最优抢先均衡投融资策略：

当 $t_0 < T_{ei}^{d*} = \inf\{t \geqslant 0 \mid x \geqslant x_{ei}^{*}\}$ 时，两家企业均不投资；当 $T_{ei}^{d*} \leqslant t_0 < T_{ej}^{d*} = \inf\{t > T_{ei}^{d*} \mid x \geqslant x_{ej}^{d*}\}$ 时，企业 i 抢先投资并发行债务 c_i^{d*} 成为领导者，而企业 j 将继续等待；当 $T_{ej}^{d*} \leqslant t_0 < T_{bi}^{d*} = \inf\{t > T_{ej}^{d*} \mid x \leqslant x_b^d(D(2), c_i^{d*})\}$ 时，企业 j 投资成为追随者；当 $t_0 \geqslant T_{bi}^{d*}$ 时，企业 i 违约并退出市场，而企业 j 在市场上作为

垄断者将持续经营。

对于企业 j 抢先成为领导者，其最优抢先均衡投融资策略与企业 i 成为领导者时的分析类似，在此不予赘述。

6.4.2 序贯均衡

若 $x_{ei}^* = x_{ei}^m$，即 $x_{ei}^m < x_{ei}^p$ 时，出现序贯均衡。由于两家企业的对称性，两家企业都有可能成功成为领导者，因此这种情况又存在两类序贯均衡，即一类是企业 i 成为领导者，另一类是企业 j 成为领导者。而在每一类下又可分为"垄断情形"序贯均衡和"先进先出"序贯均衡。

同样结合命题 6.1～命题 6.5 和抢先均衡的分析，我们可以得到企业 i 作为领导者时的最优序贯均衡投融资策略：

（1）垄断情形序贯均衡。当 $t_0 < T_{ei}^m = \inf\{t \geq 0 \mid x \geq x_{ei}^m\}$ 时，两家企业均不投资；当 $T_{ei}^m \leq t_0 < T_{bi}^{m*} = \inf\{t > T_{ei}^m \mid x \leq x_b^m(D(1), c_i^{m*})\}$ 时，在没有任何抢先威胁的情况下，企业 i 投资并发行债务 c_i^{m*} 成为领导者，而企业 j 将继续等待；当 $T_{bi}^{m*} \leq t_0 < T_{ej}^{m*} = \inf\{t > T_{bi}^{m*} \mid x \geq x_{ej}^{m*}\}$ 时，企业 i 违约并退出市场，而企业 j 将继续等待；当 $t_0 \geq T_{ej}^{m*}$ 时，在没有任何抢先威胁的情况下，企业 j 投资成为追随者，并将一直持续经营企业。

（2）先进先出序贯均衡。当 $t_0 < T_{ei}^m$ 时，两家企业均不投资；当 $T_{ei}^m \leq t_0 < T_{ej}^{d*}$ 时，企业 i 投资并发行债务 c_i^{d*} 成为领导者，而企业 j 将继续等待；当 $T_{ej}^{d*} \leq t_0 < T_{bi}^{d*}$ 时，企业 j 投资成为追随者；当 $t_0 \geq T_{bi}^{d*}$ 时，企业 i 首先违约并退出市场，而企业 j 在市场上作为垄断者一直将持续经营。

对于企业 j 成为领导者，也有"垄断情形"序贯均衡和"先进先出"序贯均衡，其最优序贯均衡投融资策略与企业 i 成为领导者时的分析类似，在此不予赘述。

当然，同前面三章一样，在上述抢先均衡中两家企业也有可能同时去投资，例如如果两家企业都为了获得更高的领导者收益，而之间又没有任何信息交流时，这种情况就有可能发生，但这时它们都将获得比追随者还要低的价值，但这个"错误"的概率为正，这时可以引入混合策略分析，但在本章中将不做分析，具体可参见 Huisman 和 Kort（1999）、Yu（2007）的研究。

6.5　本章小结

本章考察了只有领导者才能发行债务这种比较特殊的情形，与第 5 章相比，企业的权益价值、债务价值和企业总价值，以及最优投融资策略都变得更为简化。虽然模型依然存在抢先和序贯两种均衡，但是有所不同的是，抢先均衡中只存在"先进先出"这种均衡，而序贯均衡中只存在"垄断市场"和"先进先出"两种均衡。从本章的分析中，可以看出，竞争依然是企业资本结构选择的一个重要变量，但是在只有领导者才能发行债务的假设情况下，竞争将变得更加激烈。这主要是债务的利息税收利益驱动，但抢先投资成功的领导者也必须考虑到债务的破产风险和竞争者战略行动对其的影响。而作为后投资的追随者通过观察领导者的投资时机和资本结构选择之后，来选择对自己有利的最佳战略行动。可见，虽然在严格的假设条件下，但两家企业的投融资或者投资决策行为依然是一个彼此协同优化的过程，是一种紧密相连、内在驱动的关系。

当然，最终占优的子博弈精炼均衡取决于模型参数的设定，这也需要我们进一步通过数值模拟仿真分析来进行验证。下一步的工作包括：第一，综合考察非杠杆企业作为追随者的投资决策行为对杠杆企业投融资决策行为的影响；第二，深入探讨杠杆企业作为领导者的资本结构选择对非杠杆企业投资决策的影响；第三，全面分析市场需求的增长率和波动率、利率、企业税率和破产成本等企业特征和市场经济因素，对两家企业投融资决策或投资决策的影响等。

第7章

代理冲突下企业投融资决策互动的期权博弈模型

第3章一直到第6章都是假设依据企业价值最大化原则而作出的最优投融资决策,本章将在此基础上进一步扩展,假设企业依据股东价值最大化原则作出决策,以此来考察因决策目标的不同而导致企业投融资决策互动关系的异化,并对这种异化程度进行测度。同时,在存在这种股东与债权人代理冲突情况下,研究两家企业分别作为领导者和追随者的最优投融资交互决策行为,并以此探讨了两家企业最优均衡投融资策略。

7.1 引言

最早以 Jensen 和 Meckling(1976)、Myers(1977)为代表的学者通过引入税收因素、破产成本,以及股东(或经理)与债权人的利益冲突等因素,对企业投融资交互决策行为进行了初步分析。他们认为,虽然债务融资一方面可以缓解股权代理问题,但另一方面也会增加债权代理问题。所以,正是由于破产风险和股东有限责任制度的存在,作为代理方的股东(或经理)可能以牺牲委托方债权人的利益为代价,依据自身利益最大化进行投资决策,并最终导致"过度投资(Overinvestment)"的低效率投资行为,即 Jensen 和 Meckling(1976)提出的"资本替代"问题或者"投资不足(Underinvestment)"或Myers(1977)提出的"债务积压"问题。因而,深入了解负债代理冲突下的企业投融资决策行为,特别是准确分析不确定性和竞争环境下的企业投融资之间的互动关系,实现两者之间协同和优化,对于提高企业决策效率和项目价值具有十分重要意义。

现有研究债务融资下代理冲突的实物期权文献主要分为两类。一类是股东与债权人之间代理冲突，另一类是经理与股东之间的代理冲突。其中，第一类又可以分为单独研究投资不足或者过度投资，以及投资不足和过度投资同时考察三类。研究投资不足问题的经典文献，如 Myers（1977）、Mello 和 Parsons（1992）、Mauer 和 Ott（2000）等。研究过度投资的经典文献，如 Leland（1998）、Ericsson（2000）、Mauer 和 Sarkar（2005）、Correia 等（2008）、Andrikopoulos（2010）、Glover 和 Hambusch（2012）、刘星和宋小保（2007）、郭健和魏法杰（2008）、刘星和彭程（2009）等。同时考察投资不足和过度投资的经典文献，如 Childs，Mauer 和 Ott（2000，2005）、Lyandres 和 Zhdanov（2005）、Ju 和 Hui（2006）、Hinh 和 Homburg（2005）、Hackbarth 和 Mauer（2012）、彭程和刘星（2006）、李强和曾勇（2009）等。上述这些文献的缺陷主要在于，只考察了垄断环境下单一企业负债的代理冲突问题，而忽略了战略竞争对手的存在。

第二类研究经理与股东之间的代理冲突的经典文献，如 Grenadier 和 Wang（2005）、Nishihara 和 Shibata（2008）、Shibata（2009）等，这些文献研究的是由于股东与经理之间的信息不对称而导致的代理冲突问题，但这些文献都假设企业是全权益融资企业。将融资决策内生到投资决策，考察两者之间互动的文献，如 Morellec（2004）、Childs 和 Mauer（2008）、Andrikopoulos（2009）等，这些文献主要研究的是由于管理者决策自主权而导致的股东与经理之间的代理冲突问题。仅仅只有一篇文献 Nishihara 和 Shibata（2009）研究了债务融资下由于信息不对称而导致股东与经理之间的代理冲突问题。上述这些文献一个共同的不足是，只考虑了单一企业独占投资机会的情况，忽略了竞争对代理冲突下的企业投融资交互决策行为的影响。

然而，在不确定性和竞争环境下，运用期权博弈研究投资决策问题的文献，如 Smets（1991）、Smit 和 Akum（1993）、Dixit 和 Pindyck（1994）、Huisman 和 Kort（1999）、Kulatilaka 和 Perotti（1998）、Huisman（2001）、Grenadier（1996，1999，2000，2002）、Weeds（2002）、Lambrecht 和 Perraudin（2003）、Smit 和 Trigeorgis（2004）、Pawlina 和 Kort（2006）等，不仅没有考虑经理与股东之间的代理冲突问题，更没有考虑债务融资带来的股东与债权人之间的利益冲突问题。不仅如此，即使仅有几篇运用期权博弈研究投融资交互决策问题的文献，如 Lambrecht（2001）、Khadem 和 Perraudin（2001）、Bayer

（2004）、Morellec 和 Zhdanov（2008）、Nishihara 和 Shibata（2008b）、Zhdanov（2008）、Chu（2009）、Jou 和 Lee（2008）等，这些文献大多依据企业价值最大化原则作出企业最优的投资和融资决策，没有考虑股东与经理、股东与债权人之间由于决策目标不同，而导致企业投融资决策相互关系的异化。

第 3～6 章都是依据企业价值最大化原则作出的最优投融资决策。实际上，竞争不仅是企业资本结构选择的一个重要变量，而且也是决定债务代理成本大小的一个重要因素。鉴于此，本章将在第 3 章的基础上，进一步将其扩展到存在股东（或经理）与债权人代理冲突的情况①，以此将内生化企业投资、融资和破产决策纳入统一分析框架下，考察竞争与债务代理成本之间的互动，探讨两家企业投融资交互决策行为，以及最优均衡投融资策略。

7.2 模型假设

在连续时间 $t \in [0, \infty)$ 里，市场上两家潜在竞争企业（用企业 i 和 j 表示，或用 $i, j \in \{1, 2\}$，$i \neq j$ 表示），现都拥有一个新的项目投资机会。每家企业均需支付初始不可逆投资成本 I 方能进入市场，在项目投资完成后，两家企业立即可以生产同质的产品。本章模型的建立有如下几点假设：

假设 7.1 企业投资后的利润流是不确定的，它受到一个随机外生市场需求冲击的影响，以变量 $\{X_t : t \geq 0\}$ 来描述，它服从几何布朗运动：

$$\mathrm{d}X_t = \mu X_t \mathrm{d}t + \sigma X_t \mathrm{d}z_t^{\mathbb{Q}}, X_0 = x_0 > 0 \tag{7.1}$$

其中，$\mu < r$ 且 $\mu < \dfrac{\sigma^2}{2}$②和 $\sigma > 0$ 均为常数，分别为市场需求冲击的瞬时漂移率和波动率，$r > 0$ 为固定的无风险利率；$z_t^{\mathbb{Q}}$ 表示风险中性概率空间 $(\Omega, \mathfrak{F}, \mathbb{Q})$ 下的标准布朗运动。

企业的收益不仅依赖于外生的市场需求冲击变量 X_t，而且取决于企业间

---

① 本章为了分析问题的简便，假设经理完全代表股东的利益，因此不存在股东与经理之间的代理冲突，而只存在股东与债权人之间的代理冲突。

② $\mu < r$ 是为了确保收敛，否则企业永远不会执行投资期权；$\mu < \dfrac{\sigma^2}{2}$ 是为了确保冲击破产临界值的期望时间是有限的。

的战略行动。企业 $i \in \{1,2\}$ 在时刻 $t(\geqslant 0)$ 的瞬时利润流[1]可表示为：

$$\pi_{it} = X_t D(n), i = 1,2, n = 1,2 \tag{7.2}$$

其中，$D(n)$ 是利润流确定性乘子参数，表示竞争的战略影响；$n = 1$ 表示垄断市场，而 $n = 2$ 表示双头垄断市场，且 $D(1) > D(2)$，表明先投资的企业利润会因竞争对手的投资而减少。

假设7.2　企业的所得税率为 $\tau \in (0,1)$[2]。因为债务的利息税盾效应，两家企业都有通过发行债务来融资部分投资成本 I 的激励。设企业 i 在投资之时作出资本结构决策，即永久性债务的瞬时利息支付选择为 c_i[3]，$i \in \{1,2\}$。一旦利息支付作出选择，在企业整个寿命周期内将保持不变，直到企业宣告违约，即本章不考虑动态资本结构调整问题。

假设7.3　若企业违约，将直接面临破产清算，本章也不考虑破产重组情况。企业破产时，根据绝对优先权规则，企业股东权益价值为零，而债权人将获得企业破产清算价值。设破产清算价值为 $(1-\alpha)$ 部分破产时非杠杆企业价值，其中 $\alpha \in (0,1)$ 为破产清算成本比例。

假设7.4　两家企业对以上所有模型参数具有完全信息，并且两家企业是对称的、理性的和风险中性的。同时，两家企业的投资决策、资本结构决策和破产决策均由各自企业经理作出，不存在经理与股东之间的代理冲突问题，但其经营目标是实现股东价值最大化，因而企业经理（股东）与债权人之间存在代理冲突问题。

假设7.5　两家企业均在市场需求上升首次到达各自投资临界值时进入市场，并作出资本结构决策，而市场需求下降首次到达各自破产临界值时退出市场。若两家企业同时进入或退出市场，其概率均为 $\frac{1}{2}$。同时，假设在博弈的开

---

[1]　所有税后利润全部作为股利支付给股东，企业不存在留存收益。

[2]　本章均不考虑个人股息和利息收益的税率，这里的企业所得税率是一种对称性的税率，企业经营损失可以前向或后向无限期地抵扣税收，除非破产，否则企业都会拥有当期负债的全部税收利益。

[3]　即为了筹措足够的投资资金，企业可以在投资之前与债权人达成协议，约定在未来投资之时债权人为其提供与投资时债务价值等额的永久性贷款，以弥补股东投资资金的不足。作为回报，债权人可以在投资之后获得瞬时利息收益 c_i。这种为未来提供融资的借款合约类似于 Chava（2003）提出的贷款承诺（Loan Commitment）。另外，永久性债务的假定主要是可以使企业价值函数独立于时间变量，从而可以获得各种价值的解析表达式。

始，初始市场需求冲击 x_0 非常小，以至于两家企业在初始时刻就不会立即就进行投资。另外，在本章中为了不产生混淆，忽略 X_t 的时间依赖，将其简记为 x。

从以上假设可以看出，我们并没有指定两家企业的角色，两家企业均有可能成为领导者，也可能成为追随者。需要指出的是，在均衡中两家企业的角色由模型内生决定，并且领导者和追随者在均衡中的收益相同（见 Huisman 和 Kort（1999）；Pawlina 和 Kort（2006）），因此两家企业角色在事前是无差别的。

7.3 企业最优投融资策略

在本章模型中两家企业将面临着三个决策，即投资决策、资本结构决策和破产决策。投资决策和资本结构决策是同时最大化企业价值作出的，而破产决策是事后最大化股东权益价值作出的。但本章将考虑两类投资决策问题，一类是企业经理选择最大化企业价值的投资策略，这种投资策略我们称为"最优投资策略"；另一类是企业经理选择最大化股东权益价值的投资策略，这种投资策略我们称为"次优投资策略"。

两家企业的博弈均衡策略是通过逆向求解的。首先，我们假设两家企业都已经投资进入市场，推导出它们的最优均衡违约策略；然后，我们假设一家企业作为领导者已经投资进入市场，而另一家企业作为追随者还未投资而继续等待时，探讨追随者的最优投资和融资策略；最后，我们将建立整个博弈的均衡，并分析领导者的最优投资和融资策略。

7.3.1 最优均衡破产策略

首先考虑两家企业都已经进入市场，并作出最优投资和资本结构决策的情况。前面已经假设当市场需求 x 首次到达一个较低的临界值，企业股东将宣告违约，并实施破产清算。根据另一家企业（企业 j）是否已经破产退出市场，企业 i 有两个潜在的最优违约临界值由下列命题 7.1 给定：

命题 7.1 如果企业 $i(i=1,2,i\neq j)$ 在它的竞争者（企业 j 还未破产）之前破产退出市场，那么企业 i 在市场需求 x 首次到达它的最优双头垄断破产临界值时破产：

$$x_b^d(D(2),c_i) = \frac{\beta_2}{\beta_2 - 1} \frac{r - \mu}{r} \frac{c_i}{D(2)}, \quad i = 1,2 \qquad (7.3)$$

其中，下标"b"和上标"d"分别表示"破产"和"双头垄断"。相反，如果企业 i 决定在它的竞争者（企业 j 已破产）之后破产退出市场，那么企业 i 在市场需求 x 首次到达它的最优垄断破产临界值时破产：

$$x_b^m(D(1),c_i) = \frac{\beta_2}{\beta_2 - 1} \frac{r - \mu}{r} \frac{c_i}{D(1)}, \quad i = 1,2 \qquad (7.4)$$

其中，上标"m"分别表示"垄断"；β_2 是二次方程 $\frac{1}{2}\sigma^2\beta_2(\beta_2 - 1) + \mu\beta_2 - r = 0$ 的负根，即 $\beta_2 = \frac{1}{2} - \frac{\mu}{\sigma^2} - \sqrt{\left(\frac{1}{2} - \frac{\mu}{\sigma^2}\right)^2 + \frac{2r}{\sigma^2}} < 0$。

命题 7.1 的证明可以参见第 3 章附录 A3 类似证明。

命题 7.1 中的破产临界值一般有下列性质：破产临界值随利息支付 c 的增大而增大，并且随市场需求增长率 μ 和波动率 σ 的减小而增大。较低的市场需求增长率 μ 和波动率 σ 侵蚀了等待的期权价值。但是，破产临界值随贴现率 r 的增大而增大。当贴现率 r 较高时，企业未来潜在的贴现利润将直接面临损失，因此企业将尽早执行违约期权。由式（7.3）和式（7.4），很明显有 $x_b^d(D(2),c_i) > x_b^m(D(1),c_i)$，$i = 1,2$，当它的竞争者破产退出市场，企业 i 将享受较高的利润，因此它不愿意去尽早违约。

命题 7.1 同时也表明对于另一家企业 j 同样也有两个潜在的最优破产临界值 $x_b^d(D(2),c_j)$ 和 $x_b^m(D(1),c_j)$。但命题 7.1 并没有确定到底哪一家企业首先破产退出市场。一般而言，有两个均衡是可行的。一个是如果企业 i 在 $x_b^d(D(2),c_i)$ 破产，则增大了企业 j 的利润，企业 j 稍后将在 $x_b^m(D(1),c_j)$ 破产；另一个是如果企业 j 在 $x_b^d(D(2),c_j)$ 破产，而企业 i 将在 $x_b^m(D(1),c_i)$ 破产。很显然，最优均衡破产策略取决于它们的资本结构。如果企业 i 选择一个非常小的利息支付 c_i，充分小于企业 j 的利息支付 c_j，则企业 i 的双头垄断破产临界值 $x_b^d(D(2),c_i)$ 同样也非常小。在这种情况下，企业 j 明显更愿意在 x 首次到达 $x_b^d(D(2),c_i)$ 时第一个破产，因此这时它从企业 i 首先破产中而获得的利润增加是微不足道的。但如果两家企业选择的利息支付相同，这时每家企业都希望它的竞争对手在各自的双头垄断破产临界值 $x_b^d(D(2),c_i)$ 违约，以享有由于竞争的减小而带来的利润增加。

下面我们根据两家企业的利息支付 c_i 和 c_j 的大小关系，得到下列命题7.2：

命题7.2 唯一的子博弈完美纳什均衡破产策略是，具有较高利息支付的企业 j（假设 $c_j > c_i$，$j=1$，2，$j \neq i$），在市场需求 x 首次到达最优双头垄断破产临界值 $x_b^d(D(2), c_j)$ 时第一个破产，而具有较低利息支付的企业 i 将在 $x_b^m(D(1), c_i)$ 到达时破产。

命题7.2的证明直接可以由 Lambrecht（2001）的命题7.4得来。

命题7.2的经济直觉如下：具有较高利息支付的企业 j 的两个破产临界值都比企业 i 的要高，即 $x_b^d(D(2), c_j) > x_b^d(D(2), c_i)$、$x_b^m(D(1), c_j) > x_b^m(D(1), c_i)$。这时，如果我们假设 $x_b^m(D(1), c_j)$ 首次到达的瞬间企业 j 仍未破产，那么无论企业 i 是否已经破产，对于企业 j 来说，都没有理由继续经营该企业。因此，企业 j 的股东将不会迟于 $x_b^m(D(1), c_j)$ 到达时破产。由于企业 j 的破产将增加企业 i 的利润，因此企业 i 的股东也绝不希望在区域 $x \in [x_b^m(D(1), c_j), y)$ 破产。但另一方面，对于企业 j 来说，它也不会迟于 x 首次到达 y 时才破产。因此，利用类似地重复推导，就可以得到命题7.2的结论。

7.3.2 追随者最优投融资策略

一旦确定了两家企业的最优均衡破产策略之后，我们就可以考察追随者的最优投融资策略，但首先必须推导出追随者投资之后的股东权益价值和债务价值。

根据命题7.2追随者可能面临三种不同的情况：第一，领导者在追随者投资之时或之前破产退出市场，这时市场上只有追随者一家企业，相当于"垄断市场"情形。第二，两家企业都已经投资并且也均未破产退出市场，但追随者有较高的利息支付，因此未来追随者将会第一个破产退出市场。我们把这种情形称为"后进先出"情形。第三，两家企业都已经投资并且也均未破产退出市场，但领导者有较高的利息支付，因此未来领导者将会第一个破产退出市场。我们把这种情形称为"先进先出"情形。若用"F"表示追随者，"l"表示先退出市场，"w"表示后退出市场。下面我们将根据这三种情形得到下列命题7.3：

命题7.3 若企业 $i(i=1,2, i \neq j)$ 首先投资成为领导者，相应地企业 j 成为追随者。设 T_{ej} 为企业 j 作为追随者的最优投资时机，那么在企业 j 投资进入市场之后的 $t \geqslant T_{ej}$ 时刻，其股东权益价值和债务价值可分为下列三种情况：

（1）垄断市场情形。企业 i 在企业 j 投资之时或之前违约，企业 j 投资之后成为市场垄断者，那么企业 j 的权益和债务价值函数表达式分别为：

$$
\begin{aligned}
E_{Fm}^{j}(x,c_{j}) &= (1-\tau)\left[\frac{D(1)x}{r-\mu} - \frac{c_{j}}{r}\right] \\
&+ (1-\tau)\left[\frac{c_{j}}{r} - \frac{D(1)x_{b}^{m}(D(1),c_{j})}{r-\mu}\right]\left(\frac{x}{x_{b}^{m}(D(1),c_{j})}\right)^{\beta_{2}}
\end{aligned}
\tag{7.5}
$$

$$
D_{Fm}^{j}(x,c_{j}) = \frac{c_{j}}{r} - \left[\frac{c_{j}}{r} - (1-\alpha)(1-\tau)\frac{D(1)x_{b}^{m}(D(1),c_{j})}{r-\mu}\right]\left(\frac{x}{x_{b}^{m}(D(1),c_{j})}\right)^{\beta_{2}}
\tag{7.6}
$$

（2）后进先出情形。两家企业投资后都没有违约，且 $c_{j} > c_{i}(i \neq j)$，那么企业 j 的权益和债务价值函数表达式分别为：

$$
\begin{aligned}
E_{Fl}^{j}(x,c_{j}) &= (1-\tau)\left[\frac{D(2)x}{r-\mu} - \frac{c_{j}}{r}\right] \\
&+ (1-\tau)\left[\frac{c_{j}}{r} - \frac{D(2)x_{b}^{d}(D(2),c_{j})}{r-\mu}\right]\left(\frac{x}{x_{b}^{d}(D(2),c_{j})}\right)^{\beta_{2}}
\end{aligned}
\tag{7.7}
$$

$$
D_{Fl}^{j}(x,c_{j}) = \frac{c_{j}}{r} - \left[\frac{c_{j}}{r} - (1-\alpha)(1-\tau)\frac{D(2)x_{b}^{d}(D(2),c_{j})}{r-\mu}\right]\left(\frac{x}{x_{b}^{d}(D(2),c_{j})}\right)^{\beta_{2}}
\tag{7.8}
$$

（3）先进先出情形。两家企业投资后都没有违约，且 $c_{j} < c_{i}(i \neq j)$，那么企业 j 的权益和债务价值函数表达式分别为：

$$
\begin{aligned}
E_{Fw}^{j}(x,c_{j}) &= (1-\tau)\left[\frac{D(2)x}{r-\mu} - \frac{c_{j}}{r}\right] \\
&+ (1-\tau)\frac{(D(1)-D(2))x_{b}^{d}(D(2),c_{i})}{r-\mu}\left(\frac{x}{x_{b}^{d}(D(2),c_{i})}\right)^{\beta_{2}} \\
&+ (1-\tau)\left[\frac{c_{j}}{r} - \frac{D(1)x_{b}^{m}(D(1),c_{j})}{r-\mu}\right]\left(\frac{x}{x_{b}^{m}(D(1),c_{j})}\right)^{\beta_{2}}
\end{aligned}
\tag{7.9}
$$

$$D_{Fw}^{j}(x, c_j) = \frac{c_j}{r} - \left[\frac{c_j}{r} - (1-\alpha)(1-\tau)\frac{D(1)x_b^m(D(1), c_j)}{r-\mu}\right]\left(\frac{x}{x_b^m(D(1), c_j)}\right)^{\beta_2}$$

$$(7.10)$$

命题 7.3 的证明可以参见第 3 章附录 A3 类似证明。

命题 7.3 中式（7.5）和式（7.7）第一项表示企业 j 没有违约时的永久性收益，第二项表示违约期权价值；式（7.6）、式（7.8）和式（7.10）第一项表示债权人永久性债务利息收益，第二项表示企业 j 违约对债权人利息收益的影响；式（7.9）第一项表示企业 j 没有违约时的永久性收益，第二项表示企业 i 违约时对企业 j 收益的影响，第三项表示企业 j 自己违约时对其收益的影响。

从命题 7.3 可以看出，较低利息支付企业的债务价值式（7.10）要大于较高利息支付企业债务价值式（7.8），表明较低利息支付企业的债权人收益永远是更好的，这是因为较低利息支付企业的违约时机要稍后，因此债权人获得的利息收益也相对时间比较长。但是，对于式（7.7）和式（7.9）的关系却不是那么简单，因为在某些情况下，特别是当竞争者利息支付较小时，若在市场上比竞争者停留地更久而获得收益，还不足以弥补先于竞争者破产退出市场而造成的损失，因而这时较高利息支付的企业股东收益反而会更好。

当然，在命题 7.3 中还存在一种特殊情况，即 $c_i = c_j = c$，这时两家企业的股东都更喜欢对方在 $x_b^d(D(2), c)$ 违约，而自己在 $x_b^m(D(1), c)$ 违约。因为前面已经假设两家是对称的，所以不能区分到底哪一家企业在 $x_b^d(D(2), c)$ 违约，而另一家在 $x_b^m(D(1), c)$ 违约。但是我们已经假设每家企业在 $x_b^d(D(2), c)$ 违约的概率均为 $\frac{1}{2}$。因此，在这种情况下，企业股东权益价值等于式（7.7）和式（7.9）的算术平均，企业债务价值等于式（7.8）和式（7.10）的算术平均。由此可以看出，无论是哪家企业事先违约，但这种情形都已经包含在"后进先出"和"先进先出"这两种情况中，因此在本章中将不再做过多的讨论。

现在我们来考察企业 j 作为追随者至今还未执行投资期权的情况。设企业 j 的投资临界值为 x_{ej}，于是在投资时机 $T_{ej} = \inf\{t \geq 0 \mid x \geq x_{ej}\}$ 企业 j 作为追随者的企业总价值等于权益和债务价值之和减去投资成本 I，即有：

$$V_F^j(x_{ej}, c_j) = E_F^j(x_{ej}, c_j) + D_F^j(x_{ej}, c_j) - I \tag{7.11}$$

这时假设 $t < T_{ej}$，企业 j 作为追随者还未进入市场，一旦企业 i 作为领导者投资进入市场，那么对企业 j 来说有两种投资策略可供选择：一是，企业 j 在企业 i 违约之后的稍后时刻（即 $x_{ej} = x_{ej}^m$）投资进入市场。二是，企业 j 在企业 i 违约之前的某一时刻（即 $x_{ej} = x_{ej}^d$）投资进入市场。因此，企业 j 作为追随者的企业总价值应等于这两种情况的贴现加权平均值。

设企业 i 作为领导者的投资临界值为 x_{ei}，其投资时机为 $T_{ei} = \inf \{t \geq 0 \mid x \geq x_{ei}\}$。假设 $x_{ei} \in (x_b^m(D(1), c_i), x_{ej}^d)$，表示领导者投资进入市场不会引起自己立即违约或者追随者的进入。用 $\Phi_b(x; z, y)$ 表示在 x 到达上边界 y 之前 x 首次到达下边界 z 时的单位货币现值，而用 $\Phi_e(x; z, y)$ 表示在 x 到达下边界 z 之前 x 首次到达上边界 y 时的单位货币现值。于是，我们可以得到下列命题 7.4：

命题 7.4　若企业 $i(i = 1, 2, i \neq j)$ 首先投资成为领导者，相应地企业 j 成为追随者。那么当 $t < T_{ei}$ 时，企业 j 作为追随者的投资期权价值可分为下列两种情况：

（1）后进先出情形。如果 $c_j^d > c_i (i \neq j)$，那么企业 j 作为追随者的投资期权价值函数表达式为：

$$
V_{Fl}^j(x, x_{ej}^m, x_{ej}^d, c_j^m, c_j^d) =
$$

$$
\left\{
\begin{array}{l}
\Phi_e(x_{ei}; x_b^m(D(1), c_i), x_{ej}^d) [E_{Fl}^j(x_{ej}^d, c_j^d) + D_{Fl}^j(x_{ej}^d, c_j^d) - I] \\
+ \Phi_b(x_{ei}; x_b^m(D(1), c_i), x_{ej}^d) [E_{Fm}^j(x_{ej}^m, c_j^m) + D_{Fm}^j(x_{ej}^m, c_j^m) - I] \left(\dfrac{x_b^m(D(1), c_i)}{x_{ej}^m}\right)^{\beta_1}
\end{array}
\right\} \left(\dfrac{x}{x_{ei}}\right)^{\beta_2}
$$

$$\tag{7.12}$$

其中，x_{ej}^m 和 c_j^m 分别是当领导者在追随者投资之时或之前违约时追随者的投资临界值和利息支付；x_{ej}^d 和 c_j^d 分别是当领导者仍在市场活动时追随者的投资临界值和利息支付。

（2）先进先出情形。如果 $c_j^d < c_i (i \neq j)$，那么企业 j 作为追随者的投资期权价值函数表达式为：

$$V_{Fw}^{j}(x, x_{ej}^{m}, x_{ej}^{d}, c_{j}^{m}, c_{j}^{d}) =$$

$$\left\{ \begin{array}{l} \Phi_{e}(x_{ei}; x_{b}^{m}(D(1), c_{i}), x_{ej}^{d})[E_{Fw}^{j}(x_{ej}^{d}, c_{j}^{d}) + D_{Fw}^{j}(x_{ej}^{d}, c_{j}^{d}) - I] \\ + \Phi_{b}(x_{ei}; x_{b}^{m}(D(1), c_{i}), x_{ej}^{d})[E_{Fm}^{j}(x_{ej}^{m}, c_{j}^{m}) + D_{Fm}^{j}(x_{ej}^{m}, c_{j}^{m}) - I]\left(\dfrac{x_{b}^{m}(D(1), c_{i})}{x_{ej}^{m}}\right)^{\beta_{1}} \end{array} \right\} \left(\dfrac{x}{x_{ei}}\right)^{\beta_{2}}$$

$$(7.13)$$

其中，$\Phi_{b}(x;z,y)$ 和 $\Phi_{e}(x;z,y)$ 由下列两个方程来定义：

$$\Phi_{b}(x;z,y) = \frac{y^{\beta_{1}}x^{\beta_{2}} - y^{\beta_{2}}x^{\beta_{1}}}{y^{\beta_{1}}z^{\beta_{2}} - y^{\beta_{2}}z^{\beta_{1}}} \tag{7.14}$$

$$\Phi_{e}(x;z,y) = \frac{x^{\beta_{1}}z^{\beta_{2}} - x^{\beta_{2}}z^{\beta_{1}}}{y^{\beta_{1}}z^{\beta_{2}} - y^{\beta_{2}}z^{\beta_{1}}} \tag{7.15}$$

命题 7.4 的证明可以参见第 3 章附录 A3 类似证明。

根据命题 7.4 的结果，如果给定企业 i 作为领导者的投资临界值 x_{ei} 和利息支付 c_i，那么企业 j 作为追随者的目的就是最大化它的企业总价值 V_F^j。因此，在领导者投资临界值 x_{ei} 和利息支付 c_i 给定情况下，在 $x < x_{ei}$ 时刻，设在最大化企业价值情况下的追随者最优投资和融资策略为：

$$[x_{ej}^{m*}, x_{ej}^{d*}, c_{j}^{m*}, c_{j}^{d*}]$$

求解追随者的最优化问题可分为下列两个步骤：

步骤1：通过求解下列最优化问题得到 $(x_{ej}^{m*}, c_{j}^{m*})$：

$$\max_{(x_{ej}^{m}, c_{j}^{m})} \{(x_{ej}^{m})^{-\beta_{1}}[E_{Fm}^{j}(x_{ej}^{m}, c_{j}^{m}) + D_{Fm}^{j}(x_{ej}^{m}, c_{j}^{m}) - I]\} \tag{7.16}$$

于是，我们得到：

$$c_{j}^{m*} = c^{*}(D(1), x_{ej}^{m*}) = \frac{\beta_{2}-1}{\beta_{2}} \frac{r}{r-\mu} \frac{x_{ej}^{m*} D(1)}{h} \tag{7.17}$$

$$x_{ej}^{m*} = \psi \frac{\beta_{1}}{\beta_{1}-1} \frac{r-\mu}{1-\tau} \frac{I}{D(1)} \tag{7.18}$$

其中，$h = \left[1 - \beta_{2}\left(1 - \alpha + \frac{\alpha}{r}\right)\right]^{-\frac{1}{\beta_{2}}} > 1$，$\psi = \left[1 + \frac{\tau}{(1-\tau)h}\right]^{-1} < 1$。

步骤2：通过求解下列最优化问题得到 $(x_{ej}^{d*}, c_{j}^{d*})$：

$$\max_{(x_{ej}^d, c_j^d)} V_{Fk}^j(x, x_{ej}^{m*}, x_{ej}^d, c_j^{m*}, c_j^d), k = w, l \tag{7.19}$$

在步骤 2 中有两种可能的均衡路径，即后进先出和先进先出情况，我们必须去推测哪一种情况才是真实的均衡路径。例如，为了得到最优策略 (x_{ej}^{d*}, c_j^{d*}) 首先将 V_{Fl}^j（或 V_{Fw}^j）代入式（7.19）目标函数求解，然后检查最优策略 (x_{ej}^{d*}, c_j^{d*}) 是否满足均衡条件 $c_j^{d*} > c_i$（或 $c_j^{d*} < c_i$）。如果条件满足，此种情形就是真实的均衡路径，否则改变我们的推测，重复进行上述工作。

上述的最优投融资策略是以企业价值最大化为基础性条件的，但是现实中企业似乎更加会遵循股东价值最大化的原则，即企业经理更加代表股东的利益，而忽视债权人的利益，这样就会导致企业投融资决策行为的扭曲。我们假设债权人具有理性期望，它完全能够预期到企业经理最大化股东价值而损害其利益的投资行为。因此，根据借款定价的公平性，债权人将提供与投资时债务价值等额的贷款 K，以最大化自身的利益。

由此，在领导者投资临界值 x_{ei} 和利息支付 c_i 给定情况下，在 $x < x_{ei}$ 时刻，设在最大化股东价值情况下的追随者次优投资和融资策略为：

$$[x_{ej}^{m2*}, x_{ej}^{d2*}, c_j^{m2*}, c_j^{d2*}]$$

求解追随者的最优化问题同样也可分为下列两个步骤：

步骤 1：为了得到次优投融资策略 $(x_{ej}^{m2*}, c_j^{m2*})$，首先求解下列最优化问题：

$$\max_{c_j^m}\{(x_{ej}^m)^{-\beta_1}[E_{Fm}^j(x_{ej}^m, c_j^m) + D_{Fm}^j(x_{ej}^m, c_j^m) - I]\} \tag{7.20}$$

于是，我们得到：

$$c_j^{m2*} = c^{2*}(D(1), x_{ej}^{m2*}) = \frac{\beta_2 - 1}{\beta_2} \frac{r}{r - \mu} \frac{x_{ej}^{mz*} D(1)}{h} \tag{7.21}$$

然后，求解下列最优化问题：

$$\max_{x_{ej}^m}\{(x_{ej}^m)^{-\beta_1}[E_{Fm}^j(x_{ej}^m, c_j^{m2*}) + K_j^m - I]\} \tag{7.22}$$

其中，$K_j^m = D_{Fm}^j(x_{ej}^m, c_j^{m2*}(x_{ej}^m))$。我们得到：

$$x_{ej}^{m2*} = \varphi \frac{\beta_1}{\beta_1 - 1} \frac{r - \mu}{1 - \tau} \frac{I - D_{Fm}^j(x_{ej}^{m2*}, c_j^{m2*}(x_{ej}^m))}{D(1)} \tag{7.23}$$

其中，$\varphi = \left[1 - \dfrac{\beta_2-1}{\beta_1-1}h^{-1} - \dfrac{\beta_1-\beta_2}{\beta_1-1}h^{\beta_2-1}\right]^{-1}$。

步骤2：类似地，我们利用两步得到次优的 $(x_{ej}^{d2*}, c_j^{d2*})$：

首先，求解下列最优化问题得到 c_j^{d2*}：

$$\max_{c_j^d} V_{Fk}^{j2}(x, x_{ej}^{m2*}, x_{ej}^d, c_j^{m2*}, c_j^d), \quad k=w,l \tag{7.24}$$

然后，求解下列最优化问题得到 x_j^{d2*}：

$$\max_{x_{ej}^d} V_{Fk}^{j2}(x, x_{ej}^{m2*}, x_{ej}^d, c_j^{m2*}, c_j^{d2*}(x_{ej}^d)), \quad k=w,l \tag{7.25}$$

其中，如果 $c_j^{d2*} > c_i$ 时，则 $k=l$，即有：

$$V_{Fl}^{j2}(x, x_{ej}^{m2*}, x_{ej}^d, c_j^{m2*}, c_j^{d2*}(x_{ej}^d)) =$$
$$\left\{ \begin{aligned} &\Phi_e(x_{ei}, x_b^m(D(1),c_i), x_{ej}^d)[E_{Fl}^j(x_{ej}^d, c_j^{d2*}(x_{ej}^d)) + K_{jFl}^d - I] \\ &+ \Phi_b(x_{ei}, x_b^m(D(1),c_i), x_{ej}^d)[E_{Fm}^j(x_{ej}^{m2*}, c_j^{m2*}) + K_j^m - I]\left(\dfrac{x_b^m(D(1),c_i)}{x_{ej}^{m2*}}\right)^{\beta_1} \end{aligned} \right\} \left(\dfrac{x}{x_{ei}}\right)^{\beta_1} \tag{7.26}$$

其中，$K_{jFl}^d = D_{Fl}^j(x_{ej}^d, c_j^{d2*}(x_{ej}^d))$。

但如果 $c_j^{d2*} < c_i$ 时，则 $k=w$，即有：

$$V_{Fw}^{j2}(x, x_{ej}^{m2*}, x_{ej}^d, c_j^{m2*}, c_j^{d2*}(x_{ej}^d)) =$$
$$\left\{ \begin{aligned} &\Phi_e(x_{ei}, x_b^m(D(1),c_i), x_{ej}^d)[E_{Fw}^j(x_{ej}^d, c_j^{d2*}(x_{ej}^d)) + K_{jFw}^d - I] \\ &+ \Phi_b(x_{ei}, x_b^m(D(1),c_i), x_{ej}^d)[E_{Fm}^j(x_{ej}^{m2*}, c_j^{m2*}) + K_j^m - I]\left(\dfrac{x_b^m(D(1),c_i)}{x_{ej}^{m2*}}\right)^{\beta_1} \end{aligned} \right\} \left(\dfrac{x}{x_{ei}}\right)^{\beta_1} \tag{7.27}$$

其中，$K_{jFw}^d = D_{Fw}^j(x_{ej}^d, c_j^{d2*}(x_{ej}^d))$。

7.3.3 领导者最优投融资策略

给定追随者的最优投融资策略，现在我们来考察企业 i 作为领导者的最优投融资策略。因为领导者作决策时，必然会考虑到另一家企业的行动。由于我们假设领导者是理性的，而且完全能够预见到追随者的最优策略，因此它会在追随者最优策略选择的基础上作出自己的最优决策。

同追随者分析一样，首先推导出领导者的股东权益和债务价值，才能分析领导者的最优投融资策略。领导者的权益和债务价值也可以分为三种情况：第一，领导者在追随者投资之时或之前违约，也即追随者的投资临界值 x_{ej} 足够低，以至于追随者在领导者违约之时或之后投资。这种情形就是"垄断市场"情形。第二，当追随者投资进入市场时，领导者没有违约，但它会在追随者违约之后第二个违约，即"后进先出"情形。第三，当追随者投资进入市场时，领导者没有违约，但它会在追随者违约之前第一个违约，即"先进先出"情形。若用"L"表示领导者，下面我们将根据这三种情形得到下列命题7.5：

命题7.5 若企业 $i(i=1,2,i\neq j)$ 首先投资成为领导者，相应地企业 j 成为追随者。设 T_{ei} 为企业 i 作为领导者的最优投资时机，那么在企业 i 投资进入市场之后的 $t \geq T_{ei}$ 时刻，其股东权益价值和债务价值可分为下列三种情况：

（1）垄断市场情形。企业 i 在企业 j 投资之时或之前违约，即 $x_{ej}^* \leq x_b^m$ $(D(1),c_i)$，那么领导者的权益价值函数表达式为：

$$E_{Lm}^i(x,c_i)=0 \tag{7.28}$$

而领导者在追随者投资之时的债务价值函数表达式为：

$$D_{Lm}^i(x_{ej}^*,c_i)=(1-\alpha)(1-\tau)\frac{x_{ej}^*D(1)}{r-\mu} \tag{7.29}$$

其中，x_{ej}^* 是追随者在"垄断市场"情形下的最优投资临界值。

（2）后进先出情形。如果领导者在追随者投资进入市场之后第二个违约，即 $x_{ej}^* > x_b^m(D(1),c_i)$ 和 $c_j^{d*} > c_i$，那么领导者的权益和债务价值函数表达式分别为：

$$\begin{aligned}
E_{Lw}^i(x,c_i)=&(1-\tau)\left[\frac{D(2)x}{r-\mu}-\frac{c_i}{r}\right]\\
&+(1-\tau)\frac{(D(1)-D(2))x_b^d(D(2),c_j^{d*})}{r-\mu}\left(\frac{x}{x_b^d(D(2),c_j^{d*})}\right)^{\beta_2}\\
&+(1-\tau)\left[\frac{c_i}{r}-\frac{D(1)x_b^m(D(1),c_i)}{r-\mu}\right]\left(\frac{x}{x_b^m(D(1),c_i)}\right)^{\beta_2}
\end{aligned}$$
$$\tag{7.30}$$

$$D_{Lw}^i(x,c_i) = \frac{c_i}{r} - \left[\frac{c_i}{r} - (1-\alpha)(1-\tau)\frac{D(1)x_b^m(D(1),c_i)}{r-\mu}\right]\left(\frac{x}{x_b^m(D(1),c_i)}\right)^{\beta_2}$$

$$(7.31)$$

其中，x_{ej}^* 和 c_j^{d*} 是追随者在"后进先出"情形下的最优投资临界值和利息支付。

（3）先进先出情形。如果领导者在追随者投资进入市场之后第一个违约，即 $x_{ej}^* > x_b^m(D(1),c_i)$ 和 $c_j^{d*} < c_i$，那么领导者的权益和债务价值函数表达式分别为：

$$E_{Ll}^i(x,c_i) = (1-\tau)\left[\frac{D(2)x}{r-\mu} - \frac{c_i}{r}\right]$$
$$+ (1-\tau)\left[\frac{c_i}{r} - \frac{D(2)x_b^d(D(2),c_i)}{r-\mu}\right]\left(\frac{x}{x_b^d(D(2),c_i)}\right)^{\beta_2} \quad (7.32)$$

$$D_{Ll}^i(x,c_i) = \frac{c_i}{r} - \left[\frac{c_i}{r} - (1-\alpha)(1-\tau)\frac{D(2)x_b^d(D(2),c_i)}{r-\mu}\right]\left(\frac{x}{x_b^d(D(2),c_i)}\right)^{\beta_2}$$

$$(7.33)$$

其中，x_{ej}^* 和 c_j^{d*} 是追随者在"先进先出"情形下的最优投资临界值和利息支付。

命题 7.5 的证明可以参见第 3 章附录 A3 类似证明。

命题 7.5 中的式（7.22）～式（7.25）解释与命题 3 中式（7.7）～式（7.10）类似。

现在我们来考察企业 i 作为领导者至今还未执行投资期权的情况。领导者投资期权价值是其投资临界值 x_{ei} 和利息支付 c_i 的函数，我们有以下命题 7.6：

命题 7.6 给定企业 j 作为追随者最优投资临界值 x_{ej}^* 和利息支付 c_j^*，当 $t < T_{ei}$ 时，其中 $T_{ei} = \inf\{t \geq 0 \,|\, x \geq x_{ei}\}$，企业 i 作为领导者的投资期权价值可分为下列三种情况：

（1）垄断市场情形。企业 i 在企业 j 投资之时或之前违约，即 $x_{ej}^* \leq x_b^m(D(1),c_i)$，那么领导者投资期权价值函数表达式为：

$$V_{Lm}^i(x,x_{ei},c_i) = [E_{Lm}^{i*}(x_{ei},c_i) + D_{Lm}^{i*}(x_{ei},c_i) - I]\left(\frac{x}{x_{ei}}\right)^{\beta_1} \quad (7.34)$$

其中，

$$E_{Lm}^{i*}(x_{ei}, c_i) = (1 - \tau)\left[\frac{D(1)x_{ei}}{r - \mu} - \frac{c_i}{r}\right]$$

$$+ (1 - \tau)\left[\frac{c_i}{r} - \frac{D(1)x_b^m(D(1), c_i)}{r - \mu}\right]\left(\frac{x_{ei}}{x_b^m(D(1), c_i)}\right)^{\beta_2} \quad (7.35)$$

$$D_{Lm}^{i*}(x_{ei}, c_i) = \frac{c_i}{r} - \left[\frac{c_i}{r} - (1 - \alpha)(1 - \tau)\frac{D(1)x_b^m(D(1), c_i)}{r - \mu}\right]\left(\frac{x_{ei}}{x_b^m(D(1), c_i)}\right)^{\beta_2}$$

$$(7.36)$$

（2）后进先出情形。如果领导者在追随者投资进入市场之后第二个违约，即 $x_{ej}^* > x_b^m(D(1), c_i)$ 和 $c_j^{d*} > c_i$，那么领导者的投资期权价值函数表达式为：

$$V_{Lw}^i(x, x_{ei}, c_i) = [E_{Lw}^{i*}(x_{ei}, c_i) + D_{Lw}^{i*}(x_{ei}, c_i) - I]\left(\frac{x}{x_{ei}}\right)^{\beta_1} \quad (7.37)$$

其中，

$$E_{Lw}^{i*}(x_{ei}, c_i) = (1 - \tau)\left[\frac{D(1)x_{ei}}{r - \mu} - \frac{c_i}{r}\right]$$

$$+ \Phi_e(x_{ei}, x_b^m(D(1), c_i), x_{ej}^*)\left[E_{Lw}^i(x_{ej}^*, c_i) - (1 - \tau)\left(\frac{D(1)x_{ej}^*}{r - \mu} - \frac{c_i}{r}\right)\right]$$

$$- \Phi_b(x_{ei}, x_b^m(D(1), c_i), x_{ej}^*)\left[(1 - \tau)\left(\frac{D(1)x_b^m(D(1), c_i)}{r - \mu} - \frac{c_i}{r}\right)\right]$$

$$(7.38)$$

$$D_{Lw}^{i*}(x_{ei}, c_i) = \frac{c_i}{r} + \Phi_e(x_{ei}, x_b^m(D(1), c_i), x_{ej}^*)\left[D_{Lw}^i(x_{ej}^*, c_i) - \frac{c_i}{r}\right]$$

$$+ \Phi_b(x_{ei}, x_b^m(D(1), c_i), x_{ej}^*)\left[(1 - \alpha)(1 - \tau)\frac{D(1)x_b^m(D(1), c_i)}{r - \mu} - \frac{c_i}{r}\right]$$

$$(7.39)$$

（3）先进先出情形。如果领导者在追随者投资进入市场之后第一个违约，即 $x_{ej}^* > x_b^m(D(1), c_i)$ 和 $c_j^{d*} < c_i$，那么领导者的投资期权价值函数表达式为：

$$V_{Ll}^i(x, x_{ei}, c_i) = [E_{Ll}^{i*}(x_{ei}, c_i) + D_{Ll}^{i*}(x_{ei}, c_i) - I]\left(\frac{x}{x_{ei}}\right)^{\beta_1} \quad (7.40)$$

其中，

$$E_{Ll}^{i*}(x_{ei},c_i) = (1-\tau)\left[\frac{D(1)x_{ei}}{r-\mu} - \frac{c_i}{r}\right]$$

$$+ \Phi_e(x_{ei},x_b^m(D(1),c_i),x_{ej}^*)\left[E_{Ll}^i(x_{ej}^*,c_i) - (1-\tau)\left(\frac{D(1)x_{ej}^*}{r-\mu} - \frac{c_i}{r}\right)\right]$$

$$- \Phi_b(x_{ei},x_b^m(D(1),c_i),x_{ej}^*)\left[(1-\tau)\left(\frac{D(1)x_b^m(D(1),c_i)}{r-\mu} - \frac{c_i}{r}\right)\right]$$

$$(7.41)$$

$$D_{Ll}^{i*}(x_{ei},c_i) = \frac{c_i}{r} + \Phi_e(x_{ei},x_b^m(D(1),c_i),x_{ej}^*)\left[D_{Ll}^i(x_{ej}^*,c_i) - \frac{c_i}{r}\right]$$

$$+ \Phi_b(x_{ei},x_b^m(D(1),c_i),x_{ej}^*)\left[(1-\alpha)(1-\tau)\frac{D(1)x_b^m(D(1),c_i)}{r-\mu} - \frac{c_i}{r}\right]$$

$$(7.42)$$

命题 7.6 的证明可以参见第 3 章附录 A3 类似证明。

命题 7.6 表明，领导者的投资期权价值是它的投资临界值 x_{ei}、利息支付 c_i 和相应的追随者最优投资临界值 x_{ej} 的函数。对于任意给定的领导者投资临界值 x_{ei} 和利息支付 c_i，由命题 7.4 能够唯一确定追随者价值 $V_F^{j*}(x_{ei},c_i)$。为了获得最优的 $V_F^{j*}(x_{ei},c_i)$，追随者将最优地选择投资临界值 $x_{ej}^*(x_{ei},c_i)$ 和利息支付 $c_j^*(x_{ei},c_i)$。与此同时，领导者在其最优投资时刻发行债务并选择利息支付 c_i，以最大化其企业价值，即有：

$$V_{Lk}^i(x_{ei},x_{ei},c_i^*(x_{ei})) = \max_{c_i} V_{Lk}^i(x_{ei},x_{ei},c_i), k=m,w,l \qquad (7.43)$$

其中，$c_i^*(x_{ei})$ 是领导者投资临界值为 x_{ei} 时的最优利息支付。

然而，领导者面临追随者的抢先威胁，它不能任意选择它的投资临界值和无条件地最大化其企业价值。因此，下面我们必须要考虑两类领导者最优投资临界值。设 x_{ei}^m 表示领导者不考虑追随者抢先威胁时的投资临界值，也即垄断情形时投资临界值，即有：

$$x_{ei}^m = \operatorname*{argmax}_{x_{ei}} V_{Lm}^i(x,x_{ei},c_i^*(x_{ei})) \qquad (7.44)$$

设 x_{ei}^p 表示领导者抢先投资临界值，即有：

$$x_{ei}^p = \inf\{x_{ei} \geqslant 0 \mid V_{Lk}^i(x,x_{ei},c_i^*(x_{ei})) = V_{Fk}^i(x,x_{ei}^{m*},x_{ei}^{d*},c_i^{m*},c_i^{d*})\}, k=w,l$$

$$(7.45)$$

注意，式（7.44）中的 x_{ei}^{m} 和式（7.45）中的 x_{ei}^{m*} 大小是一样的，但是投资时机是完全不一样的。因为 x_{ei}^{m} 是企业 i 作为领导者时的最优垄断投资临界值，而 x_{ei}^{m*} 是企业 i 作为追随者时的最优垄断投资临界值。由此，企业 i 作为领导者的最优投资临界值为：

$$x_{ei}^{*} \equiv \min\{x_{ei}^{m}, x_{ei}^{p}\} \qquad (7.46)$$

以上领导者的投资临界值是建立在企业价值最大化基础上的，那么类似于追随者次优投资策略的分析，我们也可以得到领导者的次优投资临界值。在此不予赘述。

7.3.4　代理成本测度

由于企业 i 和企业 j 的对称性，最优投融资策略下的杠杆比率和信贷息差分别为：

$$LV_{L}^{i} = \frac{D_{L}^{i}(x_{ei}^{*}, c_{i}^{*}(x_{ei}^{*}))}{V_{L}^{i}(x_{ei}^{*}, c_{i}^{*}(x_{ei}^{*}))}, LV_{F}^{j} = \frac{D_{F}^{j}(x_{ej}^{*}, c_{j}^{*}(x_{ej}^{*}))}{V_{F}^{j}(x_{ej}^{*}, c_{j}^{*}(x_{ej}^{*}))} \qquad (7.47)$$

$$CS_{L}^{i} = \frac{c_{i}^{*}(x_{ei}^{*})}{D_{L}^{i}(x_{ei}^{*}, c_{i}^{*}(x_{ei}^{*}))} - r, CS_{F}^{j} = \frac{c_{j}^{*}(x_{ej}^{*})}{D_{F}^{j}(x_{ej}^{*}, c_{j}^{*}(x_{ej}^{*}))} - r \qquad (7.48)$$

同理，次优投融资策略下的杠杆比率和信贷息差分别为：

$$LV_{L}^{i2} = \frac{D_{L}^{i}(x_{ei}^{2*}, c_{i}^{2*}(x_{ei}^{2*}))}{V_{L}^{i}(x_{ei}^{2*}, c_{i}^{2*}(x_{ei}^{2*}))}, LV_{F}^{j2} = \frac{D_{F}^{j}(x_{ej}^{2*}, c_{j}^{2*}(x_{ej}^{2*}))}{V_{F}^{j}(x_{ej}^{2*}, c_{j}^{2*}(x_{ej}^{2*}))} \qquad (7.49)$$

$$CS_{L}^{i2} = \frac{c_{i}^{2*}(x_{ei}^{2*})}{D_{L}^{i}(x_{ei}^{2*}, c_{i}^{2*}(x_{ei}^{2*}))} - r, CS_{F}^{j2} = \frac{c_{j}^{2*}(x_{ej}^{2*})}{D_{F}^{j}(x_{ej}^{2*}, c_{j}^{2*}(x_{ej}^{2*}))} - r \qquad (7.50)$$

于是，领导者和追随者的代理成本可以分别由下式进行测度：

$$AC_{L}^{i} = \frac{V_{L}^{i}(x_{ei}^{*}, c_{i}^{*}(x_{ei}^{*})) - V_{L}^{i}(x_{ei}^{2*}, c_{i}^{2*}(x_{ei}^{2*}))}{V_{L}^{i}(x_{ei}^{2*}, c_{i}^{2*}(x_{ei}^{2*}))} \times 100\% \qquad (7.51)$$

$$AC_{F}^{j} = \frac{V_{F}^{j}(x_{ej}^{*}, c_{j}^{*}(x_{ej}^{*})) - V_{F}^{j}(x_{ej}^{2*}, c_{j}^{2*}(x_{ej}^{2*}))}{V_{F}^{j}(x_{ej}^{2*}, c_{j}^{2*}(x_{ej}^{2*}))} \times 100\% \qquad (7.52)$$

7.4 均衡策略分析

由于我们假设两家企业经理都是追求股东价值最大化，因此本章只给出在股东价值最大化下的次优均衡投融资策略（用上标 2 表示）。根据上节两家企业最优投融资策略的分析，本模型主要有两大类均衡，即抢先均衡和序贯均衡。

7.4.1 抢先均衡

若 $x_{ei}^{2*} = x_{ei}^{p2}$，即 $x_{ei}^{p2} < x_{ei}^{m2}$ 时，出现抢先均衡。由于两家企业的对称性，两家企业都有可能抢先成功成为领导者，因此在这种情况下，又存在两类抢先均衡，即一类是企业 i 抢先成为领导者，另一类是企业 j 抢先成为领导者。进一步我们根据后进先出和先进先出情形，每种抢先均衡又可以分为两类子均衡。

结合上节的命题 7.1～命题 7.6，我们可以得到企业 i 作为领导者的最优抢先均衡投融资策略：

（1）后进先出抢先均衡。定义 $t_0 = \inf\{t \geq 0 \mid x = x_0\}$。于是，当 $t_0 < T_{ei}^{d2*} = \inf\{t \geq 0 \mid x \geq x_{ei}^{2*}\}$ 时，两家企业均不投资；当 $T_{ei}^{d2*} \leq t_0 < T_{ej}^{d2*} = \inf\{t > T_{ei}^{d2*} \mid x \geq x_{ej}^{d2}\}$ 时，企业 i 抢先投资并发行债务 c_i^{d2*} 成为领导者，而企业 j 将继续等待；当 $T_{ej}^{d2*} \leq t_0 < T_{bj}^{d2*} = \inf\{t > T_{ej}^{d2*} \mid x \leq x_b^d(D(2), c_j^{d2*})\}$ 时，企业 j 投资并发行债务 c_j^{d2*} 成为追随者；当 $T_{bj}^{d2*} \leq t_0 < T_{bi}^{m2*} = \inf\{t > T_{bj}^{d2*} \mid x \leq x_b^m(D(1), c_i^{d2*})\}$ 时，企业 j 首先违约并退出市场，而企业 i 在市场上作为垄断者继续经营；当 $t_0 \geq T_{bi}^{m2*}$ 时，企业 i 违约并退出市场。

（2）先进先出抢先均衡。当 $t_0 < T_{ei}^{d2*}$ 时，两家企业均不投资；当 $T_{ei}^{d2*} \leq t_0 < T_{ej}^{d2*}$ 时，企业 i 抢先投资并发行债务 c_i^{d2*} 成为领导者，而企业 j 将继续等待；当 $T_{ej}^{d2*} \leq t_0 < T_{bi}^{d2*} = \inf\{t > T_{ej}^{d2*} \mid x \leq x_b^d(D(2), c_i^{d2*})\}$ 时，企业 j 投资并发行债务 c_j^{d*} 成为追随者；当 $T_{bi}^{d2*} \leq t_0 < T_{bj}^{m2*} = \inf\{t > T_{bi}^{d2*} \mid x \leq x_b^m(D(1), c_j^{d2*})\}$ 时，企业 i 首先违约并退出市场，而企业 j 在市场上作为垄断者继续经营；当 $t_0 \geq T_{bj}^{m2*}$ 时，企业 j 违约并退出市场。

对于企业 j 抢先成为领导者，也有"后进先出"抢先均衡和"先进先出"抢先均衡，其最优抢先均衡投融资策略与企业 i 成为领导者分析类似，在此不予赘述。

7.4.2　序贯均衡

若 $x_{ei}^{2*} = x_{ei}^{m2}$，即 $x_{ei}^{m2} < x_{ei}^{p2}$ 时，出现序贯均衡。由于两家企业的对称性，两家企业都有可能成功成为领导者，因此这种情况又存在两类序贯均衡，即一类是企业 i 成为领导者，另一类是企业 j 成为领导者。而在每一类下又可分为垄断情形序贯均衡、后进先出序贯均衡和先进先出序贯均衡。

同样结合命题 7.1～命题 7.6 和抢先均衡的分析，我们可以得到企业 i 作为领导者的最优序贯均衡投融资策略：

（1）垄断情形序贯均衡。当 $t_0 < T_{ei}^{m2} = \inf\{t \geqslant 0 \,|\, x \geqslant x_{ei}^{m2}\}$ 时，两家企业均不投资；当 $T_{ei}^{m2} \leqslant t_0 < T_{bi}^{m2*} = \inf\{t > T_{ei}^{m2*} \,|\, x \leqslant x_b^m(D(1), c_i^{m2*})\}$ 时，在没有任何抢先威胁的情况下，企业 i 投资并发行债务 c_i^{m2*} 成为领导者，而企业 j 将继续等待；当 $T_{bi}^{m2*} \leqslant t_0 < T_{ej}^{m2*} = \inf\{t > T_{bi}^{m2*} \,|\, x \geqslant x_{ej}^{m2*}\}$ 时，企业 i 违约并退出市场，而企业 j 将继续等待；当 $T_{ej}^{m2*} \leqslant t_0 < T_{bj}^{m2*} = \inf\{t > T_{ej}^{m2*} \,|\, x \leqslant x_b^m(D(1), c_j^{m2*})\}$ 时，在没有任何抢先威胁的情况下，企业 j 投资并发行债务 c_j^{m2*} 成为追随者；当 $t_0 \geqslant T_{bj}^{m2*}$ 时，企业 j 违约并退出市场。

（2）后进先出序贯均衡。当 $t_0 < T_{ei}^{m2}$ 时，两家企业均不投资；当 $T_{ei}^{m2} \leqslant t_0 < T_{ej}^{d2*}$ 时，企业 i 投资并发行债务 c_i^{d2*} 成为领导者，而企业 j 将继续等待；当 $T_{ej}^{d2*} \leqslant t_0 < T_{bj}^{d2*}$ 时，企业 j 投资并发行债务 c_j^{d2*} 成为追随者；当 $T_{bj}^{d2*} \leqslant t_0 < T_{bi}^{m2*}$ 时，企业 j 首先违约并退出市场，而企业 i 在市场上作为垄断者继续经营；当 $t_0 \geqslant T_{bi}^{m2*}$ 时，企业 i 违约并退出市场。

（3）先进先出序贯均衡。当 $t_0 < T_{ei}^{m2}$ 时，两家企业均不投资；当 $T_{ei}^{m2} \leqslant t_0 < T_{ej}^{d2*}$ 时，企业 i 投资并发行债务 c_i^{d2*} 成为领导者，而企业 j 将继续等待；当 $T_{ej}^{d2*} \leqslant t_0 < T_{bi}^{d2*}$ 时，企业 j 投资并发行债务 c_j^{d2*} 成为追随者；当 $T_{bi}^{d2*} \leqslant t_0 < T_{bj}^{m2*}$ 时，企业 i 首先违约并退出市场，而企业 j 在市场上作为垄断者继续经营；当 $t_0 \geqslant T_{bj}^{m2*}$ 时，企业 j 违约并退出市场。

对于企业 j 成为领导者，也有"垄断情形"序贯均衡、"后进先出"序贯均衡和"先进先出"序贯均衡，其最优序贯均衡投融资策略与企业 i 成为领导者分析类似，在此不予赘述。

当然，同前面四章一样，在上述次优抢先均衡中两家企业也有可能同时去投资，例如如果两家企业都为了获得更高的领导者收益，而之间又没有任何信息交流时，这种情况就有可能发生，但这时它们都将获得比追随者还要低的价值，但这个"错误"的概率为正，这时可以引入混合策略分析，但在本章中将不做分析，具体可参见 Huisman 和 Kort（1999）、Yu（2007）的研究。

7.5 本章小结

虽然本章依据股东价值最大化原则作出最优资本结构和破产决策时，与企业价值最大化原则一样，都是分别最大化投资之时的企业价值和最大化投资之后的权益价值来确定的。但是，两种最大化原则有着本质的区别在于，股东价值最大化原则在作出投资决策时，不会考虑债权人的利益，即忽略债务价值，仅仅最大化股东自身的权益价值。因此，最优投资临界值与次优投资临界值出现差异，随之最优的资本结构选择和破产临界值也会出现不同，因此企业投资和融资是一个协同互动、内生确定的过程。正是由于这种决策目标的不同，而导致企业价值的损失，从而产生债务的代理成本。而由于企业之间的竞争，使得它们在市场上所处的位置不同，进而使得两家企业采取的最优投资、融资和破产策略就有所不同，从而企业各自的价值损失，以及债务代理成本的大小均会不同。因此，竞争是企业资本结构选择和债务代理成本大小的一个重要决定变量。

从本章的分析可以看出，企业投融资决策互动必须综合考虑债务的利息税盾、破产成本、代理成本和竞争对手的战略行动之间的权衡。那么，竞争到底是加剧还是减少债务的代理成本，以及代理冲突存在下本章第四节哪一种均衡是最优的子博弈精炼均衡，取决于本章模型参数的设定，必须通过数值模拟仿真进行分析。下一步的工作包括：第一，探讨领导者资本结构的选择对追随者价值函数、投资临界值、利息支付、债务代理成本的影响；第二，考察追随者资本结构的选择对领导者、投资临界值、利息支付、债务代理成本的影响；第三，分析市场需求的增长率和波动率、利率、企业税率和破产成本等企业特征和市场经济因素，对两家企业最优投融资策略以及债务代理成本的影响，等等。

第 8 章

不对称信息下双头垄断企业违约决策的期权博弈模型

通常，产品市场不仅表现为竞争和战略互动，更重要的是表现为企业之间的不对称信息。本章将继续在前面五章分析的基础上，通过引入两家企业关于利息保障倍数的不对称信息，暂时将企业的投资决策和融资决策分离，单独从融资决策角度出发，运用期权博弈方法，重点探讨不对称信息下双头垄断企业的最优均衡违约策略，深入分析不对称信息下对企业最优均衡违约策略的影响，以期作为后面章节在更为复杂环境下对企业投融资交互决策行为深化认识的基础。

8.1 引言

大多数产品市场的一个重要特征就是竞争和战略互动。虽然针对传统 NPV 方法的不足，Myers（1977）开创了实物期权方法，为解决不确定条件下的企业投融资决策提供了更为科学的分析工具，但是如果忽略产品市场的竞争结构，不仅会因为企业价值的高估而导致错误的投融资决策，而且有可能会给企业带来不可估量的损失。因此，竞争是企业投融资交互决策行为的一个重要考量因素。与此同时，企业彼此拥有竞争对手信息的完美程度，也是影响企业投融资交互决策行为的一个重要决定因素。在现实中，竞争企业之间、股东与债权人之间、经理与股东之间等，均存在大量的不对称信息。这种不对称信息有可能表现在投资收益、投资成本、经营成本、生产技术、资本结构，以及破产成本等多个方面。若对竞争对手缺乏有效信息优势，必然会使自己处于弱势地位，因为竞争对手的投融资决策行为是自己行动的函数。因此，在不确定性和竞争环境下，运用期权博弈方法，并引入不对称信息，进一步解析企业投融资交互决策行为，对深化企业投融资彼此协同、灵活互动关系的认识，具有十分重要的理论和现实意义。

从期权博弈方法的先驱工作来看，如 Smets（1991）、Smit 和 Ankum（1993）、Dixit 和 Pindyck（1994）、Grenadier（1996，2002）、Huisman 和 Kort（1999，2004）、Weeds（2002）、Pawlina 和 Kort（2006）等，这些研究都是基于投资成本和收益完全信息的假设。结合不对称信息研究的文献并不多见，如 Grenadier（1999）研究了不对称私有信息下的实物期权执行战略，他假设企业可以通过观察其竞争对手的行动所传递的私有信号，以此来推断项目的收益信息，进而得到企业贝叶斯纳什均衡期权执行策略。Hsu 和 Lambrecht（2003）将投资成本的不对称信息纳入实物期权框架下，研究了在位者和潜在进入者之间的专利竞赛。Zhu 和 Weyant（2003a，2003b）建立了一个新技术投资的二项式多期决策模型，研究了内生竞争和不对称信息对战略实物期权执行的影响。Watanable（2012）假设在位者与进入者具有市场需求的不对称信息，运用信号博弈理论对两家企业均衡投资策略进行了分析。上述这些文献均忽略了债务融资对企业投资决策的影响，即都假设企业是全权益融资企业，割裂了企业投资和融资决策之间的互动，与现实有一定的差距。

从现有运用期权博弈方法研究企业投融资决策互动文献来看，经典的研究如 Lambrecht（2001）、Khadem 和 Perraudin（2001）、Bayer（2004）、Morellec 和 Zhdanov（2008）、Nishihara 和 Shibata（2008a，2008b）、Zhdanov（2008）、Chu（2009）、Jou 和 Lee（2008）等，但这些文献均假设企业拥有其竞争对手的完全信息，也与现实不符。在不对称信息下来研究企业投融资决策的文献更是鲜有少见，Xu（2010）通过假设项目价值服从算术布朗运动，以及企业内部与外部投资者具有企业增长前景的不对称信息，在连续时间框架下考察了不对称信息对投资和融资决策的影响。研究表明，效益好的企业通过将加速投资，以便向外部投资者发送企业增长前景的私有信息，从而来避免其出售权益或债务价值的低估。同时，效益好的企业由于投资时机的改变，而将导致其等待投资期权价值的重大损失。所不同的是，Morellec 和 Schurhoff（2011）在项目价值服从几何布朗运动，以及企业内外部投资者对企业增长前景具有不对称信息的假设条件下，运用实物期权方法，考察了不对称信息对投资和融资决策的影响，并得到了与 Xu（2010）类似的结论。这两篇文献虽然都考虑了不对称信息，而且也研究了企业的投资和融资决策，但是它们共同的特点：一是都只考虑了单个企业的投融资决策，而忽视了竞争的影响；二是都假设企业有融资约束限制，即项目投资成本要么全部由权益来融资，要么全部由债务来融资，这只是一种最简单的情形，它们并没有考虑由模型内生决定的权益和债务混合融资这种情形。

在不对称信息下研究企业投融资决策互动关系文献之所以少见，主要是分析非常复杂和困难，因为它不同于单独的投资决策和退出决策，这时既要考虑投资决策，也要考虑破产决策，还有最优资本结构的选择，它们之间是彼此协同、互为决策的一个过程，因而就给模型建立和求解带来了相当大的难度，更何况还要考虑竞争互动的影响。基于以上事实，本章为了简化模型分析，还是将投资决策和融资决策分离开来，即固定企业的投资决策时机，着重对企业的违约破产决策行为进行分析。

单独对企业退出决策研究的文献，如 Sparla（2002）考察了对称双头垄断市场关闭期权的均衡执行战略。Murto（2004）建立了双头垄断退出模型，对两家企业的均衡退出策略进行了分析。同样，Miltersen 和 Schwartz（2007）也构建了一个双头垄断退出决策模型，他们不仅分析了两家企业的均衡退出策略，而且还对转换期权进行了深入探讨。遗憾的是，这两篇文献也都忽略了债务融资的影响，没有考虑债务的利息税收收益和破产成本及其之间的权衡。最近，Chen（2003）通过引入企业与银行关于项目投资收益的不对称信息，对Fan 和 Sundaresan（2000）的对称信息模型进行了扩展，研究了财务危机企业的"债转股"和"策略性债务偿还"两种债务重组策略，并得到了两个动态贝叶斯纳什均衡解，同时，还对企业权益和债务进行了定价，得到了投资收益不对称信息下的各自闭解表达式。在此基础上，Xu 和 Li（2010）将其进一步扩展，分析框架和结论与 Chen（2003）基本相同，所不同的是 Xu 和 Li（2010）假设项目收益服从算术布朗运动，而 Chen（2003）假设项目收益服从几何布朗运动。与此同时，Shibata 和 Tian（2010）通过引入企业与银行关于破产成本的不对称信息，在与上述两篇文献同样的框架下，也对财务危机企业的"债转股"和"策略性债务偿还"两种债务重组策略进行了研究，得到唯一最优的动态贝叶斯纳什均衡解，以及破产成本不对称信息下的权益和债务价值闭解表达式。Shibata 和 Tian（2012）进一步又通过引入完全核实机制（该机制能够使处于信息劣势的银行完全揭示企业持有的私有信息）将他们的模型进行了扩展，研究了企业和银行之间存在代理冲突时财务危机企业的三种破产策略：即清算策略、正式债务重组和私下债务重组策略，也得到了唯一最优的动态贝叶斯纳什均衡解，同时还发现，在完全核实机制下由信息不对称而产生的代理冲突将延迟债务重组，并导致企业权益和债务价值的减少。上述这四篇单独研究不对称信息下企业融资决策的文献，虽然涉及了博弈问题，但仅仅只是企业与银行之间的重新谈判博弈，考虑的还是单一企业的垄断环境，没有考虑其他企业战略行动的影响。同时，这些文献虽然都是研究企业的融资决策，但是都忽略了债务的利息税收利益。显然，债务的利息税收利益在确定企业最优资本结构时是一个非常重要的因素，不可忽略。

目前，仅有 Siyahhan（2009）研究了不对称信息下双头垄断企业的违约破产策略。他们假设每家企业的杠杆由融资杠杆和经营杠杆两部分组成，不对称信息正是来源于一家企业完全知道另一家企业的融资和经营杠杆，而另一家企业只知道竞争对手融资和经营杠杆的两点分布。通过研究发现，最优破产决策与企业特征诸如财务杠杆和效率等有关，竞争对手之间的信息不对称将导致更有效率和负债较少的企业过早地退出市场。本章将在 Siyahhan（2009）研究的基础上，对 Lambrecht（2001）和 Murto（2004）的模型进行扩展，通过引入两家企业关于利息保障倍数（即偿债能力）的不对称信息，运用期权博弈方法，对两家企业的最优均衡违约破产策略进行系统分析。本章与 Siyahhan（2009）的不同在于：一是不对称信息的来源不同；二是分析的重点不同，本章着重分析不对称信息下的最优均衡违约破产策略，而 Siyahhan（2009）重点分析企业之间的信息披露和资本结构的战略作用。

8.2　模型假设

在连续时间 $t \in [0, \infty)$ 里，已经在市场上经营的两家企业（用企业 i 和 j 表示）生产同质产品。因为两家企业持有一个永久性债务，因而它们都拥有一个违约期权，于是它们可就谁先违约展开博弈。本章模型的建立有如下几点假设：

假设 8.1　企业的利润流是不确定的，它受到一个随机外生市场需求冲击的影响，以变量 $\{X_t : t \geq 0\}$ 来描述，它服从一个几何布朗运动：

$$dX_t = \mu X_t dt + \sigma X_t dz_t^{\mathbb{Q}}, X_0 = x_0 > 0 \qquad (8.1)$$

其中，$\mu < \dfrac{\sigma^2}{2}$ ① 和 $\sigma > 0$ 均为常数，分别为市场需求冲击的瞬时漂移率和波动率，$z_t^{\mathbb{Q}}$ 表示风险中性概率空间 $(\Omega, \mathfrak{F}, \mathbb{Q})$ 下的标准布朗运动。

企业的利润流不仅依赖于外生的市场需求冲击变量 X_t，而且取决于企业间的战略行动。企业 k 在时刻 $t(\geqslant 0)$ 的瞬时利润流 ② 可表示为：

$$\pi_{kt} = X_t D_k(n), k = i, j, n = 1, 2 \qquad (8.2)$$

其中，$D_k(n)$ 是利润流确定性乘子参数，表示竞争的战略影响；$n = 1$ 表示垄断市场，而 $n = 2$ 表示双头垄断市场，且 $D_k(1) > D_k(2)$，表明后违约的企业利润会因竞争对手的违约而增加。

假设 8.2　企业的所得税率为 $\tau \in (0, 1)$ ③。企业 i 和 j 的永久性利息支付分别为 c_i ④ 和 c_j，直到企业宣告违约。若企业违约，将直接面临破产清算。根据绝对优先权规则，企业破产时股东权益价值为零，而债权人将获得企业破产清算价值。设破产清算价值为 $(1 - \alpha)$ 部分破产时非杠杆企业价值，其中 $\alpha \in (0, 1)$ 为破产清算成本比例。本章不考虑动态资本结构调整和破产重组等问题。

假设 8.3　定义利息保障倍数 $\eta_k = \dfrac{X_t D_k(n)}{c_k}$ $(k = i, j, n = 1, 2)$，用来衡量企业偿还借款利息的能力。假设两家企业具有利息保障倍数 η_k 的不对称信息，企业 i 的利息保障倍数 η_i 两家企业都知道，为市场的共同知识，而企业 j 的利息保障倍数 η_j 只有它自己知道，企业 i 只知道 η_j 具有高低两种类型及其概率分布，即企业 j 具有高偿还利息能力 η_H 的概率是 p，具有低偿还利息能力 η_L

---

① $\mu < \dfrac{\sigma^2}{2}$ 是为了确保冲击破产临界值的期望时间是有限的。

② 所有息税后利润全部作为股利支付给股东，企业不存在留存收益。

③ 本章均不考虑个人股息和利息收益的税率，这里的企业所得税率是一种对称性的税率，企业经营损失可以前向或后向无限期地抵扣税收，除非破产，否则企业都会拥有当期负债的全部税收利益。

④ 即为了筹措足够的投资资金，企业可以在投资之前与债权人达成协议，约定在未来投资之时债权人为其提供与投资时债务价值等额的永久性贷款，以弥补股东投资资金的不足。作为回报，债权人可以在投资之后获得瞬时利息收益 c_i。这种为未来提供融资的借款合约类似于 Chava（2003）提出的贷款承诺（Loan Commitment）。另外，永久性债务的假定主要是可以使企业价值函数独立于时间变量，从而可以获得各种价值的解析表达式。

的概率是 $p-1$。不失一般性，为了分析问题的简便，我们还假设 $D_k(2)=\theta D_k(1)$，其中 $k=i;j\in\{H,L\},\theta\in(0,1)$。

假设 8.4 两家企业是理性的和风险中性的，其未来收益以固定的无风险利率 r 贴现。同时，假设两家企业的违约决策均由各自经理做出，不存在经理与股东之间的代理冲突问题。另外，除了利息保障倍数，两家企业对以上所有模型参数都具有完全信息。并且，为了不产生混淆，本章忽略 X_t 的时间依赖，将其简记为 x。

8.3 企业价值函数

作为不对称信息分析的基准，下面我们首先推导出完全信息条件下两家企业的双头垄断和垄断破产临界值，然而推导出完全信息条件下两家企业的权益价值、债务价值和企业总价值。

8.3.1 最优破产临界值

首先我们考虑不存在利息保障倍数不对称信息情况下的企业最优破产临界值。一家企业根据另一家企业是否已经违约退出市场，每家企业一般都具有两个潜在的最优破产临界值，由下列命题 8.1 给定：

命题 8.1 假设市场上两家活动的企业没有任何不对称信息，如果一家企业要在另一家企业之前违约退出市场，则其应该等待 x 下降首次到达双头垄断破产临界值时违约：

$$x_b^d(D_k(2),c_k)=\frac{\beta_2}{\beta_2-1}\frac{r-\mu}{r}\frac{c_k}{D_k(2)},k=i;j\in\{H,L\} \quad (8.3)$$

而如果一家企业要等待在另一家企业首先违约退出市场之后再违约，则其应该等待 x 下降首次到达垄断破产临界值时违约：

$$x_b^m(D_k(1),c_k)=\frac{\beta_2}{\beta_2-1}\frac{r-\mu}{r}\frac{c_k}{D_k(1)},k=i;j\in\{H,L\} \quad (8.4)$$

其中，下标 "b"、上标 "m" 和 "d" 分别表示 "破产"、"垄断" 和 "双头垄断"；β_2 是二次方程 $\frac{1}{2}\sigma^2\beta(\beta-1)+\mu\beta-r=0$ 的负根，即 $\beta_2=\frac{1}{2}-\frac{\mu}{\sigma^2}-$

$$\sqrt{\left(\frac{1}{2}-\frac{\mu}{\sigma^2}\right)^2+\frac{2r}{\sigma^2}}<0 \text{。}$$

命题 8.1 的证明可参见第 3 章附录 A3 类似证明。

命题 8.1 中的破产临界值一般有下列性质：破产临界值随利息支付 c_k 的增大而增大，并且随市场需求增长率 μ 和波动率 σ 的减小而增大。较低的市场需求增长率 μ 和波动率 σ 侵蚀了等待的期权价值。但是，破产临界值随贴现率 r 的增大而增大。当贴现率 r 较高时，企业未来潜在的贴现利润将直接面临损失，因此企业将尽早的执行违约期权。由式（8.3）和式（8.4）中很明显看出 $x_b^d(D_k(2),c_k)>x_b^m(D_k(1),c_k)$，$k=i;j\in\{H,L\}$，因此当一家企业的竞争者首先违约退出市场，那么它将享受较高的利润，因而它不愿意尽早去违约。

8.3.2 企业价值函数

同样的，在完全信息条件下，两家企业均有可能先于其竞争对手违约退出市场，而另一家企业成为市场垄断者，直到整个市场条件恶化，自己宣告违约退出市场。两家企业首先违约和后违约时的权益价值、债务价值和企业总价值由下列命题给出：

命题 8.2 假设市场上两家活动的企业没有任何不对称信息，如果企业 i 首先违约退出市场，那么其在违约退出市场之前的权益价值和债务价值函数表达式分别为：

$$E_{il}^d(x,c_i,x_b^d(D_i(2),c_i))=(1-\tau)\left[\frac{D_i(2)x}{r-\mu}-\frac{c_i}{r}\right]$$

$$-(1-\tau)\left[\frac{D_i(2)x_b^d(D_i(2),c_i)}{r-\mu}-\frac{c_i}{r}\right]\left(\frac{x}{x_b^d(D_i(2),c_i)}\right)^{\beta_2},x>x_b^d(D_i(2),c_i) \tag{8.5}$$

$$D_{il}^d(x,c_i,x_b^d(D_i(2),c_i))=\frac{c_i}{r}$$

$$+\left[(1-\alpha)(1-\tau)\frac{D_i(2)x_b^d(D_i(2),c_i)}{r-\mu}-\frac{c_i}{r}\right]\left(\frac{x}{x_b^d(D_i(2),c_i)}\right)^{\beta_2},x>x_b^d(D_i(2),c_i)$$

$$\tag{8.6}$$

而企业 $j\in\{H,L\}$ 的权益价值和债务价值函数表达式分别为：

$$E_{jw}^{d}(x,c_{j},x_{b}^{d}(D_{i}(2),c_{i}),x_{b}^{m}(D_{j}(1),c_{j})) = (1-\tau)\left[\frac{D_{j}(2)x}{r-\mu} - \frac{c_{j}}{r}\right]$$

$$+ (1-\tau)\frac{(D_{j}(1)-D_{j}(2))x_{b}^{d}(D_{i}(2),c_{i})}{r-\mu}\left(\frac{x}{x_{b}^{d}(D_{i}(2),c_{i})}\right)^{\beta_{2}}, x > x_{b}^{d}(D_{i}(2),c_{i})$$

$$- (1-\tau)\left[\frac{D_{j}(1)x_{b}^{m}(D_{j}(1),c_{j})}{r-\mu} - \frac{c_{j}}{r}\right]\left(\frac{x}{x_{b}^{m}(D_{j}(1),c_{j})}\right)^{\beta_{2}}$$

$$(8.7)$$

$$E_{jw}^{m}(x,c_{j},x_{b}^{m}(D_{j}(1),c_{j})) = (1-\tau)\left[\frac{D_{j}(1)x}{r-\mu} - \frac{c_{j}}{r}\right]$$

$$- (1-\tau)\left[\frac{D_{j}(1)x_{b}^{m}(D_{j}(1),c_{j})}{r-\mu} - \frac{c_{j}}{r}\right]\left(\frac{x}{x_{b}^{m}(D_{j}(1),c_{j})}\right)^{\beta_{2}}, x \leqslant x_{b}^{d}(D_{i}(2),c_{i})$$

$$(8.8)$$

$$D_{jw}^{m(d)}(x,c_{j}) = \frac{c_{j}}{r}$$

$$+ \left[(1-\alpha)(1-\tau)\frac{D_{j}(1)x_{b}^{m}(D_{j}(1),c_{j})}{r-\mu} - \frac{c_{j}}{r}\right]\left(\frac{x}{x_{b}^{m}(D_{j}(1),c_{j})}\right)^{\beta_{2}}, x > x_{b}^{d}(D_{j}(1),c_{j})$$

$$(8.9)$$

其中，下标"l"和"w"分别表示首先违约成为失败者和第二个违约成为胜利者。于是，两家企业的总价值函数表达式为：

$$V_{k}(x,c_{k}) = E_{k}(x,c_{k}) + D_{k}(x,c_{k}), k = i; j \in \{H,L\} \qquad (8.10)$$

同理，如果企业 j 首先违约退出市场，那么两家企业的权益价值和债务价值函数只需将式（8.5）~式（8.9）中的 i 和 j 互换角标即可。

命题 8.2 的证明可参见第 3 章附录 A3 类似证明。

命题 8.2 中式（8.5）第一项表示企业 i 没有违约时的永久性收益，第二项表示违约期权价值；式（8.6）第一项表示债权人永久性债务利息收益，第二项表示企业 j 违约对债权人利息收益的影响；式（8.7）第一项表示企业 j 没有违约时的永久性收益，第二项表示企业 i 违约时对企业 j 收益的影响，第三项表示企业 j 自己违约时对其收益的影响。式（8.8）和式（8.9）分别与式（8.5）和式（8.6）解释类似。

8.4　均衡违约策略

命题 8.1 只是给出了两家企业分别首先违约和第二个违约退出市场的破产临界值，而并没有确定在均衡中哪一家企业首先违约退出市场。下面我们考察对称信息条件下保留临界值，然后考察不对称信息条件下的两家企业均衡违约策略。

8.4.1　均衡保留临界值

首先假设两家企业不存在任何不对称信息，那么根据 Lambrecht（2001）的研究，对于企业 i 成为垄断者而言（即企业 j 首先违约退出市场），式（8.7）中的 $E_{iw}^d(x,c_i,x_b^d(D_j(2),c_j),x_b^m(D_i(1),c_i))$ 是企业 j 的双头垄断破产临界值 $x_b^d(D_j(2),c_j)$ 的严格单调递增函数，而且 $E_{il}^d(x,c_i,x_b^d(D_i(2),c_i))$ 与 $E_{iw}^d(x,c_i,x_b^d(D_j(2),c_j)x_b^m(D_i(1),c_i))$ 有相同的多项式形式。因此，由连续性性质，存在某一临界值 x_{ir}^*，使得企业 i 在 $x_b^d(D_i(2),c_i)$ 首先违约或等待到企业 j 在 x_{ir}^* 违约而成为垄断者是无差别的，即有：

$$E_{il}^d(x,c_i,x_b^d(D_i(2),c_i)) = E_{iw}^d(x,c_i,x_{ir}^*,x_b^m(D_i(1),c_i)) \tag{8.11}$$

其中，$x_b^m(D_i(1),c_i) \leqslant x_{ir}^* \leqslant x_b^d(D_i(2),c_i)$。

将式（8.5）和式（8.7）代入式（8.11），立即得到：

$$x_{ir}^* = \left[\frac{(r-\mu)c_i}{(\beta_2-1)r(D_i(1)-D_i(2))} ((x_b^m(D_i(1),c_i))^{-\beta_2} - (x_b^d(D_i(2),c_i))^{-\beta_2}) \right]^{\frac{1}{1-\beta_2}}$$

$$\tag{8.12}$$

由式（8.11）可以看出，x_{ir}^* 是企业 i 在 $x_b^d(D_i(2),c_i)$ 违约和在 x_{ir}^* 成为垄断者的均衡无差别点，因此把它称为企业 i 的"均衡保留临界值"。x_{ir}^* 也可以理解为企业 i 为了成为垄断者而持续等待企业 j 首先违约的意愿程度。

同理，对于企业 $j \in \{H,L\}$ 也同样存在均衡保留临界值 x_{Hr}^* 和 x_{Lr}^*，均由式（8.12）相应给定。

8.4.2　不对称信息下的均衡违约策略

在上述对称信息条件下，将式（8.3）和式（8.4）代入式（8.12），得到：

$$x_{ir}^* = \frac{(r-\mu)c_i}{(\beta_2-1)r}\left[\frac{D_i(1)^{\beta_2} - D_i(2)^{\beta_2}}{(\beta_2)^{\beta_2}(D_i(1) - D_i(2))}\right]^{\frac{1}{1-\beta_2}}$$

(8.13)

$$= \psi\frac{\beta_2}{\beta_2-1}\frac{r-\mu}{r}\frac{c_i}{D_i(2)}$$

其中，$\psi = \theta\left(\dfrac{1-\theta^{\beta_2}}{\beta_2(1-\theta)}\right)^{\frac{1}{1-\beta_2}} \in (\theta,1)$。

因为满足式（8.11）的 x_{ir}^* 有一个重要特征就是 $x_b^m(D_i(1),c_i) \leqslant x_{ir}^* \leqslant x_b^d(D_i(2),c_i)$。因此，若对于任意给定的企业 j 的破产临界值 $x_b^{m(d)}$（即 $x_b^m(D_j(1),c_j)$ 和 $x_b^d(D_j(2),c_j)$），企业 i 对它的最优反应函数是：如果 $x_b^{m(d)} \leqslant x_{ir}^*$，那么企业 i 将严格更喜欢在 $x_b^d(D_i(2),c_i)$ 首先违约退出；相反，如果 $x_b^{m(d)} > x_{ir}^*$，那么企业 i 更愿意等待直到企业 j 首先违约退出。

在不对称信息条件下，虽然企业 i 只知道企业 j 偿债能力的类型及其概率分布，但是我们也可以根据企业 i 的最优反应函数来确定纳什均衡博弈。整个博弈我们可以分为三种情形：第一种是企业 i 严格占优于企业 j，第二种是企业 j 严格占优于企业 i，第三种是两家企业都不严格占优于谁。下面我们将分别对这三种情况进行讨论。

8.4.2.1 企业 i 严格占优于企业 j

在对称信息条件下，当 $x_{ir}^* < x_b^m(D_j(1),c_j)$ 或 $x_b^d(D_i(2),c_i) \leqslant x_{jr}^*$（$j \in \{H,L\}$）时，企业 i 将严格占优于企业 j。因为如果企业 i 严格占优于企业 j，这就意味着企业 j 的垄断期限太短，以至于企业 j 即使坚持它的垄断破产临界值 $x_b^m(D_j(1),c_j)$ 到达，也无法阻止企业 i 停留在市场上（即 $x_{ir}^* < x_b^m(D_j(1),c_j)$）。或者，企业 i 的双头垄断期限太长，以至于企业 j 即使坚持它的均衡保留临界值 x_{jr}^* 到达，也无法阻止企业 i 停留在市场上（即 $x_b^d(D_i(2),c_i) \leqslant x_{ir}^*$）。因此，这两种情况的唯一的纳什均衡是企业 j 在 $x_b^d(D_j(2),c_j)$（$j \in \{H,L\}$）首先违约退出市场。

而在不对称信息条件，如果 $\eta_i > \eta_H > \eta_L$，即企业 i 比任何偿债能力的企业 j 都具有比较竞争优势，即具有非常高的偿债能力，严格占优于企业 j。在这种情况下，由式（8.3）、式（8.4）和式（8.13）得到：

$$x_b^d(D_i(2),c_i) < x_b^d(D_H(2),c_H) < x_b^d(D_L(2),c_L) \tag{8.14a}$$

$$x_b^m(D_i(1),c_i) < x_b^m(D_H(1),c_H) < x_b^m(D_L(1),c_L) \tag{8.14b}$$

$$x_{ir}^* < x_{Hr}^* < x_{Lr}^* ; x_b^d(D_k(2),c_k) \geqslant x_{kr}^* \geqslant x_b^m(D_k(1),c_k), k=i,H,L \tag{8.14c}$$

首先，如果我们假设两种类型的企业 j 都采取在 $x_b^d(D_j(2),c_j)(j=H,L)$ 违约退出市场的策略，那么对企业 i 最优的反应就是在 $x_b^m(D_i(1),c_i)$ 违约。如果假设企业 i 等待直到 $x_b^m(D_i(1),c_i)$ 违约退出市场，而企业 j 又愿意承受损失等待直到 x_{jr}^* 成为追随者，但是企业 i 可以对企业 j 做一个可信的威胁，即企业 i 将坚持停留在市场上直到 x_{ir}^* 到达，由式（8.14c）可知，对于企业 j 的最优反应就是减少损失，它将在 $x_b^d(D_j(2),c_j)(j=H,L)$ 违约退出市场。

其次，如果假设两种类型的企业 j 都采取在 $x_b^m(D_j(1),c_j)(j=H,L)$ 违约退出市场的策略。但由式（8.14a）～式（8.14c），很明显有 $x_{ir}^* < x_b^m(D_j(1),c_j)$ 或者 $x_b^d(D_i(2),c_i) < x_{jr}^*$，因而企业 j 绝不会采取该策略，因为企业 i 在任何情况下都将坚持比较长的时间成为垄断者，甚至即使 $x_b^m(D_i(1),c_i) < x_{jr}^* < x_b^d(D_i(2),c_i)$ 情况发生，企业 i 也会比企业 j 坚持比较久的时间而成为垄断者。因此，对于企业 i 的最优反应是在 $x_b^m(D_i(1),c_i)$ 违约，而对企业 j 的最优反应是在 $x_b^d(D_j(2),c_j)$ 违约退出市场。

最后，如果假设高偿债能力的企业 j 采取在 $x_b^m(D_H(1),c_H)$ 违约策略，而低偿债能力的企业 j 采取在 $x_b^d(D_L(1),c_L)$ 违约策略。但是，由式（8.14c）可知 $x_{ir}^* < x_{Hr}^* < x_{Lr}^*$，即无论企业 j 是一个什么类型的企业，对企业 i 来说都会比企业 j 等待更久成为垄断者。因此，企业 j 的最优反应仍然是在 $x_b^d(D_j(2),c_j)$ 违约退出市场。

由此，通过上述分析，我们立即可以得到下列命题 8.3：

命题 8.3 当 $\eta_i > \eta_H > \eta_L$ 时，即企业 i 的偿债能力比高偿债能力的企业 j 还要高时，唯一的完美贝叶斯均衡是，无论企业 j 是高偿债能力还是低偿债能力企业，均首先第一个违约退出市场，而企业 i 第二个违约退出市场。企业 j 的最优破产临界值由式（8.3）给定，其权益价值和债务价值分别由式（8.5）和式（8.6）给定；企业 i 的最优破产临界值式（8.4）给定，其债务价值由式（8.9）给定，其权益价值由下式给定：

$$E_{iw}(x,c_i) =$$

$$
\begin{cases}
pE_{iw}^d\left(x,c_i,x_b^d(D_H(2),c_H),x_b^m(D_i(1),c_i)\right) \\
\quad + (p-1)E_{iw}^d\left(x,c_i,x_b^d(D_L(2),c_L),x_b^m(D_i(1),c_i)\right), & x > x_b^d(D_L(2),c_L) \\
E_{iw}^d\left(x,c_i,x_b^d(D_H(2),c_H),x_b^m(D_i(1),c_i)\right), & x_b^d(D_H(2),c_H) < x \le x_b^d(D_L(2),c_L) \\
E_{iw}^m\left(x,c_i,x_b^m(D_i(1),c_i)\right), & x \le x_b^d(D_H(2),c_H)
\end{cases}
$$

$$(8.15)$$

命题 8.3 的证明由上述分析直接得证。命题 8.3 表明，当 $x > x_b^d(D_L(2),c_L)$ 时，由于不知道企业 j 的类型，所以企业 j 的权益价值等于企业 j 分别是两种类型下的加权权益价值；当 $x_b^d(D_H(2),c_H) < x \le x_b^d(D_L(2),c_L)$ 时，如果企业 j 还未违约退出市场，说明企业 j 是高偿债能力企业，此时企业 i 的权益价值就是 $E_{iw}^d\left(x,c_i,x_b^d(D_H(2),c_H),x_b^m(D_i(1),c_i)\right)$。

8.4.2.2 企业 j 严格占优于企业 i

在对称信息条件下，当 $x_{jr}^* < x_b^m(D_i(1),c_i)$ 或 $x_b^d(D_j(2),c_j) \le x_{ir}^*$ ($j \in \{H,L\}$) 时，企业 j 严格占优于企业 i。分析与企业 i 严格占优于企业 j 情况完全类似。这种情形下的唯一的纳什均衡是企业 i 在 $x_b^d(D_i(2),c_i)$ 首先违约退出市场，而企业 j 第二个违约退出市场。

在不对称信息条件下，如果 $\eta_i < \eta_L < \eta_H$，表明任何类型的企业 j 都占优于企业 i。与上述情形分析完全类似，但是结论完全相反，即对于企业 i 的最优反应是在 $x_b^d(D_i(2),c_i)$ 首先违约退出市场，而对于任何类型的企业 $j \in \{H,L\}$，其最优反应是在 $x_b^m(D_j(1),c_j)$ 第二个违约退出市场。于是，我们可以得到下列命题 8.4：

命题 8.4 当 $\eta_i < \eta_L < \eta_H$ 时，即企业 i 的偿债能力比低偿债能力的企业 j 还要低时，唯一的完美贝叶斯均衡是，无论企业 j 是高偿债能力还是低偿债能力企业，均第二个违约退出市场，而企业 i 首先违约退出市场。企业 j 的最优破产临界值由式（8.4）给定，其权益价值和债务价值分别由式（8.7）~式（8.9）给定；企业 i 的最优破产临界值由式（8.3）给定，其权益价值和债务价值分别由式（8.5）和式（8.6）给定。

命题 8.4 的证明与命题 8.3 采用同样的方法可以得证 。命题 8.4 表明，

由于企业 i 首先违约退出市场，所以无论企业 j 是高偿债能力还是低偿债能力企业，对于企业 i 的权益价值和债务价值没有什么影响。

8.4.2.3　两家企业都不严格占优于谁

在对称信息条件下，当 $x_b^m(D_j(1),c_j) \leqslant x_{ir}^* < x_b^d(D_j(2),c_j)$ 和 $x_b^m(D_i(1),c_i) \leqslant x_{jr}^* < x_b^d(D_i(2),c_i)$ $(j \in \{H,L\})$ 时，两家企业都不严格占优于谁。这种情况下一般有两个纳什均衡解，即企业 j 在 $x_b^d(D_j(2),c_j)$ 首先违约退出市场，而企业 i 在 $x_b^m(D_i(1),c_i)$ 第二个违约退出市场，反之亦然。但是这两个博弈均衡并不都是子博弈精炼纳什均衡，只有具有较低垄断破产临界值的企业第二个违约退出市场，才是一个子博弈精炼均衡。

而在不对称信息条件，企业 i 可以通过设计一个显示策略来诱导企业 j 诚实地披露其真实的类型。因为企业 j 的行动方案是任一的在双头垄断破产临界值违约或在垄断破产临界值违约，该显示策略能够引导低偿债能力的企业 j 在 $x_b^d(D_L(2),c_L)$ 违约，一旦违约期权执行，这就意味着两家企业间的信息不对称问题从此消失。因此，企业 i 可以利用实物期权的执行所携带的信息来披露企业 j 真实的类型。

当企业 i 的偿债能力 η_i 位于 η_L 和 η_H 之间时，这时企业 i 不能准确确定哪家企业占优于谁。但是我们从 $\eta_L < \eta_i < \eta_H$ 中能够得出：

$$x_b^d(D_L(2),c_L) > x_b^d(D_i(2),c_i) > x_b^d(D_H(2),c_H) \tag{8.16a}$$

$$x_b^m(D_L(1),c_L) > x_b^m(D_i(1),c_i) > x_b^m(D_H(1),c_H) \tag{8.16b}$$

$$x_{Lr}^* > x_{ir}^* > x_{Hr}^*; x_b^d(D_k(2),c_k) \geqslant x_{kr}^* \geqslant x_b^m(D_k(1),c_k), k=i,H,L \tag{8.16c}$$

由式（8.16c）可推测，若 $x_b^d(D_i(2),c_i) < x_{Lr}^*$ 时，那么低偿债能力的企业 j 将没有动力去混同高偿债能力的企业。即使企业 i 相信企业 j 是高偿债能力企业，且在 $x_b^d(D_i(2),c_i)$ 违约退出市场，但是等待 $x_b^d(D_i(2),c_i)$ 到达的时间超过了 x_{Lr}^* 到达的时间，因而是不可信的，所以低偿债能力企业 j 必然在 $x_b^d(D_L(2),c_L)$ 违约退出市场。由此，我们可以得到下列命题8.5：

命题 8.5　当 $\eta_L < \eta_i < \eta_H$ 且 $x_b^d(D_i(2),c_i) < x_{Lr}^*$ 时，唯一的完美贝叶斯均衡是，高偿债能力的企业 j 在 $x_b^m(D_H(1),c_H)$ 第二个违约退出市场，低偿债能力的企业 j 在 $x_b^d(D_L(2),c_L)$ 首先违约退出市场，而企业 i 将采取一个显示策略，即通过观察企业 j 在 $x_b^d(D_L(2),c_L)$ 的行动来决定它自己的行动。如果企业

j 在 $x_b^d(D_L(2),c_L)$ 首先违约退出市场，那么企业 i 将在 $x_b^m(D_i(1),c_i)$ 第二个违约退出市场；如果企业 j 在 $x_b^d(D_L(2),c_L)$ 不违约退出市场，那么企业 i 将在 $x_b^d(D_i(2),c_i)$ 首先违约退出市场。这时，高偿债能力的企业 j 后违约时的权益和债务价值分别由式（8.7）~式（8.9）给定，企业 i 先违约时的权益和债务价值分别由式（8.5）和式（8.6）给定；低偿债能力的企业 j 先违约时的权益和债务价值分别由式（8.5）和式（8.6）给定，企业 i 后违约时的权益和债务价值分别由式（8.7）~式（8.9）给定。

命题 8.5 由上述分析直接得证。

当 $x_b^d(D_i(2),c_i) \geq x_{Lr}^*$ 时，低偿债能力企业 j 有动力一直坚守市场，直到企业 i 的双头垄断破产临界值 $x_b^d(D_i(2),c_i)$ 到达之后。也就是说，当市场需求 x 到达 $x_b^d(D_L(2),c_L)$ 时，只要企业 j 稍微坚持停留一段时间，即 $x_b^d(D_L(2),c_L)-\varepsilon$（$\varepsilon>0$ 为非常小的正数）到达时，就会使得企业 i 相信企业 j 是一家高偿债能力企业，并在 $x_b^d(D_i(2),c_i)$ 违约退出市场。正因为 $x_b^d(D_i(2),c_i) \geq x_{Lr}^*$，低偿债能力企业 j 却愿意一直等待，哪怕是承受损失也要等待企业 i 首先违约退出市场而成为最后的垄断者。因此，命题 8.5 的结论将不再成立。

由于在博弈的开始，两家企业都能够获取 $x_b^d(D_i(2),c_i) \geq x_{Lr}^*$ 是否成立，因而企业 i 可以采取另外一个显示策略。如果该显示策略的期望收益大于它采取首先违约退出市场策略所获得的收益时，那么它就应该采取该显示策略。即当 $x_b^d(D_i(2),c_i) \geq x_{Lr}^*$ 时，该显示策略是：企业 i 可以等待一直到低偿债能力企业 j 的均衡保留临界值到达之后，亦即 $x_{Lr}^*-\varepsilon$。由式（8.16c）可知 $x_{Lr}^*>x_{ir}^*$，所以企业 i 承诺采取这个策略是可信的。如果企业 i 承诺采取这个策略，那么对于低偿债能力企业 j 的最优反应是在 $x_b^d(D_L(2),c_L)$ 违约，而高偿债能力企业 j 的最优反应却是等待直到企业 i 首先违约退出市场，这是因为 $x_{ir}^*>x_{Hr}^*$（由式 8.16c）可知。

于是，我们用 $E_{il}^d(x,c_i,x_b^d(D_L(2),c_L))$ 表示企业 i 在低偿债能力企业 j 的均衡保留临界值 x_{Lr}^* 违约退出市场时的价值，用 $E_{iw}^d(x,c_i,x_b^d(D_L(2),c_L),x_b^m(D_i(1),c_i))$ 表示低偿债能力企业 j 在 $x_b^d(D_L(2),c_L)$ 违约退出市场时企业 i 的价值，用 p 表示企业 i 面对一个高偿债能力企业 j 不会在 $x_b^d(D_L(2),c_L)$ 违约退出的条件概率（即企业 j 是高偿债能力企业的概率），因为由式（8.16a）可知 $x_b^d(D_L(2),c_L)>x_b^d(D_H(2),c_H)$。因而，企业 i 采取上述显示策

略时所获得的期望收益为 $pE_{il}^d(x,c_i,x_b^d(D_L(2),c_L)) + (1-p)E_{iw}^d(x,c_i,x_b^d(D_L(2),c_L),x_b^m(D_i(1),c_i))$。如果企业 i 在 $x_b^d(D_i(2),c_i)$ 首先违约退出市场的收益 $E_{il}^d(x,c_i,x_b^d(D_i(2),c_i))$ 满足下式：

$$
\begin{aligned}
E_{il}^d(x,c_i,x_b^d(D_i(2),c_i)) &> pE_{il}^d(x,c_i,x_b^d(D_L(2),c_L))\\
&+ (1-p)E_{iw}^d(x,c_i,x_b^d(D_L(2),c_L),x_b^m(D_i(1),c_i))
\end{aligned}
\tag{8.17}
$$

那么，企业 i 在 $x_b^d(D_i(2),c_i)$ 首先违约就是最优的选择。于是，我们立即就可以得到下列命题 8.6：

命题 8.6　当 $\eta_L < \eta_i < \eta_H$ 且 $x_b^d(D_i(2),c_i) \geqslant x_L^*$ 时，如果企业 i 对企业 j 是高偿债能力的先验概率 p 满足下式：

$$
p \geqslant \frac{E_{iw}^d(x,c_i,x_b^d(D_L(2),c_L),x_b^m(D_i(1),c_i)) - E_{il}^d(x,c_i,x_b^d(D_i(2),c_i))}{E_{iw}^d(x,c_i,x_b^d(D_L(2),c_L),x_b^m(D_i(1),c_i)) - E_{il}^d(x,c_i,x_b^d(D_L(2),c_L))}
\tag{8.18}
$$

那么，唯一的完美贝叶斯均衡是，企业 i 在 $x_b^d(D_i(2),c_i)$ 首先违约退出市场。这时，企业 j 的最优破产临界值由式（8.4）给定，其权益价值和债务价值分别由式（8.7）~式（8.9）给定；而企业 i 的最优破产临界值由式（8.3）给定，其权益价值和债务价值分别由式（8.5）和式（8.6）给定。

命题 8.6 由上述分析可以直接得证。

命题 8.6 表明企业 i 对企业 j 是高偿债能力企业的先验概率充分高时，企业 i 更喜欢在其双头垄断破产临界值首先违约退出市场。

8.5　本章小结

本章在两家企业具有彼此利息保障倍数（即偿债能力）的不对称信息的假设条件下，通过外生给定投资时机，即暂且割裂投资与融资决策之间的内在互动关系，着重对两家企业最优均衡违约策略进行了更加深入系统地分析。研究表明，在不对称信息条件下，两家企业最优均衡违约策略的判别规则不再与前面五章一样以债务利息支付或利息—利润比的大小为依据，而是以两家企业利息保障倍数（即偿债能力）的相对大小为判断依据。根据这个相对大小关系，我们将整个博弈分为一家企业分别严格占优于另一家企业、两家企业谁也不严格占优于谁这三种情形，对两家企业的最优违约策略进行深入解析，得到了每种情形下的完美贝叶斯均衡，以及每种均衡下的每家企业的最优违约临界值、权益价值和债务价值函数显性表达式。

通过本章的分析可以看出，尽管我们割裂投资和融资决策之间的互动关系，但是在单独考虑融资决策时，企业的最优违约策略选择依然取决于债务的利息税收收益、期望破产成本和竞争对手的战略行动之间的综合权衡。也就是说，在这些因素的共同影响下，无论是在对称信息还是在不对称信息下，企业通过比较"均衡保留临界值"、垄断和双头垄断违约临界值大小，以及比较采取相应违约策略时所获得企业收益大小，以此确定最优的违约破产策略。下一步的研究包括：第一，在单一企业的垄断环境下，同时将投资决策和融资决策纳入同一分析框架，研究不对称信息对企业投融资交互决策行为的影响；第二，将本章模型进一步扩展，融入企业的投资决策，在不确定性和竞争环境下，分析不对称信息对双头垄断企业投融资交互决策行为的影响；第三，通过数值模拟仿真分析来进一步验证本章模型相关结论，并探讨市场需求波动率、企业税率和破产成本等参数对最优均衡违约策略的影响。

第 9 章

融资约束下双头垄断企业投融资
决策互动的期权博弈模型

　　企业项目投资资金无论是通过权益融资还是通过债务融资，均会受到资金约束的限制，这种限制必然对企业的最优投融资互动行为产生根本性的影响。前面第 3 章一直到第 8 章均假设企业可以在市场上无限制的融资得到项目投资资金，本章在上述六章的基础上，将其进一步扩展到具有外部债务融资约束的情形，运用期权博弈方法，研究融资约束垄断企业最优投融资交互决策行为和判断规则，以此为基础来深入研究融资约束双头垄断企业分别作为领导者和追随者的最优投融资交互决策行为，以此探讨两家企业最优均衡投融资策略。

9.1　引言

　　Modigliani 和 Miller（1958）最早提出了在完全竞争市场融资决策和投资决策无关的结论。自从他们的先驱工作以后，公司财务文献开始研究不同市场摩擦下的投资和融资决策之间的互动，研究结论是与完全竞争市场相比其投资策略被扭曲了。因此，公司财务首要考察的问题是融资摩擦的研究。

　　企业项目投资资金既可以通过权益融资，也可以通过债务融资。但无论通过哪种方式融资都会受到资金约束的限制，包括"内部融资约束"和"外部融资约束"两种限制。其中，"内部融资约束"，即权益融资约束，它是由于企业内部自有资金的不足而导致项目融资的困难，自身最多只能够提供一部分投资资金，而大部分投资资金还需通过债务融资来获得；而"外部融资约束"，即债务融资约束，它是由于债权人为了防止企业的道德风险，降低借款资金的财务风险，最多只能够贷给企业一部分投资资金，而大部分投资资金还需企业自身通过权益融资来获得。当企业存在融资约束限制时，无论是内部的还是外部的，均会对企业的投资和融资决策及它们之间的互动产生重要影响。特别是，在不确定性和竞争环境下，这种影响将是多层次和多侧面的，这时与前面各章不同，企业最优投融资交互决策行为将是债务的税收利益、期望破产成本、融资约束和竞争对手的战略行动综合权衡的结果。

从现有运用实物期权研究投资和融资决策的文献来看，比较经典的文献有Leland（1994，1998）、Leland 和 Toft（1996）、Goldstein 等（2001）、Fan 和Sundaresan（2002）、Mauer 和 Ott（2000）、Childs 等（2005）、Mauer 和 Sarkar（2005）、Mella - Barral 和 Perraudin（1997）、Sundaresan 和 Wang（2007a，2007b）等，这些文献主要关注最优资本结构、债务重组和代理冲突等问题，但都没有考虑融资约束问题。在最近的研究中，开始有少数文献将融资约束结合到投资决策时机模型当中，如 Milne 和 Robertson（1996）、Laar 和 Letterie（2001，2002）、Lensink 和 Sterken（2001，2002）、Boyle 和 Guthrie（2003）、Lyandres（2004）、Decamps 和 Villeneuve（2005）、Hirth 和 Homburg（2006）、Nishihara 和 Shibata（2011，2013）等，这些文献考察了投资和融资约束之间的互动，但这些文献主要探讨的是全权益融资企业的"内部融资约束"问题，而不是债务融资下的"内部融资约束"问题，割裂了投资与融资决策之间的交互关系。

研究债务融资下的融资约束问题的文献更是非常少见。研究债务融资下的"内部融资约束"问题的有 Hirth 和 Homburg（2010）、Nishihara 和 Shibata（2010）等。其中，Hirth 和 Homburg（2010）在连续时间框架下重点考察了流动资金对企业投资决策的影响。研究表明，股东与债权人之间的代理冲突导致投资临界值与杠杆比率呈现 U 形关系，而投资临界值与流动性呈现一种负向关系。Nishihara 和 Shibata（2010）则在两家企业竞争同一个具有先动优势项目投资机会的假设条件下，重点研究了抢先占有与融资约束之间的互动。研究表明，适度的融资约束对减少抢先占有竞争和改善企业均衡价值起着一个正效应，特别是对于 IT 风险投资项目，抢先竞争越激烈，由于内部资金的不足，未来项目价值不确定性越大，破产成本也将越大。

上述两篇文献都考察了内部融资约束的影响，而研究债务融资下的"外部融资约束"问题的有 Belhaj 和 Djembissi（2009）、Koussis 和 Martzoukos（2011）、Shibata 和 Nishihara（2011a，2012b）等。其中，Belhaj 和 Djembissi

（2009）研究了企业增长期权投资和债务融资之间的互动。研究发现，在债务融资约束下，投资之时的项目价值取决于企业可利用的债务数额，最优投资临界值是债务水平的非单调函数，即随着债务融资约束的放松，债务能力较弱的企业将加速投资以利用利息税收收益，而债务能力较强的企业将延迟投资以最小化违约风险。Koussis 和 Martzoukos（2011）则研究了债务融资约束对企业价值、最优资本结构、投资时机和信贷息差等变量的影响。研究发现，最优投资临界值与融资约束之间呈现一种 U 形关系，这种关系是由投资时机柔性和债务的净收益之间权衡的结果。Shibata 和 Nishihara（2012a）在债务融资约束条件下也考察了最优投资时机问题。研究表明，最优投资临界值与债务融资约束之间也呈现一种 U 形关系，即随着高债务融资约束的增加而增加，而随着低债务融资约束的增加而减小。他们同时还发现，尽管债务融资约束扭曲投资时机，但是与非约束杠杆企业相比，它可能激励约束杠杆企业进行过度投资。在此研究之上，Shibata 和 Nishihara（2012b）还分别考察了融资约束对银行和市场债务融资时的最优投资策略选择的影响。研究发现，当债务发行能力增大时，企业更可能发行市场债务，而不是银行债务。同时，债务结构的选择使得企业投资策略更加复杂化，特别是，在债务融资约束下，债务结构的选择并不总是加速企业投资，这与没有债务结构选择的投资策略完全相反。

上述研究债务融资约束问题的几篇文献，无论是内部还是外部融资约束，大多考察的只是垄断企业，没有考虑企业之间的竞争，以及融资约束对竞争投融资策略选择的影响等。仅仅一篇文献 Nishihara 和 Shibata（2010）考察了双头垄断企业的融资约束问题，但他们考察的也仅仅只是内部融资约束问题。而现实中企业面临更多的是外部融资约束问题，因此，本章将在 Nishihara 和 Shibata（2010）研究的基础上，将 Belhaj 和 Djembissi（2009）、Koussis 和 Martzoukos（2011）、Shibata 和 Nishihara（2012a，2012b）的研究扩展到双头垄断企业，着重考察竞争与债务融资约束之间的互动，探讨两家企业投融资交互决策行为，以及最优均衡投融资策略。

9.2　模型假设

假设在连续时间 $t \in [0, \infty)$ 里，市场上有两家企业都拥有同一个项目投资机会，其初始投资成本均为 I，在项目投资完成后，两家企业立即可以生产同质的产品。本章模型的建立有如下几点假设：

假设9.1 不失一般性，假设只要有一家企业抢先投资该项目，则另一家企业将失去该项目投资机会，直到该企业宣告破产（破产后企业立即清算，并不再拥有该投资机会），另一家企业重新获得该项目投资机会。

假设9.2 当一家企业投资成功以后，在 t 时刻所产生的瞬时息税前收益[①] X_t 服从下列几何布朗运动：

$$dX_t = \mu X_t dt + \sigma X_t dz_t^Q, X_0 = x_0 > 0 \tag{9.1}$$

其中，z_t^Q 表示风险中性概率空间（Ω，$\mathfrak{F}$，$\mathbb{Q}$）下的标准布朗运动，$\mu > 0$ 和 $\sigma > 0$ 为固定参数，分别为息税前收益 X_t 的瞬时期望增长率和波动率。为了收敛，假设 $r > \mu$，其中 r 为固定的无风险利率。另外，假设初始收益 x_0 非常低，因此企业在开始就投资不是最优的。

假设9.3 企业所得税率为 $\tau \in (0, 1)$[②]。两家企业均可以通过权益和债务混合融资项目投资成本 I。因此，一家企业首先抢先投资成为垄断企业的同时，可以发行永久性债务 c[③]，从而获得 τc 的税收利益，直到企业宣告破产。在垄断企业破产时，由于股东的有限责任，以及绝对优先权规则，垄断企业股东权益价值变为零，而债权人将获得垄断企业清算价值 $(1 - \alpha)\Pi(x^{b*})$，其中 $\alpha \in (0, 1)$ 为破产成本率，$\Pi(x)$ 为非杠杆垄断企业（即全权益融资垄断企业）的税后收益，x^{b*} 为企业最优破产临界值。本章不考虑破产重组和动态资本结构调整问题。

假设9.4 每家企业通过债务融资要受到资金约束的限制。这是由于债权人为了防止企业的道德风险，降低借款资金的财务风险，最多只能够贷给企业一部分投资资金，而大部分投资资金仍需企业通过权益融资获得。若设在项目投资后的 $t \geq 0$ 时刻，垄断企业权益价值和债务价值分别为 $E(X_t, c)$ 和

---

① 所有息税后收益全部作为股利支付给股东，企业不存在留存收益。

② 本章均不考虑个人股息和利息收益的税率，这里的企业所得税率是一种对称性的税率，企业经营损失可以前向或后向无限期地抵扣税收，除非破产，否则企业都会拥有当期负债的全部税收利益。

③ 即为了筹措足够的投资资金，企业可以在投资之前与债权人达成协议，约定在未来投资之时债权人为其提供与投资时债务价值等额的永久性贷款，以弥补股东投资资金的不足。作为回报，债权人可以在投资之后获得瞬时利息收益 c。这种为未来提供融资的借款合约类似于 Chava（2003）提出的贷款承诺（Loan Commitment）。另外，永久性债务的假定主要是可以使企业价值函数独立于时间变量，从而可以获得各种价值的解析表达式。

$D(X_t,c)$。于是，垄断企业最优投融资策略是求解下列最优化问题①：

$$F(x) = \max_{T^i,c}\mathbb{E}^{\mathbb{Q}}[e^{-rT^i}(E(X_{T^i},c)-(I-L))|X_t=x]$$

$$= \max_{x^i,c}\left(\frac{x}{x^i}\right)^{\beta_1}[E(x^i,c)-(I-D(x^i,c))] \quad (9.2)$$

$$\text{s.t.} \quad D(x^i,c)\leqslant qI, x^i\geqslant 0, c\geqslant 0$$

其中，$\mathbb{E}^{\mathbb{Q}}[\cdot|X_t=x]\equiv\mathbb{E}^{\mathbb{Q}}[\cdot]$ 表示给定 $X_t=x$ 时风险中性概率测度 $\mathbb{Q}$ 下的期望算子；$q\in[0,\infty)$② 是外生给定的常数，表示债务容量约束；$T^i=\inf\{t\geqslant 0|X_t\geqslant x^i\}$ 为企业投资时机，x^i 为企业投资临界值，上标"i"表示投资策略；β_1 是二次方程 $\frac{1}{2}\sigma^2\beta(\beta-1)+\mu\beta-r=0$ 的正根，即 $\beta_1=\frac{1}{2}-\frac{\mu}{\sigma^2}+\sqrt{\left(\frac{1}{2}-\frac{\mu}{\sigma^2}\right)^2+\frac{2r}{\sigma^2}}>1$。

假设 9.5　两家企业对以上所有模型参数具有完全信息，并且两家企业是对称的、理性的和风险中性的。同时，两家企业的投资决策和融资决策均由各自企业经理做出，不存在经理与股东之间的代理冲突问题，其经营目标是实现企业价值最大化③。

9.3　三个基准：垄断企业最优投融资策略

作为融资约束双头垄断企业投融资决策比较的基准，我们首先考察没有债务时的非杠杆垄断企业最优投资决策问题，接着探讨无融资约束杠杆垄断企业最优投融资决策问题，最后分析有融资约束杠杆垄断企业最优投融资决策问题。

---

①　企业的融资策略包括最优债务利息支付水平 c 和最优破产临界值 x^b 的选择。(9.2) 式的最优化问题包含着最优破产临界值 x^b 的选择由最大化事后股东权益价值 $E(X_t)$ 得到。

②　假设 $q\in[0,\infty)$，而不是 $q\in[0,1]$。这是因为当此时没有融资约束时，杠杆企业可能发行比投资成本 I（即 $q>1$）更多的债务以最大化企业价值。当 $L>I$ 或 $(1-q)I<0$ 时，则表示超出的部分将作为股利支付给股东。

③　假定经理完全代表股东和债权人的利益，不仅不存在股东与经理之间的代理冲突，也不存在股东与债权人之间的代理冲突。

9.3.1 非杠杆垄断企业

假设项目投资成本 I 全部由股东权益来融资，即 $D(x^i,c)=0$。此时的问题等同于 Dixit 和 Pindyck（1994）、McDonald 和 Siegel（1986）的全权益融资最优投资决策问题。

用 $F_U(x)$ 表示非杠杆垄断企业的项目投资期权价值，其中下标"U"表示非杠杆垄断企业。当 $D(x^i,c)=0$ 时，我们得到 $c=0$ 和 $E(x,0)=\Pi(x)$，$\Pi(x)$ 为项目投资后 $t\geq 0$ 时刻非杠杆垄断企业的税后收益：

$$\Pi(x) = \mathbb{E}^{\mathbb{Q}}\left[\int_t^\infty (1-\tau)e^{-r(s-t)}X_s\,ds\right] = \frac{1-\tau}{r-\mu}x \tag{9.3}$$

于是，由式（9.2），可知非杠杆垄断企业的最优投资决策问题是：

$$F_U(x) = \max_{x_U^i\geq 0}\left(\frac{x}{x_U^i}\right)^{\beta_1}\left[E(x_U^i)-I\right], x<x_U^i \tag{9.4}$$

求解上述最优化问题，得到：

$$x_U^{i*} = \frac{\beta_1}{\beta_1-1}\frac{I}{\Pi(1)} = \frac{\beta_1}{\beta_1-1}x_{NPV}; F_U(x) = \left(\frac{x}{x_U^{i*}}\right)^{\beta_1}\frac{1}{\beta_1-1}I, x<x_U^i \tag{9.5}$$

其中，上标"$*$"在本章表示最优；$x_{NPV}=\dfrac{I}{\Pi(1)}$ 表示 0 - NPV 投资临界值（马歇尔投资临界值）。

9.3.2 无融资约束杠杆垄断企业

当项目投资成本 I 由股东权益和债务混合融资时，由 Leland（1994）的研究，在项目投资后 $t\geq 0$ 时刻，杠杆垄断企业的股东权益价值可表示为：

$$E(x,c) = \Pi(x) - \frac{(1-\tau)c}{r} - \left[\Pi(x^b) - \frac{(1-\tau)c}{r}\right]\left(\frac{x}{x^b}\right)^{\beta_2} \tag{9.6}$$

其中，β_2 是 $\dfrac{1}{2}\sigma^2\beta(\beta-1)+\mu\beta-r=0$ 的负根，即 $\beta_2 = \dfrac{1}{2}-\dfrac{\mu}{\sigma^2}-\sqrt{\left(\dfrac{1}{2}-\dfrac{\mu}{\sigma^2}\right)^2+\dfrac{2r}{\sigma^2}}<0$；$x^b$ 是杠杆垄断企业的最优破产临界值，上标"b"表示

破产策略。由 $\lim\limits_{x\downarrow x^b}\partial E(x,c)/\partial x=0$ 得到：

$$x^b(c)=\frac{\beta_2}{\beta_2-1}\frac{r-\mu}{r}c \qquad (9.7)$$

可见，$x^b(c)$ 是 c 的线性函数，且 $\lim\limits_{c\downarrow 0}x^b(c)=0$。因此，可以得到 $\lim\limits_{c\downarrow 0}E(x,c)=\Pi(x)$，即当没有利息支付时，杠杆垄断企业权益价值等价于非杠杆垄断企业价值。

同理，在项目投资后杠杆垄断企业的债务价值可表示为：

$$D(x,c)=\frac{c}{r}-\left[\frac{c}{r}-(1-\alpha)\Pi(x^b)\right]\left(\frac{x}{x^b}\right)^{\beta_2} \qquad (9.8)$$

可见，由于 $\lim\limits_{c\downarrow 0}x^b(c)=0$，所以 $\lim\limits_{c\downarrow 0}D(x,c)=0$。而在项目投资后垄断企业价值等于权益价值与债务价值之和 $V(x,c)=E(x,c)+D(x,c)$。于是，我们得到：

$$V(x,c)=\Pi(x)+\frac{\tau c}{r}\left[1-\left(\frac{x}{x^b}\right)^{\beta_2}\right]-\alpha\Pi(x^b)\left(\frac{x}{x^b}\right)^{\beta_2} \qquad (9.9)$$

其中，第一项是非杠杆垄断企业价值，第二项是债务利息税盾收益，第三项是破产成本价值。很明显，$\lim\limits_{c\downarrow 0}V(x,c)=\Pi(x)$。

用 $F_N(x)$ 表示无融资约束杠杆垄断企业的项目投资期权价值，其中下标"N"表示无融资约束杠杆垄断企业。同样，由式（9.2），可知无融资约束杠杆垄断企业的最优投融资决策问题是：

$$F_N(x)=\max_{x_N^i,c_N}\left(\frac{x}{x_N^i}\right)^{\beta_1}\left[E(x_N^i,c_N)-(I-D(x_N^i,c_N))\right],x<x_N^i \qquad (9.10)$$

s. t. $\quad x_N^i\geq 0,c_N\geq 0$

式（9.10）和式（9.2）的区别在于不存在融资约束问题。求解式（9.10）的最优化问题，我们直接得到：

$$x_N^{i*}=\psi x_U^{i*};c_N^*=\psi\frac{\beta_2-1}{\beta_2}\frac{r}{r-\mu}\frac{x_U^{i*}}{h};x^{b*}=\frac{\psi x_U^{i*}}{h};$$

$$F_N(x)=\psi^{-\beta_1}F_U(x),x<x_N^{i*};V(x)=\psi^{-1}\Pi(x),x\geq x_N^{i*} \qquad (9.11)$$

其中，h 和 ψ 是常数，满足：

$$h = \left[1 - \beta_2 \left(1 - \alpha + \frac{\alpha}{\tau} \right) \right]^{-\frac{1}{\beta_2}} \geq 1 \qquad (9.12)$$

$$\psi = \left[1 + \frac{\tau}{(1-\tau)h} \right]^{-1} \leq 1 \qquad (9.13)$$

由式（9.11）~ 式(9.13)，立即就可以得到下列关系不等式：

$$x_N^{i*} \leq x_U^{i*} ; F_N(x) \geq F_U(x) , x < x_N^{i*} \qquad (9.14)$$

上式表明，债务融资减少投资临界值（即激励企业尽早投资），但增大项目投资期权价值。那么，在最优投资时刻 T_N^{i*}，无融资约束杠杆垄断企业的杠杆比率和信贷息差可表示为：

$$LV_N^* = \frac{D(x_N^{i*}, c_N^*(x_N^{i*}))}{V(x_N^{i*}, c_N^*(x_N^{i*}))} = \frac{\beta_2 - 1}{\beta_2} \frac{\psi(1-\xi)}{h(1-\tau)} \qquad (9.15)$$

$$CS_N^* = \frac{c_N^*(x_N^{i*})}{D(x_N^{i*}, c_N^*(x_N^{i*}))} - r = r \frac{\xi}{1-\xi} \qquad (9.16)$$

其中，$\xi \in [0,1)$ 是常数，满足：

$$\xi = \left[1 - (1-\alpha)(1-\tau) \frac{\beta_2}{\beta_2 - 1} \right] h^{\beta_2} \qquad (9.17)$$

由式（9.15）和式（9.16）可知，杠杆比率 LV_N^* 和信贷息差 CS_N^* 并不取决于最优投资临界值 x_N^{i*} 的大小。

9.3.3 有融资约束杠杆垄断企业

当存在债务融资约束时，$q \in [0, \infty)$ 反映了债权人对待贷款资金的风险态度，q 越小表明债权人对待风险的态度越谨慎，越希望企业自己筹集大部分投资资金。

用 $F_C(x)$ 表示债务融资约束杠杆垄断企业的项目投资期权价值，其中下标"C"表示外部融资约束杠杆垄断企业。由式（9.2），可知债务融资约束杠杆垄断企业的最优投融资决策问题是：

$$F_C(x) = \max_{x_C^i, c_C} \left(\frac{x}{x_C^i}\right)^{\beta_1} [E(x_C^i, c_C) - (I - D(x_C^i, c_C))], x < x_C^i \tag{9.18}$$

$$\text{s. t.} \quad D(x_C^i, c_C) \leqslant qI, x_C^i \geqslant 0, c_C \geqslant 0$$

为求解上式，我们首先定义存在唯一的 x_1 满足 $D(x_1, c_N(x_1)) = qI$，其中 $c_N(x)$ 由下式给定：

$$c_N(x) = \underset{c \geqslant 0}{\mathrm{argmax}} V(x, c) = \frac{\beta_2 - 1}{\beta_2} \frac{r}{r - \mu} \frac{x}{h} \tag{9.19}$$

其中，h 由式（9.12）给定。由式（9.7）可知 $x^b(c_N(x)) = \dfrac{x}{h}$，将其和式（9.19）代入式（9.8），得到：

$$D(x, c_N(x)) = \frac{\beta_2 - 1}{\beta_2} \frac{1 - \xi}{h(1 - \tau)} \Pi(x) \tag{9.20}$$

从式（9.20）看出，$D(x, c_N(x))$ 是 x 的严格单调递增且连续函数，而且有 $\lim\limits_{x \downarrow 0} D(x, c_N(x)) = 0$ 和 $\lim\limits_{x \uparrow +\infty} D(x, c_N(x)) = +\infty$。因此，存在唯一的 $x_1 > 0$ 满足 $D(x_1, c_N(x_1)) = qI$。

现在，如果 $x_N^{i*} > x_1$，则表明企业更愿意发行超过 qI 数额的债务以最大化企业价值，而债权人限制贷款的数额要小于 qI，因此此时垄断企业存在债务融资约束的限制。而如果 $x_N^{i*} \leqslant x_1$，则企业能够在给定的债务融资约束 qI 下最大化企业价值，因此此时垄断企业不存在债务融资约束的限制。于是，根据 x_N^{i*} 和 x_1 的大小，立即得到下列判断规则9.1：

规则9.1　存在唯一的 x_1 满足 $D(x_1, c_N(x_1)) = qI$，那么如果 $x_N^{i*} > x_1$，则垄断企业受到债务融资约束。否则，垄断企业不受到债务融资约束。

下面我们将式（9.18）的最优化问题转化为下列拉格朗日函数求解问题：

$$\mathfrak{L} = \left(\frac{x}{x_C^i}\right)^{\beta_1} \left[\Pi(x_C^i) + \frac{\tau c_C}{r} \left[1 - \left(\frac{x_C^i}{x_C^b}\right)^{\beta_2} \right] - \alpha \Pi(x_C^b) \left(\frac{x_C^i}{x_C^b}\right)^{\beta_2} - I \right]$$

$$+ \lambda_1 \left[qI - \frac{c_C}{r} + \left[\frac{c_C}{r} - (1 - \alpha)\Pi(x_C^b) \right] \left(\frac{x_C^i}{x_C^b}\right)^{\beta_2} \right] + \lambda_2 x_C^i + \lambda_3 c_C \tag{9.21}$$

其中，$\lambda_1 \sim \lambda_3$ 为拉格朗日乘子。于是，由库恩—塔克条件可以得到：

$$\frac{\partial \mathfrak{L}}{\partial x_C^i} = \left(\frac{x}{x_C^i}\right)^{\beta_1} (-\beta_1) x_C^{i-1} \left[\Pi(x_C) + \frac{\tau c_C}{r} - \left[\frac{\tau c_C}{r} + \alpha \Pi(x_C^b)\right] \left(\frac{x_C^i}{x_C^b}\right)^{\beta_2} - I \right]$$

$$+ \left(\frac{x}{x_C^i}\right)^{\beta_1} \left[\frac{1-\tau}{r-\mu} - \left[\frac{\tau c_C}{r} + \alpha \Pi(x_C^b)\right] \left(\frac{x_C^i}{x_C^b}\right)^{\beta_2} \beta_2 x_C^{i-1} \right]$$

$$+ \lambda_1 \left[\frac{c_C}{r} - (1-\alpha)\Pi(x_C^b) \right] \left(\frac{x_C^i}{x_C^b}\right)^{\beta_2} \beta_2 x_C^{i-1} + \lambda_2 = 0 \qquad (9.22\text{a})$$

$$\frac{\partial \mathfrak{L}}{\partial c_C} = \left(\frac{x}{x_C^i}\right)^{\beta_1} \frac{\tau}{r} \left[1 - \left[1 - \beta_2 + \beta_2 \alpha\left(1 - \frac{1}{\tau}\right)\right] \left(\frac{x_C^i}{x_C^b}\right)^{\beta_2} \right]$$

$$- \lambda_1 \frac{1}{r} \left[1 - \left[1 - \beta_2 + \beta_2(1-\alpha)(1-\tau)\right] \left(\frac{x_C^i}{x_C^b}\right)^{\beta_2} \right] + \lambda_3 = 0 \qquad (9.22\text{b})$$

$$\lambda_1 \left[qI - \frac{c_C}{r} + \left[\frac{c_C}{r} - (1-\alpha)\Pi(x_C^b)\right] \left(\frac{x_C^i}{x_C^b}\right)^{\beta_2} \right] = 0, \lambda_2 x_C^i = 0, \lambda_3 c_C = 0$$

$$(9.22\text{c})$$

由此，我们的分析可分为下面三个步骤：

（1）假设 $\lambda_2 > 0$，那么 $x_C^i = 0$，这与式（9.22a）矛盾，所以必须有 $x_C^i > 0$，即 $\lambda_2 = 0$。

（2）假设 $\lambda_1 = 0$，由式（9.22c）和规则9.1可知融资约束是非紧的，即 $x_N^{i*} \leqslant x_1$ 时的情形。从式（9.22a）～式（9.22c）得知 $\lambda_3 = 0$ 必须满足。因此，最优投融资策略（$x_C^{i*}, c_C^*, x_C^{b*}$）与无融资约束杠杆企业的最优投融资策略（$x_N^{i*}, c_N^*, x_N^{b*}$）相同。

（3）假设 $\lambda_1 > 0$，由规则9.1可知融资约束是紧的，即 $x_N^{i*} > x_1$ 时的情形。这时若 $q = 0$ 时，从式（9.22c）可知 $x_C^{i*} = x_U^{i*}$ 和 $x_C^{b*} = 0$；若 $q > 0$ 时，我们有 $c_C > 0$，由式（9.22c）可知 $\lambda_3 = 0$。于是，由式（9.22a）和式（9.22b）两式得到最优解（$x_C^{i*}, c_C^*, x_C^{b*}$）需同时求解下列三个方程：

$$A_1 A_2 - B_1 B_2 = 0 \qquad (9.23\text{a})$$

$$\frac{c_C}{r} - \left[\frac{c_C}{r} - (1-\alpha)\Pi(x_C^b) \right] \left(\frac{x_C^i}{x_C^b}\right)^{\beta_2} - qI = 0 \qquad (9.23\text{b})$$

$$x_C^b - \frac{\beta_2}{\beta_2 - 1} \frac{r-\mu}{r} c_C = 0 \qquad (9.23\text{c})$$

其中，

$$A_1 = (\beta_1 - 1)\Pi(x_C^i) + \beta_1 \frac{\tau c_C}{r} - (\beta_1 - \beta_2)\left[\frac{\tau c_C}{r} + \alpha\Pi(x_C^b)\right]\left(\frac{x_C^i}{x_C^b}\right)^{\beta_2} - \beta_1 I$$

(9.24a)

$$A_2 = \frac{1}{r}\left[1 - [1 - \beta_2 + \beta_2(1-\alpha)(1-\tau)]\left(\frac{x_C^i}{x_C^b}\right)^{\beta_2}\right]$$　　(9.24b)

$$B_1 = \beta_2\left[\frac{c_C}{r} - (1-\alpha)\Pi(x_C^b)\right]\left(\frac{x_C^i}{x_C^b}\right)^{\beta_2}$$　　(9.24c)

$$B_2 = \frac{\tau}{r}\left[1 - [1 - \beta_2 + \beta_2\alpha(1-\frac{1}{\tau})]\left(\frac{x_C^i}{x_C^b}\right)^{\beta_2}\right]$$　　(9.24d)

同样，根据上面的分析结论，并结合 Shibata 和 Nishihara（2012a）的研究，我们也可以直接给出下列关系不等式：

$$x_C^{i*} \leqslant x_U^{i*}; F_N(x) \geqslant F_C(x) \geqslant F_U(x), x < x_C^{i*}; F_N(x_N^{i*}) = F_U(x_U^{i*})$$

$$= \frac{I}{\beta_1 - 1} \geqslant F_C(x_C^{i*}); 0 \leqslant c_C^* \leqslant c_N^*; 0 \leqslant x_C^{b*} \leqslant x_N^{b*};$$

$$0 \leqslant LV_C^* \leqslant LV_N^*; 0 \leqslant CS_C^* \leqslant CS_N^*$$　　(9.25)

式（9.25）的第一行结论很显然，特别是 $\lim\limits_{q\downarrow 0} x_C^{i*} = x_U^{i*}$，$\lim\limits_{q\uparrow\infty} x_C^{i*} = x_N^{i*}$；$\lim\limits_{q\downarrow 0} F_C(x) = F_U(x)$，$\lim\limits_{q\uparrow\infty} F_C(x) = F_N(x)$。$F_C(x) \in [F_U(x), F_N(x)]$ 表明项目投资期权价值是 q 的单调递增函数，即如果融资约束是有效的，那么将永远减少项目投资期权的价值。至于 x_C^{i*} 与 x_N^{i*} 的关系暂时还不能确定，它取决于债务容量约束 q 的大小，因为 x_C^{i*} 与 q 呈现一种非单调的 U 形关系（需数值分析确定，见 Shibata 和 Nishihara（2012a））。

式（9.25）的第二行结论也很显然，特别是 $\lim\limits_{q\downarrow 0} c_C^* = 0$，$\lim\limits_{q\uparrow\infty} c_C^* = c_N^*$；$\lim\limits_{q\downarrow 0} x_C^{b*} = 0$，$\lim\limits_{q\uparrow\infty} x_C^{b*} = x_N^{b*}$；$\lim\limits_{q\downarrow 0} LV_C^* = 0$，$\lim\limits_{q\uparrow\infty} LV_C^* = LV_N^*$。$c_C^* \in [0, c_N^*]$ 和 $x_C^{b*} \in [0, x_N^{b*}]$ 表明融资约束激励杠杆企业减少债务利息支付和破产临界值。$LV_C^* \in [0, LV_N^*]$ 和 $CS_C^* \in [0, CS_N^*]$ 表明债权人可以利用债务融资约束（即通过设定最大贷款数额）来降低企业的杠杆比率和破产风险。

9.4 双头垄断企业最优投融资策略

下面我们在垄断企业最优投融资策略分析的基础上，首先探讨无融资约束双头垄断企业的最优均衡投融资决策，然后再探讨有融资约束双头垄断企业的最优均衡投融资决策行为。

9.4.1 无融资约束双头垄断企业

首先我们推导出企业分别作为领导者和追随者的企业价值函数和最优抢先投资临界值，然后分析两家企业的最优均衡投融资策略。

9.4.1.1 企业价值函数

当市场上只有两家企业并且无融资约束时，一家企业抢先投资成功，成为领导者（用下标"L"表示），而另一家成为追随者（用下标"F"表示）。假设领导者已经在 $X_t = x$ 投资，并发行永久性债务 c，其领导者价值为：

$$V_{LN}(x,c) = V(x,c) - I = \psi^{-1}\Pi(x) - I \tag{9.26}$$

其中，下标"LN"表示无债务融资约束下的领导者。

而追随者持有领导者破产之后的投资期权价值为：

$$V_{FN}(x,c) = F_N(x_{LN}^{b*})\left(\frac{x}{x_{LN}^{b*}}\right)^{\beta_2} = [\psi^{-1}\Pi(x_N^{i*}) - I]\left(\frac{x_{LN}^{b*}}{x_N^{i*}}\right)^{\beta_1}\left(\frac{x}{x_{LN}^{b*}}\right)^{\beta_2} \tag{9.27}$$

其中，下标"FN"表示无债务融资约束下的追随者；$F_N(x_{LN}^{b*})$ 表示追随者持有领导者违约时垄断投资期权价值；$\left(\frac{x}{x_{LN}^{b*}}\right)^{\beta_2}$ 表示领导者违约的概率。

于是，当 $V_{LN}(x,c) > V_{FN}(x,c)$ 时，两家企业都有动力抢先投资成为领导者；而当 $V_{LN}(x,c) < V_{FN}(x,c)$ 时，两家企业都没有动力抢先投资，而将继续等待。因此，存在一个最优抢先投资临界值 x_N^{p*}，使得任意一家企业在该点成为领导者和追随者都没有差别，即 $V_{LN}(x_N^{p*}, c_N^*(x_N^{p*})) = V_{FN}(x_N^{p*}, c_N^*(x_N^{p*}))$。亦即有下列方程成立：

$$\psi^{-1}\Pi(x_N^{p*}) - I = h^{\beta_2-\beta_1}[\psi^{-1}\Pi(x_N^{i*}) - I]\left(\frac{x_N^{p*}}{x_N^{i*}}\right)^{\beta_1} \tag{9.28}$$

其中，式（9.28）右边由式（9.11）相应替换得来；并且 $x_N^{p*} \in (\psi x_{NPV}, x_N^{i*})$，

定义 $\xi(x) = \psi^{-1}\Pi(x) - I - h^{\beta_2-\beta_1}[\psi^{-1}\Pi(x_N^{i*}) - I]\left(\dfrac{x}{x_N^{i*}}\right)^{\beta_1}$，$\xi(x)$ 是凸函数，且

$\xi(\psi x_{NPV}) < 0$，$\xi(x_N^{i*}) > 0$。因此，x_N^{p*} 是式（9.28）的唯一解。

9.4.1.2　均衡投融资策略

通过上述分析，我们可以得到无债务融资约束双头垄断企业的最优均衡投融资策略：

一家企业在最优投资临界值 x_N^{p*} 到达时抢先投资成为领导者，其最优抢先投资时机为：

$$T_{LN}^{i*} = \inf\{t \geq 0 \,|\, X_t \geq x_N^{p*}\} \tag{9.29}$$

其中，最优抢先投资临界值 x_N^{p*} 由式（9.28）给定。领导者在 T_{LN}^{i*} 时刻投资的同时，发行永久性债务 $c_{LN}^*(x_N^{p*})$（由式（9.19）给定），其最优破产时机为：

$$T_{LN}^{b*} = \inf\left\{t > T_{LN}^{i*} \,\middle|\, X_t \leq \dfrac{x_N^{p*}}{h}\right\} \tag{9.30}$$

在领导者破产之后，追随者没有其他企业的抢先威胁，其最优投资时机为：

$$T_{FN}^{i*} = \inf\{t > T_{LN}^{b*} \,|\, X_t \geq x_N^{i*}\} \tag{9.31}$$

其中，追随者的最优投资临界值 x_N^{i*} 由式（9.11）给定。追随者在 T_{FN}^{i*} 投资的同时，发行永久性债务 $c_{FN}^*(x_N^{i*})$（由式（9.19）给定），其最优破产时机为：

$$T_{FN}^{b*} = \inf\left\{t > T_{FN}^{i*} \,\middle|\, X_t \leq \dfrac{x_N^{i*}}{h}\right\} \tag{9.32}$$

由此，$(T_{LN}^{i*}, c_{LN}^*(x_N^{p*}))$ 形成两家企业的抢先博弈纳什均衡，在这个均衡中每家企业的价值可表示为：

$$\begin{aligned}
V_N^p(x) &= \mathbb{E}^{\mathbb{Q}}\left[e^{-rT_{LN}^{i*}}\dfrac{V_{LN}(x_N^{p*}, c_{LN}^*(x_N^{p*})) + V_{FN}(x_N^{p*}, c_{LN}^*(x_N^{p*}))}{2}\right] \\
&= \mathbb{E}^{\mathbb{Q}}\left[e^{-rT_{LN}^{i*}}V_{FN}(x_N^{p*}, c_{LN}^*(x_N^{p*}))\right] \\
&= \left(\dfrac{x}{x_N^{p*}}\right)^{\beta_1} h^{\beta_2-\beta_1}[\psi^{-1}\Pi(x_N^{i*}) - I]\left(\dfrac{x_N^{p*}}{x_N^{i*}}\right)^{\beta_1} \\
&= h^{\beta_2-\beta_1}F_N(x)
\end{aligned} \tag{9.33}$$

其中，上式第三个等式由式（9.27）得来，而最后一个等式由式（9.10）和式（9.11）得来；h（由式（9.12）给定）可以用来测度追随者直到领导者破产的期望等待时间，而 $h^{\beta_2 - \beta_1}$ 则可以用来测度抢先占有的无效率。

于是，从上面的分析中，我们可以得出下列不等式成立：

$$\psi x_{NPV} < x_N^{p*} < x_N^{i*} ; c_{LN}^*(x_N^{p*}) < c_{FN}^*(x_N^{i*}) = c_N^*(x_N^{i*}) ;$$

$$x_{LN}^{b*}(c_{LN}^*(x_N^{p*})) = \frac{x_N^{p*}}{h} < x_{FN}^{b*}(c_{FN}^*(x_N^{i*})) = \frac{x_N^{i*}}{h} ;$$

$$LV_{LN}^* = LV_{FN}^* = LV_N^* ; CS_{LN}^* = CS_{FN}^* = CS_N^* ; V_N^p(x) < F_N(x) \quad (9.34)$$

式（9.34）的第三行结论是显然的，因为领导者在没有融资约束条件下将会最优地选择它的资本结构，因而杠杆比率和信贷息差均不会改变；$V_N^p(x) < F_N(x)$ 是因为 $h^{\beta_2 - \beta_1} < 1$，表明抢先占有会侵蚀企业价值。

9.4.2 有融资约束双头垄断企业

同上述无融资约束双头垄断企业一样，首先我们推导出企业分别作为领导者和追随者的企业价值函数和最优抢先投资临界值，然后再分析两家企业的最优均衡投融资策略。

9.4.2.1 企业价值函数

当市场上只有两家企业且存在融资约束时，一家企业抢先投资成功，成为领导者，而另一家成为追随者。假设领导者已经在 $X_t = x$ 投资，并发行永久性债务 c，其领导者价值为：

$$V_{LC}(x,c) = V(x,c) - I \quad (9.35)$$

其中，下标"LC"表示存在债务融资约束下的领导者。

而追随者持有领导者破产之后的投资期权价值为：

$$V_{FC}(x,c) = F_C\left(x_{LC}^{b*}(c)\right)\left(\frac{x}{x_{LC}^{b*}(c)}\right)^{\beta_2} \quad (9.36)$$

其中，下标"FC"表示存在债务约束下的追随者；$F_C(x_{LC}^{b*})$ 表示追随者持有领导者违约时垄断投资期权价值；$\left(\frac{x}{x_{LC}^{b*}}\right)^{\beta_2}$ 表示领导者违约的概率。

注意，式（9.35）、式（9.36）与式（9.26）、式（9.27）是有区别的，

式（9.35）与式（9.36）中的 c 是有约束的。

于是，当 $V_{LC}(x,c) > V_{FC}(x,c)$ 时，两家企业都有动力抢先投资成为领导者；而当 $V_{LC}(x,c) < V_{FC}(x,c)$ 时，两家企业都没有动力抢先投资，而将继续等待。因此，存在唯一的最优抢先投资临界值 x_C^{p*}，使得任意一家企业在该点成为领导者和追随者都没有差别，即有下式成立：

$$V_{LC}\left(x_C^{p*}, c_C^*(x_C^{p*})\right) = V_{FC}\left(x_C^{p*}, c_C^*(x_C^{p*})\right) \tag{9.37}$$

其中，$c_C^*(x)$ 由下式给定：

$$c_C^*(x) = \underset{D(x,c) \leqslant ql, c \geqslant 0}{\mathrm{argmax}} V(x,c) \tag{9.38}$$

然而，我们可以结合式（9.19），给出 $c_C^*(x_C^{p*})$ 的类似表达式：

$$c_C^*(x) = \frac{\beta_2 - 1}{\beta_2} \frac{r}{r - \mu} \frac{x}{h^*} \tag{9.39}$$

由式（9.25）可知 $c_C^* \in [0, c_N^*]$，又式（9.19）和 $D(x, \cdot)$ 单峰凹函数特性，所以有 $c_C^*(\cdot) < c_N^* = c_N^*(x_N^{i*})$，从而必有 $h^* \geqslant h > 1$。

当 $x \in (0, x_N^{p*}]$ 时，由式（9.26）、式（9.27）和 $h^* \geqslant h > 1$ 可知，$V_{LN}(x, c_C^*(x)) < V_{LN}(x, c_N^*(x)) \leqslant V_{FN}(x, c_N^*(x)) > V_{FN}(x, c_C^*(x))$。因而，由式（9.37）关于 x_C^{p*} 的定义，我们并不能确定 x_C^{p*} 与 x_N^{p*} 的大小关系，但是必有 $x_C^{p*} < x_C^{i*}$，$x_N^{p*} < x_N^{i*}$ 和 $x_C^{p*} < x_N^{i*}$。

9.4.2.2 均衡投融资策略

下面我们可以根据规则 9.1，以及 x_1、x_N^{p*}、x_C^{p*} 与 x_N^{i*} 之间的大小关系，分下列三种情况对融资约束双头垄断企业的最优均衡投融资策略进行分析。

① 当 $x_N^{p*} < x_N^{i*} \leqslant x_1$ 时，无论是企业抢先投资成为领导者还是追随者，均不受到债务融资约束的限制，因此两家企业的最优均衡投融资策略与无债务融资约束双头垄断企业的完全相同，即领导者和追随者的均衡策略分别是 $(x_{LC}^p, c_{LC}^*, x_{LC}^{b*}) = (x_{LN}^{p*}, c_{LN}^*, x_{LN}^{b*}) = (x_N^{p*}, c_N^*, x_N^{b*})$ 和 $(x_{FC}^{p*}, c_{FC}^*, x_{FC}^{b*}) = (x_N^{i*}, c_N^*, x_N^{b*})$。

② 当 $x_N^{p*} \leqslant x_1 < x_N^{i*}$ 时，企业首先抢先投资成为领导者不会受到债务融资约束的限制，但是作为追随者却要受到债务融资约束的限制。这时，领导者的最优均衡投融资策略与无债务融资约束领导者企业完全相同，即 $(x_{LC}^{p*}, c_{LC}^*, x_{LC}^{b*}) = (x_{LN}^{p*}, c_{LN}^*, x_{LN}^{b*}) = (x_N^{p*}, c_N^*, x_N^{b*})$；而追随者的最优均衡投融资策略却与债务融资

约束垄断企业的完全相同，即 $(x_{FC}^{p*}, c_{FC}^*, x_{FC}^{b*}) = (x_C^{i*}, c_C^*, x_C^{b*})$。

③ 当 $x_1 < x_N^{p*} < x_N^{i*}$ 时，若存在 $x_C^{p*} \in [x_1, x_N^{i*}]$，则无论是企业抢先投资成为领导者还是追随者，均受到债务融资约束的限制。在这种情况下，两家企业的最优均衡投融资策略分别为：

一家企业在最优投资临界值 x_C^{p*} 到达时抢先投资成为领导者，其最优抢先投资时机为：

$$T_{LC}^{i*} = \inf\{t \geqslant 0 \,|\, X_t \geqslant x_C^{p*}\} \tag{9.40}$$

其中，最优抢先投资临界值 x_C^{p*} 由式（9.37）给定。领导者在 T_{LC}^{i*} 时刻投资的同时，发行永久性债务 $c_{LC}^*(x_C^{p*})$（由式（9.38）给定），其最优破产时机为：

$$T_{LC}^{b*} = \inf\{t > T_{LC}^{i*} \,|\, X_t \leqslant x_{LC}^{b*}\} \tag{9.41}$$

其中，x_{LC}^{b*} 由式（9.7）给定，即 $x_{LC}^{b*} = x^b(c_{LC}^*(x_C^{p*}))$。

在领导者破产之后，追随者没有其他企业的抢先威胁，其最优投资时机为：

$$T_{FC}^{i*} = \inf\{t > T_{LC}^{b*} \,|\, X_t \geqslant x_C^{i*}\} \tag{9.42}$$

其中，追随者的最优投资临界值 $x_{FC}^{i*} = x_C^{i*}$、永久性债务利息 $c_{FC}^*(x_{FC}^{i*}) = c_C^*$ 以及最优破产临界值 $x_{FC}^{b*}(c_{FC}^*) = x_C^{b*}$，由式（9.23a）~式（9.23c）联合求解给定。追随者最优破产时机为：

$$T_{FC}^{b*} = \inf\{t > T_{FC}^{i*} \,|\, X_t \leqslant x_C^{b*}\} \tag{9.43}$$

由此，$(T_{LC}^{i*}, c_{LC}^*(x_C^{p*}))$ 形成两家企业的抢先博弈纳什均衡，在这个均衡中每家企业的价值可表示为：

$$
\begin{aligned}
V_C^p(x) &= \mathbb{E}^{\mathbb{Q}}\left[e^{-rT_{LC}^{i*}} \frac{V_{LC}(x_C^{p*}, c_{LC}^*(x_C^{p*})) + V_{FC}(x_C^{p*}, c_{LC}^*(x_C^{p*}))}{2}\right] \\
&= \mathbb{E}^{\mathbb{Q}}[e^{-rT_{LC}^{i*}} V_{FC}(x_C^{p*}, c_{LC}^*(x_C^{p*}))] \\
&= \left(\frac{x}{x_C^{p*}}\right)^{\beta_1} F_C(x_{LC}^{b*}(c_C^*(x_C^{p*}))) \left(\frac{x_C^{p*}}{x_{LC}^{b*}(c_C^*(x_C^{p*}))}\right)^{\beta_2} \\
&= \left(\frac{x}{x_C^{p*}}\right)^{\beta_1} h^{*\beta_2} F_C\left(\frac{x_C^{p*}}{h^*}\right) \\
&= h^{*\beta_2-\beta_1} F_C(x)
\end{aligned} \tag{9.44}
$$

其中，第三个和第五个等式分别由式（9.36）和式（9.39）得来。

因而，结合上面的分析结论，我们也可以得出下列不等式成立：

$$x_C^{p*} < x_N^{i*}, x_C^{p*} < x_C^{i*}; c_{LC}^*(x_C^{p*}) < c_{FC}^*(x_C^{i*}) = c_C^*(x_C^{i*}) \leqslant c_N^*(x_N^{i*});$$

$$x_{LC}^{b*}(c_{LC}^*(x_C^{p*})) = \frac{x_C^{p*}}{h^*} < x_{FC}^{b*}(c_{FC}^*(x_C^{i*})) = x_C^{b*}(c_C^*(x_C^{i*}))$$

$$= \frac{x_C^{i*}}{h^*} \leqslant x_N^{b*}(c_N^*(x_N^{i*})) = \frac{x_N^{i*}}{h};$$

$$LV_{LC}^* \leqslant LV_{FC}^* \leqslant LV_C^*; CS_{LC}^* \leqslant CS_{FC}^* \leqslant CS_C^*; V_C^p(x) \leqslant V_N^p(x) \qquad (9.45)$$

式（9.45）的第三行结论是显然的，企业在存在融资约束条件下其杠杆比率和信贷息差均会发生改变，这表明抢先占有和融资约束相互作用而内生地确定企业最优资本结构；$V_C^p(x) \leqslant V_N^p(x)$ 是因为 $h^{*\beta_2-\beta_1} \leqslant h^{\beta_2-\beta_1} < 1$ 和 $F_C(x) \leqslant F_N(x)$，这同样也表明抢先占有和融资约束侵蚀了企业价值。另外，关于 LV_{LC}^* 与 LV_{LN}^*，CS_{LC}^* 与 CS_{LN}^* 的关系，则需要进一步通过数值模拟方法来进行比较和分析。

9.5 本章小结

本章在企业投资决策和融资决策协同优化的基础上，进一步将外部融资约束纳入统一分析框架，建立了一个对称双头垄断企业投融资决策互动的期权博弈模型。首先，作为双头垄断企业投融资交互决策行为分析的基础，分别考察了非杠杆垄断企业最优投资决策问题、无融资约束杠杆垄断企业最优投融资决策问题，以及融资约束杠杆垄断企业最优投融资决策问题，由此而得到杠杆垄断企业融资约束与否的判断规则和最优均衡投融资策略，研究还得出融资约束垄断企业的最优投资临界值要小于非杠杆垄断企业，而与无融资约束杠杆企业的关系不确定，它取决于债务容量约束 q 的大小。但是融资约束垄断企业投资期权价值要大于非杠杆垄断企业且小于无融资约束杠杆企业。其次，作为融资约束双头垄断企业投融资交互决策行为分析的基础，本章深入探讨了无融资约束双头垄断企业的最优均衡投融资决策，推导出了每家企业分别作为领导者和追随者的企业价值函数，以及投融资均衡时的每家企业价值函数，分析得出了此时只存在"先进先出"一种抢先均衡，并给出了每家企业的最优均衡投融资策略，研究还发现无融资约束双头垄断企业的最优抢先投资临界值小于无融资约束杠杆垄断企业，无融资约束领导者的最优利息支付水平小于无融资约束追随者，而无融资约束追随者利息支付水平与无融资约束杠杆垄断企业相同，同时无融资约束领导者的最优破产临界值要小于无融资约束追随者。在此基础上，最后重点探讨了有融资约束双头垄断企业的最优均衡投融资决策行为，同样推导出了每家企业分别作为领导者和追随者的企业价值函数，以及投融资均衡时的每家企业价值函数，并由此得到了杠杆双头垄断企业融资约束与否的判断规则，以及三种不同情况下的"先进先出"抢先均衡和每种情况下两家企业的最优均衡投融资策略。研究还发现，有融资约束领导者的最优抢先投资临界值小于无融资约束垄断企业和有融资约束的垄断企业，而有融资约束领导者的最优利息支付水平要小于有融资约束追随者，同时有融资约束领导者的最优破产临界值要小于有融资约束追随者。

从本章的分析可以看出，无论有无融资约束，双头垄断企业的投融资均衡均只有"先进先出"抢先均衡，这主要是基于我们模型"赢者通吃"的假设，即只要一家企业抢先投资，另一家企业将丧失该投资机会，直到先投资企业破产而重新获得该投资机会。这种假设只是基于分析问题的简便。当然，现实生活中更多的是多家企业可以共享投资机会并且同时拥有市场份额，但这种将更加复杂，一些基本的洞见和重要结论将不会与有"赢者通吃"假设情形有根本性的改变。同前面章节一样，上述理论分析结论需要我们进一步通过数值模拟分析来进行验证。这也是下一步需要进行的工作，包括：第一，验证非杠杆垄断企业、无融资约束杠杆垄断企业和融资约束杠杆垄断企业的最优投资临界值、最优利息支付水平、最优破产临界值和企业价值大小关系；第二，探讨有无融资约束垄断企业和双头垄断企业的最优投资临界值、最优利息支付水平、最优破产临界值和企业价值大小关系；第三，分析市场需求的增长率和波动率、利率、税率、破产成本，特别是融资约束大小等因素，对两家企业的最优投资临界值、利息支付、破产临界值、企业价值以及均衡投融资策略的影响，等等。

第 10 章

不完全信息下企业投融资决策
互动的期权博弈模型

现实中竞争企业之间大量不完全信息的存在，也是影响企业投融资交互决策行为的一个重要决定因素。本章将在第 3 章到第 9 章研究的基础上，将完全信息模型进一步扩展到不完全信息，并将双头垄断模型扩展到寡头垄断模型，以此结合不同的市场结构和信息结构及企业类型，运用期权博弈方法，对双头垄断和寡头垄断企业分别作为领导者和追随者的最优投融资交互决策行为进行研究，从而来探讨企业的最优均衡投融资策略。

10.1 引言

第 8 章已经强调竞争是企业投融资交互决策行为的一个重要考量因素，同时企业彼此拥有竞争对手信息的完美程度，也是影响企业投融资交互决策行为的一个重要决定因素。而在现实中，竞争企业之间、股东与债权人之间、经理与股东之间等，不仅存在大量的不对称信息，而且存在大量的不完全信息，不完全信息与不对称信息一样也可能表现在投资收益、投资成本、生产技术，以及破产成本等多个方面。若企业对竞争对手缺乏相应的信息优势，那么正是由于获取的或掌握的信息不足，而使得企业很难做出理性的投资和融资决策。因此，在不确定性和竞争环境下，运用期权博弈方法，并引入不完全信息，进一步解析企业投融资交互决策行为，对深化企业投融资彼此协同、灵活互动关系的认识，也具有十分重要的理论和现实意义。

期权博弈方法先驱的工作如 Smets（1991）、Smit 和 Ankum（1993）、Dixit 和 Pindyck（1994）、Grenadier（1996，2002）、Huisman 和 Kort（1999，

2004)、Weeds（2002）、Pawlina 和 Kort（2006）等的研究，都是基于投资成本和收益完全信息的假设。显然，基于完全信息假设的研究有两个局限性：一是完全信息的假设往往是不切实际的，大多企业并不能推测到其他竞争者的投资收益、成本及投资时机等信息；二是企业做出一切战略投资决策也往往是一种商业机密。现实中，不完全信息的影响是非常重要的，因为一个企业能够正确地评估竞争者的行为对它自己投资成功与否有着至关重要的影响。

结合不完全信息研究的文献更是非常少见。Lambrecht（2000）假设两对称企业持有两阶段专利投资期权，并且具有彼此收益的不完全信息，研究了它们的最优投资行为，并导出了最优投资临界值。Moretto（2000）、Lambrecht 和 Perraudin（2003）考察了不完全信息对占先博弈的影响，他们都是假设企业拥有竞争对手最优投资临界值的不完全信息，并且通过学习及时更新竞争对手投资临界值的条件分布，从而积极获得一个有利的市场战略位置。Martzoukos 和 Zacharias（2002）研究了信息溢出效应下的两企业 R&D 投资最优合作与努力学习程度的战略决策行为。Hsu 和 Lambrecht（2003）引入了投资成本的不对称信息和不完全信息，研究了在位者和潜在进入者之间的专利投资博弈行为。Décamps 和 Mariotti（2004，2005）考虑了企业拥有它自己利润流参数的不完全信息，而不是竞争者行为的不完全信息，研究的只是单个企业实物投资决策行为。Moretto 和 Panteghini（2007）着眼于外部资源的限制对投资决策的影响，在一个寡头垄断框架下同时考虑了抢先占有和不完全信息问题。

上述这些运用期权博弈方法研究完全信息和不完全信息的文献，均忽略了债务融资对企业投资决策的影响，即都假设企业是全权益融资企业，割裂了企业投资和融资决策之间的互动，与现实有一定的差距。而现有运用期权博弈方法研究企业投融资决策互动的经典文献，如 Lambrecht（2001）、Khadem 和 Perraudin（2001）、Bayer（2004）、Morellec 和 Zhdanov（2008）、Nishihara 和 Shibata（2008a，2008b）、Zhdanov（2008）、Chu（2009）、Jou 和 Lee（2008）等，均假设企业拥有其竞争对手的完全信息，显然这与现实不符，没有考虑竞争对手的行为和特征等信息。

到目前为止，仅有 Moretto 和 Panteghini（2007）这一篇文献研究了不完全信息下的投融资交互决策行为。Moretto 和 Panteghini（2007）通过假设每家企业对于自身的投资成本具有私有信息，而对于竞争对手的投资成本具有不完全信息，在寡头垄断框架下研究了初创企业的投资和融资之间的互动。研究得到寡头垄断企业的最优投资临界值,并且发现利息支付水平与最优投资临界值的比是某一确定的常数,不受竞争企业数目的影响。同时,研究还发现寡头垄断企业的最优投资临界值位于 0 - NPV 投资临界值和垄断企业投资临界值之间,并且企业的债务融资柔性激励企业抢先进行投资,但是企业的这种抢先投资却减少了信贷配给对投资的阻碍效应。本章将在 Moretto 和 Panteghini(2007)研究的基础上,将第 9 章与 Lambrecht 和 Perraudin(2003)的模型进行扩展,通过引入两家与多家企业拥有关于彼此投资成本的不完全信息,运用期权博弈方法,对两家和多家企业的最优均衡投融资策略进行全面分析和考察。

本章与 Moretto 和 Panteghini(2007)研究的不同之处在于:第一,Moretto 和 Panteghini(2007)的企业破产临界值是外生给定的,并且破产成本是利息支付水平的一定比例。而本章企业破产临界值将由模型内生确定,并且破产成本假设为全权益融资企业收益的一定比例。第二,Moretto 和 Panteghini(2007)假设企业一旦投资将永远不会放弃市场,哪怕是企业收益下降为 0 时而宣告暂停企业经营。而本章假设当企业收益下降到某一临界值时将宣告破产退出市场。第三,Moretto 和 Panteghini(2007)仅推导出了第 n 家企业的最优投资临界值,以及将其与垄断企业投资临界值和全权益融资企业投资临界值之间的大小关系进行了比较分析,既没有分析企业的最优均衡投融资策略,也没有分析其他企业的最优投融资策略,更没有进行最优资本结构决策的分析。而本章不仅要分析完全信息下垄断企业的最优投融资策略,而且还将分析完全信息和不完全信息下的双头垄断企业与寡头垄断企业的最优均衡投融资策略,同时将不同情形下不同企业的最优投资临界值、最优利息支付水平和最优破产临界值进行比较分析。

10.2 完全信息下的垄断企业

假设在连续时间 $t \in [0, \infty)$ 里,一家企业拥有具有排他性的单一项目投资机会,其初始不可逆投资成本为 I。假设企业所得税率为 $\tau \in (0, 1)$[①]。该项目在 t 时刻投资后,所产生的瞬时息税前收益为 X_t。假设息税前收益 X_t[②] 服从下

---

① 本章均不考虑个人股息和利息收益的税率,这里的企业所得税率是一种对称性的税率,企业经营损失可以前向或后向无限期地抵扣税收,除非破产,否则企业都会拥有当期负债的全部税收利益。

② 所有息税后收益全部作为股利支付给股东,企业不存在留存收益。

列几何布朗运动:

$$dX_t = \mu X_t dt + \sigma X_t dz_t^{\mathbb{Q}}, \quad X_0 = x_0 > 0 \tag{10.1}$$

其中,$z_t^{\mathbb{Q}}$ 表示风险中性概率空间(Ω,$\mathfrak{F}$,$\mathbb{Q}$)下的标准布朗运动,$\mu > 0$ 和 $\sigma > 0$ 为固定参数。假设企业所有利益相关者均为风险中性,且企业经理的行为以企业价值为最大化[1]。为了收敛,假设 $\mu < r$ 且 $\mu < \dfrac{\sigma^2}{r}$[2],其中 r 为固定的无风险利率。另外,假设初始状态变量 x_0 充分低,以至于企业不会在初始时刻就立即进行投资。

企业投资成本 I 可以由全权益融资,也可以由权益和债务混合融资。当企业是全权益融资的非杠杆企业时,由标准的实物期权方法(见 Dixit 和 Pindyck,1994;McDonald 和 Siegel,1986),其投资期权的价值可表示为:

$$F_{ae}(x) = [\,\Pi(x_i^{ae}) - I\,]\left(\frac{x}{x_i^{ae}}\right)^{\beta_1} \tag{10.2}$$

其中,"ae" 表示全权益融资企业;β_1 是二次方程 $\dfrac{1}{2}\sigma^2\beta(\beta-1) + \mu\beta - r = 0$ 的正根,即 $\beta_1 = \dfrac{1}{2} - \dfrac{\mu}{\sigma^2} + \sqrt{\left(\dfrac{1}{2} - \dfrac{\mu}{\sigma^2}\right)^2 + \dfrac{2r}{\sigma^2}} > 1$;$x_i^{ae}$ 和 $\Pi(x)$ 分别是全权益融资企业最优投资临界值和项目投资后的税后收益:

$$x_i^{ae} = \frac{\beta_1}{\beta_1 - 1}\frac{I}{\Pi(1)} = \frac{\beta_1}{\beta_1 - 1}x_{NPV} \tag{10.3}$$

$$\Pi(x) = \mathbb{E}^{\mathbb{Q}}\left[\int_t^\infty (1-\tau)e^{-r(s-t)}X_s ds \,\Big|\, X_t = x\right] = \frac{1-\tau}{r-\mu}x \tag{10.4}$$

其中,$\mathbb{E}^{\mathbb{Q}}[\,\cdot\,] \equiv \mathbb{E}^{\mathbb{Q}}[\,\cdot\,|X_t = x]$ 表示给定 $X_t = x$ 时风险中性概率测度 $\mathbb{Q}$ 下的期望算子。

当企业是权益和债务混合融资的杠杆企业时,同样由标准的实物期权方

---

[1] 假定经理完全代表股东和债权人的利益,不仅不存在股东与经理之间的代理冲突,也不存在股东与债权人之间的代理冲突。

[2] $\mu < r$ 是为了确保收敛,否则企业永远不会执行投资期权;$\mu < \dfrac{\sigma^2}{2}$ 是为了确保冲击破产临界值的期望时间是有限的。

法，得到杠杆企业股东权益价值、债务价值和企业总价值分别为：

$$E(x) = \Pi(x) - \frac{(1-\tau)c}{r} - \left[\Pi(x_b) - \frac{(1-\tau)c}{r}\right]\left(\frac{x}{x_b}\right)^{\beta_2} \qquad (10.5)$$

其中，c 是杠杆企业发行永久性债务利息支付[①]；x_b 是杠杆企业的最优破产临界值；β_2 是二次方程 $\frac{1}{2}\sigma^2\beta(\beta-1) + \mu\beta - r = 0$ 的负根，即 $\beta_2 = \frac{1}{2} - \frac{\mu}{\sigma^2} - \sqrt{\left(\frac{1}{2} - \frac{\mu}{\sigma^2}\right)^2 + \frac{2r}{\sigma^2}} < 0$。

$$D(x) = \frac{c}{r} - \left[\frac{c}{r} - (1-\alpha)\Pi(x_b)\right]\left(\frac{x}{x_b}\right)^{\beta_2} \qquad (10.6)$$

其中，$\alpha \in (0,1)$ 是杠杆企业破产成本比例；在破产时杠杆企业的清算价值为$(1-\alpha)\Pi(x_b)$。

$$V(x) = \Pi(x) + \frac{\tau c}{r}\left[1 - \left(\frac{x}{x_b}\right)^{\beta_2}\right] - \alpha\Pi(x_b)\left(\frac{x}{x_b}\right)^{\beta_2} \qquad (10.7)$$

其中，第一项是非杠杆企业价值，第二项是债务利息税盾收益，第三项是破产成本价值。

杠杆企业融资决策包括最优破产时机的选择和最优资本结构的选择。最优破产时机的选择，即确定最优破产临界值 x_b，由最大化事后杠杆企业权益价值 $E(x)$ 得到。亦即由 $\lim\limits_{x \downarrow x_b} \partial E(x)/\partial x = 0$ 得到：

$$x_b(c) = \frac{\beta_2}{\beta_2 - 1}\frac{r-\mu}{r}c \qquad (10.8)$$

而最优资本结构决策，即债务利息支付水平 c 的选择，它是和最优投资决策同时做出的，由最大化投资之时的事前杠杆企业权益价值（即企业价值 $V(x)$）得到。亦即由 $\partial V(x_i)/\partial c = 0$ 得到：

---

① 即为了筹措足够的投资资金，企业可以在投资之前与债权人达成协议，约定在未来投资之时债权人为其提供与投资时债务价值等额的永久性贷款，以弥补股东投资资金的不足。作为回报，债权人可以在投资之后获得瞬时利息收益 c。这种为未来提供融资的借款合约类似于 Chava（2003）提出的贷款承诺（Loan Commitment）。另外，永久性债务的假定主要是可以使企业价值函数独立于时间变量，从而可以获得各种价值的解析表达式。

$$c(x_i) = \frac{\beta_2 - 1}{\beta_2} \frac{r}{r - \mu} \frac{x_i}{h} \tag{10.9}$$

其中，x_i 是杠杆企业的最优投资临界值；h 是常数，且 $h = \left[1 - \beta_2 \left(1 - \alpha + \frac{\alpha}{\tau} \right) \right]^{-\frac{1}{\beta_2}} > 1$。

将式（10.9）代入式（10.7），并由标准的实物期权方法，得到杠杆企业投资期权价值和最优投资临界值分别为：

$$F_{de}(x) = [V(x_i) - I]\left(\frac{x}{x_i}\right)^{\beta_1} = [\psi^{-1}\Pi(x_i) - I]\left(\frac{x}{x_i}\right)^{\beta_1} = \psi^{-\beta_1} F_{ae}(x)$$

$$\tag{10.10}$$

其中，"de" 表示债务融资企业；ψ 是常数，且 $\psi = \left[1 + \frac{\tau}{(1 - \tau)h} \right]^{-1} < 1$。

$$x_i = \psi \frac{\beta_1}{\beta_1 - 1} \frac{I}{\Pi(1)} = \psi x_i^{ae} \tag{10.11}$$

由式（10.11）可见，$\psi x_{NPV} < x_i < x_i^{ae}$，即杠杆企业最优投资临界值位于 $0 - NPV$ 临界值（马歇尔临界值）和非杠杆企业最优投资临界值 x_i^{ae} 之间；同时，由式（10.8）和式（10.9）可见，$x_b(c(x_i)) = \frac{x_i}{h}$，即最优投资临界值与最优破产临界值比值是一固定常数。

10.3 完全信息下的寡头垄断企业

这时我们假设企业拥有的单一项目投资机会不具有排他性，而有 n $(n \geqslant 2)$ 家企业都具备该投资机会，其初始投资成本均为 I，而且企业之间都具有完全信息。不失一般性，我们假设只要有一家企业抢先投资该项目，则其他所有企业将失去该项目投资机会，直到该企业宣告破产（破产后企业立即清算，并不再拥有该投资机会），其他所有企业重新具备该项目抢先投资机会。下面我们首先探讨双头垄断企业的最优均衡投融资决策，然后探讨寡头垄断企业的最优均衡投融资决策行为。

10.3.1 双头垄断企业

首先我们推导得出两家企业分别作为领导者和追随者的企业价值函数，然后据此分析两家企业的最优均衡投融资策略。

10.3.1.1　企业价值函数

当市场上只有两家企业时，一家企业抢先投资成功，成为领导者，而另一家成为追随者。假设领导者已经在 $X_t = x$ 投资，并发行永久性债务 c，其领导者价值为：

$$L(x) = V(x) - I = \psi^{-1}\Pi(x) - I \tag{10.12}$$

而追随者持有领导者破产之后的投资期权价值为：

$$F(x) = F_{de}(x_b)\left(\frac{x}{x_b}\right)^{\beta_2} = [\psi^{-1}\Pi(x_i) - I]\left(\frac{x_b}{x_i}\right)^{\beta_1}\left(\frac{x}{x_b}\right)^{\beta_2} \tag{10.13}$$

当 $L(x) > F(x)$ 时，两家企业都有动力抢先投资成为领导者；而当 $L(x) < F(x)$ 时，两家企业都没有动力抢先投资，而将继续等待。因此，存在一个最优抢先投资临界值 x_p，使得任意一家企业在该点成为领导者和追随者都没有差别，即 $L(x_p) = F(x_p)$。亦即有下列方程成立：

$$\psi^{-1}\Pi(x_p) - I = h^{\beta_2-\beta_1}[\psi^{-1}\Pi(x_i) - I]\left(\frac{x_p}{x_i}\right)^{\beta_1} \tag{10.14}$$

其中，$x_p \in \left(\psi x_{NPV}, x_i\right)$，定义 $\zeta(x) = \psi^{-1}\Pi(x) - I - h^{\beta_2-\beta_1}[\psi^{-1}\Pi(x_i) - I]\left(\frac{x}{x_i}\right)^{\beta_1}$，$\zeta(x)$ 是凸函数，且 $\zeta(\psi x_{NPV}) < 0$，$\xi(x_i) > 0$。因此，x_p 是式（10.14）的唯一解。

10.3.1.2　均衡投融资策略

通过上节的分析，我们可以得知完全信息下双头垄断企业的最优投融资策略：

一家企业（用企业 2 表示）在最优投资临界值 x_p 到达时抢先投资成为领导者，其最优抢先投资时机为：

$$T_i^{(2)} = \inf\{t > 0 \mid X_t \geq x_p\} \tag{10.15}$$

其中，最优抢先投资临界值 x_p 由式（10.14）给定。企业 2 在 $T_i^{(2)}$ 时刻投资的同时，发行永久性债务 $c^{(2)}(x_p)$（由式（10.9）给定），其最优破产时机为：

$$T_b^{(2)} = \inf\left\{t > T_i^{(2)} \,\middle|\, X_t \leq \frac{x_p}{h}\right\} \tag{10.16}$$

在领导者破产之后，另一家企业 1 作为追随者，没有其他企业的抢先威

胁, 其最优投资时机为:

$$T_i^{(1)} = \inf\{t > T_b^{(2)} \mid X_t \geqslant x_i\} \tag{10.17}$$

其中, 企业 1 的最优投资临界值 x_i 由式 (10.11) 给定。企业 1 在 $T_i^{(1)}$ 投资的同时, 发行永久性债务 $c^{(1)}(x_i)$, 其最优破产时机为:

$$T_b^{(1)} = \inf\left\{t > T_i^{(1)} \;\middle|\; X_t \leqslant \frac{x_i}{h}\right\} \tag{10.18}$$

从上面的分析, 我们可以得出下列不等式:

$$\psi x_{NPV} < x_p < x_i, c^{(2)}(x_p) < c^{(1)}(x_i), x_b^{(2)}(c^{(2)}(x_p)) = \frac{x_p}{h} < x_b^{(1)}(c^{(1)}(x_i)) = \frac{x_i}{h}$$
$$\tag{10.19}$$

10.3.2 寡头垄断企业

同双头垄断情形分析一样, 我们首先推导给出 n 家企业分别作为领导者和追随者的企业价值函数, 然后据此分析 n 家企业的最优均衡投融资策略。

10.3.2.1 企业价值函数

当市场上有 n 家企业时, 假设已有 $n-k$ 家投资后并已破产, 目前只剩下 k 家企业拥有该抢先投资机会。如果 k 家企业中一家抢先投资成功, 成为领导者, 那么剩下 $k-1$ 家企业将成为追随者。若 k 家企业中一家企业已经在 $X_t = x$ 投资成为领导者, 并发行永久性债务 c, 则这家企业作为领导者价值为:

$$L(x) = V(x) - I = \psi^{-1}\Pi(x) - I \tag{10.20}$$

而剩余 $k-1$ 家企业作为追随者持有领导者破产之后的投资期权价值为:

$$\begin{aligned}
F(x) &= \left[\psi^{-1}\Pi(x_i^{(k-1)}) - I\right]\left(\frac{x_b^{(k)}}{x_i^{(k-1)}}\right)^{\beta_1}\left(\frac{x}{x_b^{(k)}}\right)^{\beta_2} \\
&= h^{(k-2)(\beta_2-\beta_1)}\left[\psi^{-1}\Pi(x_i^{(k-1)}) - I\right]\left(\frac{x_i^{(k)}}{x_i^{(k-1)}}\right)^{\beta_1}\left(\frac{x}{x_i^{(k)}}\right)^{\beta_2} \\
&= \underbrace{h^{(\beta_2-\beta_1)} \cdot h^{(\beta_2-\beta_1)} \cdot \cdots \cdot h^{(\beta_2-\beta_1)}}_{(k-2)\text{个}} \cdot \left[\psi^{-1}\Pi(x_i) - I\right] \\
&\quad \times \left(\frac{x_i^{(2)}}{x_i}\right)^{\beta_1}\left(\frac{x_i^{(3)}}{x_i^{(2)}}\right)^{\beta_1}\cdots\left(\frac{x_i^{(k-1)}}{x_i^{(k-2)}}\right)^{\beta_1}\left(\frac{x_i^{(k)}}{x_i^{(k-1)}}\right)^{\beta_1}\left(\frac{x}{x_i^{(k)}}\right)^{\beta_2}
\end{aligned}$$

$$= h^{(k-1)(\beta_2-\beta_1)} [\psi^{-1} \Pi(x_i) - I] \left(\frac{x_i^{(k)}}{x_i} \right)^{\beta_1} \left(\frac{x}{x_i^{(k)}} \right)^{\beta_2} \qquad (10.21)$$

其中，式（10.21）的得出利用了式（10.14）和 $x_b^{(k)} = \dfrac{x_i^{(k)}}{h}$。

同样，类似于双头垄断情形的推导，存在唯一的 $x_i^{(k)} \in (\psi x_{NPV}, x_i)$，使得 $L(x_i^{(k)}) = F(x_i^{(k)})$。$x_i^{(k)}$ 即为 k 家企业的最优抢先投资临界值。

10.3.2.2 均衡投融资策略

通过上节的分析，我们可以得知完全信息下寡头垄断企业的最优均衡投融资策略：

n 家企业中一家企业（用企业 n 表示）在最优投资临界值 $x_i^{(n)}$ 到达时抢先投资成为领导者，其最优抢先投资时机为：

$$T_i^{(n)} = \inf\{ t > 0 \,|\, X_t \geq x_i^{(n)} \} \qquad (10.22)$$

其中，企业 n 的最优抢先投资临界值 $x_i^{(n)}$ 由式（10.20）和式（10.21）确定。企业 n 在 $T_i^{(n)}$ 时刻投资的同时，发行永久性债务 $c^{(n)}(x_i^{(n)})$（由式（10.9）给定），其最优破产时机为：

$$T_b^{(n)} = \inf\left\{ t > T_i^{(n)} \,\middle|\, X_t \leq \frac{x_i^{(n)}}{h} \right\} \qquad (10.23)$$

在企业 n 破产之后，剩余 $n-1$ 家企业的最优抢先投资时机为：

$$T_i^{(n-1)} = \inf\{ t > T_b^{(n)} \,|\, X_t \geq x_i^{(n-1)} \} \qquad (10.24)$$

其中，抢先成功的企业用企业 $n-1$ 表示，其最优抢先投资临界值 $x_i^{(n-1)}$ 由式（10.20）和式（10.21）确定。企业 $n-1$ 在 $T_i^{(n-1)}$ 投资的同时，发行永久性债务 $c^{(n-1)}(x_i^{(n-1)})$ 由式（10.9）给定，其最优破产时机为：

$$T_b^{(n-1)} = \inf\left\{ t > T_i^{(n-1)} \,\middle|\, X_t \leq \frac{x_i^{(n-1)}}{h} \right\} \qquad (10.25)$$

其他企业的最优投融资策略可以依次类推。当企业 2 破产之后，最后一家企业，即企业 1 的最优投资时机为 $T_i^{(1)}$、永久性债务利息支付为 $c^{(1)}(x_i^{(1)})$、最优破产时机为 $T_b^{(1)}$，它们分别由式（10.17）、式（10.9）和式（10.18）给定。

从上面的分析，我们还可以得到最优投资临界值、利息支付和破产临界值分别满足下列不等式：

$$\psi x_{NPV} < x_i^{(n)} < x_i^{(n-1)} < \cdots < x_i^{(2)} = x_p < x_i^{(1)} = x_i \qquad (10.26a)$$

$$c^{(n)}(x_i^{(n)}) < c^{(n-1)}(x_i^{(n-1)}) < \cdots < c^{(2)}(x_i^{(2)}) = c^{(2)}(x_p) < c^{(1)}(x_i^{(1)}) = c(x_i) \qquad (10.26b)$$

$$x_b^{(n)} = \frac{x_i^{(n)}}{h} < x_b^{(n-1)} = \frac{x_i^{(n-1)}}{h} < \cdots < x_b^{(2)} = \frac{x_i^{(2)}}{h} = \frac{x_p}{h} < x_b^{(1)} = \frac{x_i^{(1)}}{h} = \frac{x_i}{h} \qquad (10.26c)$$

10.4 不完全信息下的寡头垄断企业

本节将上节完全信息情形扩展到不完全信息情形，假设 n 家企业都是对称的，但每家企业只知道竞争对手投资成本 I 的独立的连续可微分布函数 $G(I)$ 与密度 $g(I)$，及其正的吸收壁 $I \in [I_L, I_U]$。其他假设同完全信息情形，我们用 "$*$" 表示不完全信息情形。

10.4.1 双头垄断企业

同完全信息寡头垄断企业分析一样，我们首先给出不完全信息下双头垄断企业价值函数、最优投资临界值、最优破产临界值和最优利息支付水平，然后分析双头垄断企业的最优均衡投融资策略。

10.4.1.1 企业价值函数

首先考虑不完全信息下的双头垄断情形。由第 10.2 节杠杆企业的投资临界值，我们就可以确定不完全信息下任意企业投资临界值的上下两个边界：

$$x_l^* = \psi \frac{I_l}{\Pi(1)} , x_u^* = \psi \frac{\beta_1}{\beta_1 - 1} \frac{I_u}{\Pi(1)} \qquad (10.27)$$

其中，"u" 和 "l" 分别表示上下边界；x_l^* 是 0 - NPV 临界值，表示由于强的占先利益影响，两家企业都没有采取任何战略行动和实现部分期权价值的可能性，它们直接会在 0 - NPV 临界值点就进行投资。

只要 $x \in [x_l^*, x_u^*]$，企业就可以通过观察其竞争对手的行动学习其成本信息，从而及时更新推测竞争对手投资临界值的条件分布。

对于企业 2（设抢先成功企业），一个唯一的贝叶斯纳什均衡 x_i^* 的存在，充分必要条件就是 x_i^* 是 I 单调递增函数。从式（10.29）及 Lambrecht 和 Perraudin（2003）的结论，可知 x_i^* 和 I 之间是一一对应的关系。因此，投资临界值与成本有相同的分布函数。于是，可设企业投资临界值的连续可微函数为 $G(x)$，其密度为 $g(x)$，并有正的吸收壁 $[x_l^*, x_u^*]$。

两家企业之间的学习活动是非常简单的。因为企业 2 知道企业 1 当 x（$\geqslant x_i^*$）首次到达某一水平 x_i^* 时才投资，因此随着状态变量 x 达到一新的高度，企业 2 能够学习到：如果企业 1 投资，则企业 1 的投资临界值水平就是当前值 X_t；相反，如果企业 1 不投资，则企业 1 的临界值位于一个新的较高区间内，而且范围越来越小，即 $[\hat{x}_t, x_u^*]$，其中 $\hat{x}_t = \max_{0 \leqslant \iota \leqslant t} \{X_t\}$。因此，依据贝叶斯规则，在时间 $t \geqslant 0$ 企业 2 推测企业 1 临界值的条件分布为：

$$G_t(x_i^* \mid \hat{x}_t) = \frac{G(x_i^*) - G(\hat{x}_t)}{1 - G(\hat{x}_t)}, \text{其中 } \hat{x}_t = \max_{0 \leqslant \iota \leqslant t} \{X_t\} \quad (10.28)$$

在存在抢先威胁下企业 2 作为领导者在时间 $t \geqslant 0$ 的价值表示为：

$$L(x \mid x_i^{*(2)}) = \mathbb{E}^Q \left[(V(x_i^{*(2)}) - I) e^{-r(T_i^{*(2)} - t)} \mid \text{企业 2 有最低的投资临界值} \right]$$
$$\times \Pr\{\text{企业 2 有最低的投资临界值}\} \quad (10.29)$$

即有：

$$L(x \mid x_i^{*(2)}) = [V(x_i^{*(2)}) - I] \left(\frac{x}{x_i^{*(2)}}\right)^{\beta_1} [1 - G_t(x_i^{*(2)} \mid \hat{x}_t)]$$
$$= [V(x_i^{*(2)}) - I] \left(\frac{x}{x_i^{*(2)}}\right)^{\beta_1} \frac{1 - G(x_i^{*(2)})}{1 - G(\hat{x}_t)} \quad (10.30)$$

其中，$V(x)$ 由式（10.7）给定。

由于企业的投融资决策是在 T_i^* 时刻同时做出的，因此，求式（10.30）关于 $x_i^{*(2)}$ 和 c 的最大化问题，即 $\partial L(x \mid x_i^{*(2)}) / \partial x_i^{*(2)} = 0$，$\partial L(x \mid x_i^{*(2)}) / \partial c = 0$，可以得到企业 2 最优抢先投资临界值为：

$$x_i^{*(2)} = \psi \frac{\beta_1 + \xi(x_i^{*(2)})}{\beta_1 - 1 + \xi(x_i^{*(2)})} \frac{I}{\Pi(1)} \quad (10.31)$$

其中，$\xi(x) = \dfrac{xg(x)}{1 - G(x)}$ 表示抢先投资的风险率。

可见，由于对称性，两家企业都能够对它们被抢先投资的风险率做出相应估计。而且，$\xi(x_i^{*(2)})$ 独立于 $\hat{x}_t$，是随时间不变的量，而 $x_i^{*(2)}$ 也独立于状态变量当前值 X_t 和 $\hat{x}_t$，仅仅依赖于风险率 $\xi(x_i^{*(2)})$ 的大小，因此每家企业都有一个固定的最优抢先投资临界值，而且是唯一的。

另一方面，我们也得到企业 2 作为领导者的最优债务利息支付水平为：

$$c^{*(2)}(x_i^{*(2)}) = \frac{\beta_2 - 1}{\beta_2} \frac{r}{r - \mu} \frac{x_i^{*(2)}}{h} \qquad (10.32)$$

可见式（10.32）与式（10.9）基本形式相同，只是最优投资临界值有所不同而已。

由于在企业 2 抢先投资成功后，再也没有抢占威胁，因此其股东权益价值、债务价值和企业总价值可以分别由式（10.5）~式（10.7）给定，并由 $\lim\limits_{x \downarrow x_b} \partial E(x)/\partial x = 0$ 得到其相应的最优破产临界值为：

$$x_b^{*(2)}(c^{*(2)}) = \frac{\beta_2}{\beta_2 - 1} \frac{r - \mu}{r} c^{*(2)} \qquad (10.33)$$

可见，式（10.33）和式（10.8）基本形式相同，仅仅只是利息支付不同。由式（10.32）和式（10.33）依然可以得到 $\dfrac{x_i^{*(2)}}{x_b^{*(2)}} = h$，即最优抢先投资临界值和最优破产临界值比值是一个固定常数。

而在时间 $t \geqslant 0$ 企业 1 作为追随者，其持有领导者破产之后的投资期权价值为：

$$F(x \mid x_i^{*(1)}) = [V(x_i^{*(1)}) - I] \left(\frac{x_b^{*(2)}}{x_i^{*(1)}}\right)^{\beta_1} \left(\frac{x}{x_b^{*(2)}}\right)^{\beta_2} \qquad (10.34)$$

由于企业 2 破产后，企业 1 没有任何其他抢占威胁，是市场中的垄断者。这时，其投资后的股东权益价值、债务价值和企业总价值也分别由式（10.5）~式（10.7）给定，其最优投资临界值 $x_i^{*(1)}$、债务利息支付水平 $c^{*(1)}$ 和最优破产临界值 $x_b^{*(1)}$ 也分别由式（10.11）、式（10.9）和式（10.8）给定。

10.4.1.2 均衡投融资策略

由上述分析，我们可以得知两家企业的最优均衡投融资策略：

一家企业（用企业 2 表示）在最优投资临界值 $x_i^{*(2)}$ 到达时抢先投资成为

领导者, 其最优抢先投资时机为:

$$T_i^{*(2)} = \inf\{t > 0 \,|\, X_t \geq x_i^{*(2)}\} \tag{10.35}$$

其中, 最优抢先投资临界值 $x_i^{*(2)}$ 由式 (10.31) 给定。领导者在 $T_i^{*(2)}$ 时刻投资的同时, 发行永久性债务 $c^{*(2)}(x_i^{*(2)})$ (由式 (10.32) 给定), 其最优破产时机为:

$$T_b^{*(2)} = \inf\left\{t > T_i^{*(2)} \,\middle|\, X_t \leq \frac{x_i^{*(2)}}{h}\right\} \tag{10.36}$$

在领导者破产之后, 另一家企业作为追随者, 其最优投资时机为:

$$T_i^{*(1)} = \inf\{t > T_b^{*(2)} \,|\, X_t \geq x_i^{*(1)}\} \tag{10.37}$$

其中, 追随者最优投资临界值 $x_i^{*(1)} = x_i$ 由式 (10.11) 给定。追随者在 $T_i^{*(1)}$ 投资的同时, 发行永久性债务 $c^{*(1)}(x_i^{*(1)})$ (由式 (10.9) 给定), 其最优破产时机为:

$$T_b^{*(1)} = \inf\left\{t > T_i^{*(1)} \,\middle|\, X_t \leq \frac{x_i^{*(1)}}{h}\right\} \tag{10.38}$$

由式 (10.31) 可以看出, 因为 $\xi(x) > 0$, 所以我们还可以得到下列不等式成立:

$$\psi x_{NPV} < x_i^{*(2)} < x_i^{*(1)}, c^{*(2)} < c^{*(1)}, x_b^{*(2)} = \frac{x_i^{*(2)}}{h} < x_b^{*(1)} = \frac{x_i^{*(1)}}{h} = \frac{x_i}{h} \tag{10.39}$$

10.4.2 寡头垄断企业

同上述双头垄断企业分析一样, 我们首先给出不完全信息下寡头垄断企业价值函数、最优投资临界值、最优破产临界值和最优利息支付水平, 然后分析寡头垄断企业的最优均衡投融资策略。

10.4.2.1 企业价值函数

当考虑市场上有 n 家企业时, 设每家企业的投资临界值都有独立的分布函数 $G(x)$ 和密度为 $g(x), x \in [x_l^*, x_u^*]$。则这 n 家企业中有最小投资临界值的分布函数为:

$$G^{(n)}(x_i^{*(n)}) = 1 - [1 - G(x_i^{*(n)})]^n \qquad (10.40)$$

相应地，对企业 n（设其为抢先成功者）有最小投资临界值作出估计，其条件分布为：

$$G_t^{(n)}(x_i^{*(n)} | \hat{x}_t) = \frac{[1 - G(x_i^{*(n)})]^n - [1 - G(\hat{x}_t)]^n}{[1 - G(\hat{x}_t)]^n}, \text{其中} \hat{x}_t = \max_{0 \leqslant \iota \leqslant t}\{X_t\}$$

$$(10.41)$$

因此，企业 n 在时间 $t \geqslant 0$ 时作为领导者的价值可表示为：

$$L^{(n)}(x | x_i^{*(n)}) = [V(x_i^{*(n)}) - I]\left(\frac{x}{x_i^{*(n)}}\right)^{\beta_1}[1 - G_t^{(n)}(x_i^{*(n)} | \hat{x}_t)]$$

$$= [V(x_i^{*(n)}) - I]\left(\frac{x}{x_i^{*(n)}}\right)^{\beta_1}\frac{[1 - G(x_i^{*(n)})]^n}{[1 - G(\hat{x}_t)]^n} \qquad (10.42)$$

求式（10.42）关于 $x_i^{*(n)}$ 和 c 的最大化问题，即 $\partial L^{(n)}(x | x_i^{*(n)})/\partial x_i^{*(n)} = 0, \partial L^{(n)}(x | x_i^{*(n)})/\partial c = 0$，可以得到企业 n 的最优抢先投资临界值和最优债务利息支付分别为：

$$x_i^{*(n)} = \psi \frac{\beta_1 + n\xi(x_i^{*(n)})}{\beta_1 - 1 + n\xi(x_i^{*(n)})}\frac{I}{\Pi(1)} \qquad (10.43)$$

$$c^{*(n)}(x_i^{*(n)}) = \frac{\beta_2 - 1}{\beta_2}\frac{r}{r - \mu}\frac{x_i^{*(n)}}{h} \qquad (10.44)$$

而企业 n 的最优破产临界值为：

$$x_b^{*(n)}(c^{*(n)}) = \frac{\beta_2}{\beta_2 - 1}\frac{r - \mu}{r}c^{*(n)} = \frac{x_i^{*(n)}}{h} \qquad (10.45)$$

若企业 n 抢先成功，那么剩下 $n-1$ 家企业成为追随者，持有领导者破产之后的抢先投资期权价值为：

$$F^{(n-1)}(x | x_i^{*(n-1)}) = [V(x_i^{*(n-1)}) - I]\left(\frac{x_b^{*(n)}}{x_i^{*(n-1)}}\right)^{\beta_1}\left(\frac{x}{x_b^{*(n)}}\right)^{\beta_2} \qquad (10.46)$$

则第 $n-1$ 家企业想要抢先成为领导者的价值可表示为：

$$L^{(n-1)}(x | x_i^{*(n-1)}) = [V(x_i^{*(n-1)}) - I]\left(\frac{x_b^{*(n)}}{x_i^{*(n-1)}}\right)^{\beta_1}\left(\frac{x}{x_b^{*(n)}}\right)^{\beta_2}\frac{[1 - G(x_i^{*(n-1)})]^{n-1}}{[1 - G(\hat{x}_t)]^{n-1}}$$

$$(10.47)$$

类似于上面的求解过程，得到第 $n-1$ 家企业的最优抢先投资临界值、最优利息支付水平和最优破产临界值分别为：

$$x_i^{*(n-1)} = \psi \frac{\beta_1 + (n-1)\xi(x_i^{*(n-1)})}{\beta_1 - 1 + (n-1)\xi(x_i^{*(n)})} \frac{I}{\Pi(1)} \tag{10.48}$$

$$c^{*(n-1)}(x_i^{*(n-1)}) = \frac{\beta_2 - 1}{\beta_2} \frac{r}{r-\mu} \frac{x_i^{*(n-1)}}{h} \tag{10.49}$$

$$x_b^{*(n-1)}(c^{*(n-1)}) = \frac{\beta_2}{\beta_2 - 1} \frac{r-\mu}{r} c^{*(n-1)} = \frac{x_i^{*(n-1)}}{h} \tag{10.50}$$

依次类推，第 k 家企业的最优抢先投资临界值、最优利息支付水平和最优破产临界值分别由式（10.43）、式（10.44）和式（10.45）给定，只需将 n 替换为 k 即可。

10.4.2.2　均衡投融资策略

结合双头垄断情形的分析，我们就可以得到不完全信息下 n 家企业的最优投融资策略：

企业 n 在 x 到达 $x_i^{*(n)}$ 时抢先投资成为领导者，其最优抢先投资时机为：

$$T_i^{*(n)} = \inf\{t > 0 \mid X_t \geq x_i^{*(n)}\} \tag{10.51}$$

其中，$x_i^{*(n)}$ 由式（10.43）给定。企业 n 在 $T_i^{*(n)}$ 时刻投资的同时，发行永久性债务 $c^{*(n)}(x_i^{*(n)})$（由式（10.44）给定），其最优破产时机为：

$$T_b^{*(n)} = \inf\left\{t > T_i^{*(n)} \mid X_t \leq \frac{x_i^{*(n)}}{h}\right\} \tag{10.52}$$

在企业 n 破产之后，剩余 $n-1$ 家企业的最优抢先投资时机为：

$$T_i^{*(n-1)} = \inf\{t > T_b^{*(n)} \mid X_t \geq x_i^{*(n-1)}\} \tag{10.53}$$

其中，$x_i^{(n-1)}$ 由式（10.48）给定。企业 $n-1$ 在 $T_i^{*(n-1)}$ 投资的同时，发行永久性债务 $c^{*(n-1)}(x_i^{*(n-1)})$（由式（10.49）给定），其最优破产时机为：

$$T_b^{*(n-1)} = \inf\left\{t > T_i^{*(n-1)} \mid X_t \leq \frac{x_i^{*(n-1)}}{h}\right\} \tag{10.54}$$

其他企业的最优投融资策略可以依次类推。当企业 2 破产之后，最后一家企业，即企业 1 的最优投资时机为 $T_i^{*(1)}$、永久性债务利息支付为

$c^{*(1)}(x_i^{*(1)})$、最优破产时机为 $T_b^{*(1)}$，它们分别由式（10.37）、式（10.9）和式（10.38）给定。

从上面的分析，我们还可以得到不完全信息下企业最优投资临界值、利息支付和破产临界值分别满足下列不等式成立：

$$\psi x_{NPV} < x_i^{*(n)} < x_i^{*(n-1)} < \cdots < x_i^{*(2)} < x_i^{*(1)} = x_i \tag{10.55a}$$

$$c^{*(n)}(x_i^{*(n)}) < c^{*(n-1)}(x_i^{*(n-1)}) < \cdots < c^{*(2)}(x_i^{*(2)}) < c^{*(1)}(x_i^{*(1)}) = c(x_i) \tag{10.55b}$$

$$x_b^{*(n)} = \frac{x_i^{*(n)}}{h} < x_b^{*(n-1)} = \frac{x_i^{*(n-1)}}{h} < \cdots < x_b^{*(2)} = \frac{x_i^{*(2)}}{h} < x_b^{*(1)} = \frac{x_i^{*(1)}}{h} = \frac{x_i}{h} \tag{10.55c}$$

10.5　本章小结

与以往基于完全信息的研究不同，本章结合不同的市场结构和信息结构及企业类型，运用期权博弈方法，对双头垄断企业和寡头垄断企业的最优均衡投融资策略进行了深入系统地分析。首先，推导得出完全信息下垄断企业的价值函数、最优投资临界值、最优利息支付水平和最优破产临界值，分析发现企业最优投资临界值位于 0－NPV 临界值和全权益融资企业最优投资临界值之间；其次，推导得出完全信息下双头垄断和寡头垄断企业分别作为领导者和追随者的价值函数、最优投资临界值、最优利息支付水平和最优破产临界值，通过分析发现企业最优投资临界值、利息支付水平和最优破产临界值均呈现一种递减的趋势；最后，在上述完全信息分析的基础上，推导得出不完全信息下双头垄断和寡头垄断企业分别作为领导者和追随者的价值函数、最优投资临界值、最优利息支付水平和最优破产临界值，通过分析同样发现不完全信息下企业最优投资临界值、利息支付水平和最优破产临界值也均呈现一种递减的趋势。

通过本章模型的分析可以看出，企业的最优均衡投融资策略是由利息的税收收益、期望破产成本、不完全信息对自己战略行动的影响，以及竞争对手的战略反应综合权衡的结果，从而反映出企业投资和融资决策之间是一个非常复杂的协同互动优化的过程，它们是互为内生确定的过程。同前一章类似，本章模型有一个比较极端的假设就是"赢者通吃"，即首先抢先成功的企业完全占有整个市场，这种抢先博弈仅仅只适用于专利投资等类型。当考虑一般情形的抢先博弈，即首先抢先成功的企业只能占有部分市场份额时，分析将更加复杂和困难，因为这时企业不仅要考虑在抢先投资获得超额的垄断收益与继续等待获得较高的期权价值之间进行权衡，而且还要考虑后来的进入者对其投资收益的战略影响。这是我们下一步需要进行的工作，当然下一步的工作还包括：一是分别对完全信息和不完全信息下寡头垄断企业最优投资临界值、最优利息支付水平和最优破产临界值的大小关系进行数值模拟验证；二是考察市场需求波动率、企业税率和破产成本等参数对不完全信息下最优投资临界值、最优利息支付水平和最优破产临界值，以及最优均衡投融资策略的影响，等等。

第11章

寡头垄断企业投融资决策互动的
期权博弈模型

第 3 章到第 8 章都是关于双头垄断企业投融资决策互动行为的研究，第 9 章和第 10 章虽然在融资约束和不完全信息框架下涉及了寡头垄断企业的研究，但这两章都是在"赢者通吃"这种非常特殊的假设条件下的研究，而本章将在更为广泛的一般框架下对寡头垄断企业最优均衡投融资策略行为进行研究。特别是深入到企业微观层面，将企业最优投资决策、规模决策和融资决策同时结合起来，从更深的层次来挖掘和解析企业投融资决策之间的内在联系，以及彼此适应和协同优化的过程。

11.1 引言

在现实的投资和融资决策实践活动中，一个投资机会可能更多地为多家企业所共同拥有，这时一家企业所获得的价值及其最优投融资策略，不仅是自身投资和融资决策协同互动优化的过程，而且也是其他企业投资和融资决策协同互动优化的过程，更是它们之间彼此协同内生所决定的一个过程。因此，研究寡头垄断企业实物期权价值和战略竞争间的有效互动，以及其最优投资和融资行为规则及其规律，这对于企业进行战略投资项目的估价与决策的具体实践具有十分重要的现实意义。

现有运用期权博弈方法文献研究投资决策的多为双头垄断企业情形，如 Smets（1991）、Smit 和 Ankum（1993）、Dixit 和 Pindyck（1994）、Grenadier（1996）、Huisman 和 Kort（1999，2004）、Weeds（2002）、Pawlina 和 Kort（2006）。而研究多家企业的文献则相对较少，如 Baldursson（1998）假设生产

能力可以随时间连续调整并以此作为战略变量，发展了一个寡头垄断市场的古诺纳什均衡模型。Grenadier（2002）研究了连续时间古诺纳什框架下的一个对称均衡投资策略。Trojanowska 和 Kort（2005）在 Grenadier（2002）模型的基础上，假设市场不确定并服从一个算术布朗运动，考察了寡头垄断市场不确定性对能力扩张投资决策的影响。Murto 和 Keppo（2002）也发展了多家企业竞争单一投资机会的博弈模型，研究了不确定条件和不同信息结构下多家企业的最优投资策略纳什均衡解。Murto、Nasakkala 和 Keppo（2004）建立了日用品寡头市场最优产量决策的一个蒙特卡罗数值分析框架，给出了离散时间框架下唯一的 Markov 完美纳什均衡解。Bouis、Huisman 和 Kort（2005）将 Dixit 和 Pindyck（1994）及 Nielsen（2002）的标准战略实物期权模型扩展到了三家企业的情形。Kijima（2004）也建立了一个新市场多企业战略进入决策模型，研究发现寡头垄断和双头垄断市场一样也存在着三类均衡。邱菀华和余冬平（2006）进一步将 Kijima（2004）与 Bouis、Huisman 和 Kort（2005）的模型扩展为多家企业的寡头垄断市场情形，着重分正和负的两种投资外部性下，深入研究了企业的战略投资行为，并给出企业最优均衡投资策略规则。上述这些文献的一个共同特征是都假设企业是全权益融资企业，没有将融资决策纳入统一分析框架，割裂了投资和融资决策之间的协同互动的内在联系。

现有运用期权博弈方法研究投融资交互决策问题的经典文献，如 Lambrecht（2001）、Khadem 和 Perraudin（2001）、Bayer（2004）、Morellec 和 Zhdanov（2008）、Nishihara 和 Shibata（2008a，2008b）、Zhdanov（2008）、Chu（2009）。这些文献的一个共同特征都是研究双头垄断企业的投融资决策问题，而且都是基于企业宏观层面的分析，即均没有深入到企业微观层面最优投资规模或强度的分析。因为在大多数情况下，企业的投资决策一般包括两个方面，即最优投资时机和最优投资规模或强度。因此，最优投资规模或强度也是企业投资决策的一个重要考量因素，从而企业投资决策、规模决策和融资决策也必然是一个协同互动优化的过程。同时考察企业投资决策和规模决策的文献非常少见，如 Bar-Ilan 和 Strange（1999）、Dangl（1999）、Chu 和 Wong（2010）、Wong（2010，2011），但他们的研究都是基于垄断企业和全权益融资企业的假设，只是单独考察了企业的投资决策问题。

而在垄断企业框架下，研究债务融资企业的投融资决策问题的文献有 Wong（2010）、Wong 和 Wu（2010）和 Sarkar（2011）。其中，Wong（2010）

在企业投资成本与投资强度直接关联并由企业内生确定的假设条件下，运用实物期权方法考察了企业投资和融资决策之间的互动。研究得出，无论债务融资约束与否，债务对企业最优投资强度均无任何影响，即债务对投资强度的影响为中性；Wong 和 Wu（2010）在与 Wong（2010）相同的假设条件下，侧重考察了税率凸性对企业投资和融资决策互动的影响。研究发现，无论企业税率为线性还是凸性，杠杆企业的最优投资强度与非杠杆企业均相同，即同样也得出了债务对投资强度的影响为中性的结论，但杠杆企业的最优投资临界值要小于非杠杆企业；Sarkar（2011）同样在实物期权框架下，同时考察了企业的最优时机、最优规模和最优融资决策。研究发现，投资规模与投资临界值之间呈现正相关关系，税率和破产成本与投资临界值正相关但与投资规模负相关，债务融资对投资决策的影响取决于可利用的债务数额，而相对于非杠杆企业，杠杆企业在最优债务水平时做出的投资却是延迟的。上述这三篇文献虽然是在实物期权框架下同时研究最优时机、最优规模和最优融资三种决策，但是对于同时研究寡头垄断企业的三种决策具有重要的意义。

同时将上述三种决策纳入寡头垄断企业统一分析框架的仅仅只有一篇文献，如 Jou 和 Lee（2008）。他们假设所有企业是对称的，由此利用对称的古诺纳什均衡得出所有企业均具有相同的投融资策略，并发现竞争减少产出价格，从而激励企业等待更高的需求水平再进行投资。本章将在 Jou 和 Lee（2008）研究的基础上，将 Grenadier（2002）单独研究投资决策的全权益融资寡头企业扩展到杠杆融资寡头垄断企业情形，探讨寡头垄断企业最优均衡投融资策略。本章与 Jou 和 Lee（2008）不同之处在于：第一，模型假设不同，包括经营成本、投资成本和破产成本三个方面的不同。Jou 和 Lee 与本章对经营成本和投资成本假设正好相反，而且 Jou 和 Lee 假设破产成本为投资成本的一定比例，而本章假设破产成本为全权益融资企业收益的一定比例，比较符合现实。第二，模型分析侧重点不同。Jou 和 Lee 侧重于分析不确定性、破产成本和税率对企业投资和融资决策的影响，而本章则更加侧重于对寡头垄断企业三类决策之间内生互为优化的关系、最优均衡存在形式，以及最优均衡投融资策略规则的深入分析。

11.2　模型假设

在连续时间 $t \in [0, \infty)$ 里，考虑一个寡头垄断市场由 n 家同质企业组成，每家企业没有现有资产，但都拥有一个相同的项目投资机会。在项目投资完成后，每家企业立即可以生产单一同质产品。本章模型的建立有如下几点假设：

假设 11.1　每家企业投资完成后生产单一同质产品的价格 $P(t)$ 随时间随机波动，并能够达到市场出清：

$$P(t) = X_t Q^{-\frac{1}{\gamma}}, \gamma > 0 \tag{11.1}$$

其中，$Q = \sum_{j=1}^{n} q_j$ 是市场总供给，q_j 是每家企业的产量，γ 是固定的需求弹性，$\{X_t : t \geq 0\}$ 是乘子需求冲击，它服从一个几何布朗运动：

$$dX_t = \mu X_t dt + \sigma X_t dz_t^{\mathbb{Q}}, X_0 = x_0 > 0 \tag{11.2}$$

其中，$\mu < r$ 且 $\mu < \frac{\sigma^2}{2}$[①]和 $\sigma > 0$ 是固定参数，分别为市场需求冲击的瞬时漂移率和波动率，$r > 0$ 为固定的无风险利率；$z_t^{\mathbb{Q}}$ 表示风险中性概率空间 $(\Omega, \mathfrak{F}, \mathbb{Q})$ 下的标准布朗运动。

假设 11.2　为了确保边际收益随 X_t 递增，我们假设 $\gamma > \frac{1}{n}$。同时，在不产生符号混淆的情况下，我们忽略 X_t 的时间依赖，简记 $X(t) = x$。并假设初始需求冲击 x_0 非常小，以至于每家企业在初始时刻不会立即就进行投资。

假设 11.3　单位产品的边际生产成本为 w，该项目的初始不可逆投资成本 $I(q) = kq^\eta$[②]，其中 $k > 0$，$\eta > 1$。同时，我们假设投资成本 $I(q)$ 可以通过权益和债务混合融资，每家企业在最优投资时刻均发行无到期日的永久性

---

①　$\mu < r$ 是为了确保收敛，否则企业永远不会执行投资期权；$\mu < \frac{\sigma^2}{2}$ 是为了确保冲击破产临界值的期望时间是有限的。

②　与 Sarkar（2011）、Wang（2011）的研究类似，满足 $I(0) = 0, I'(0) = 0, I'(q) > 0, I''(q) > 0$，表明该项目规模报酬递减。

债券，瞬时利息支付水平均为 c[1]。因而，企业股东的净收益为 $(1-\tau)[q_i(X(t)Q^{-\frac{1}{\gamma}}-w)-c]$[2]，其中 $\tau \in (0,1)$ 为企业所得税率[3]。

假设 11.4 一旦利息支付 c 做出选择，在企业整个寿命周期内将保持不变，直到企业宣告违约，即在本章中不考虑动态资本结构调整问题。若企业违约，将直接面临破产清算，本章也暂不考虑破产重组情况。企业破产时，根据绝对优先权规则，企业股东权益价值为零，而债权人将接管企业继续经营，但由于管理的无效率，其收益将减少到 $(1-\alpha)(1-\tau)q_i(X_tQ^{-\frac{1}{\gamma}}-w)$，其中 $\alpha \in (0,1)$ 为破产清算成本比例，是债权人管理无效率的测度。

假设 11.5 n 家企业对以上所有模型参数具有完全信息，并且 n 家企业是对称的、理性的和风险中性的。同时，n 家企业的投资决策、规模决策、融资决策均由各自企业经理做出，不存在经理与股东之间的代理冲突问题，其经营目标是实现企业价值的最大化[4]。

通过上面的假设，每家企业将面临着三种选择，即最优投资时机决策、最优投资规模决策和最优融资决策。其中最优融资决策包括最优利息支付水平的选择和内生的破产决策。即当需求冲击 X_t 到达最优投资临界值 x_i^* 时，企业进行投资，并且同时选择最优投资规模 q^* 和最优利息支付水平 c^*；而当需求冲击下降到达最优破产临界值 x_d^* 时，企业宣告破产。

11.3 全权益融资

首先考虑全权益融资情形的企业价值，即企业的投资成本 $I(q)$ 完全由股东权益来进行融资。由于企业经营柔性的有限性，企业在项目投资之后，可

---

① 即为了筹措足够的投资资金，企业可以在投资之前与债权人达成协议，约定在未来投资之时债权人为其提供与投资时债务价值等额的永久性贷款，以弥补股东投资资金的不足。作为回报，债权人可以在投资之后获得瞬时利息收益 c。这种为未来提供融资的借款合约类似于 Chava（2003）提出的贷款承诺（Loan Commitment）。另外，永久性债务的假定主要是可以使企业价值函数独立于时间变量，从而可以获得各种价值的解析表达式。

② 所有税后收益全部作为股利支付给股东，企业不存在留存收益。

③ 本章均不考虑个人股息和利息收益的税率，这里的企业所得税率是一种对称性的税率，企业经营损失可以前向或后向无限期地抵扣税收，除非破产，否则企业都会拥有当期负债的全部税收利益。

④ 假定经理完全代表股东和债权人的利益，不仅不存在股东与经理之间的代理冲突，也不存在股东与债权人之间的代理冲突。

以在未来任一时刻放弃经营该项目。因此，利用标准的实物期权方法（见 Dixit，1989；Dixit 和 Pindyck，1994），非杠杆企业价值 $V^u(x)$ 满足下列常微分方程（ODE）：

$$\frac{1}{2}\sigma^2 x^2 V_{xx}^{''u} + \mu x V_x^{'u} - rV^u + \pi = 0 \tag{11.3}$$

其中，上标"u"表示全权益融资情形，$\pi = (1-\tau)q_i^u(X(t)Q^{-\frac{1}{\gamma}}-w)$。式 11.3 的一般解是：

$$V^u(x) = (1-\tau)q_i^u\left(\frac{xQ^{-\frac{1}{\gamma}}}{r-\mu}-\frac{w}{r}\right) + A_1\left(xq_i^uQ^{-\frac{1}{\gamma}}\right)^{\beta_1} + A_2\left(xq_i^uQ^{-\frac{1}{\gamma}}\right)^{\beta_2} \tag{11.4}$$

其中，A_1 和 A_2 是待定常数，β_1 和 β_2 是二次方程的 $\frac{1}{2}\sigma^2\beta(\beta-1)+\mu\beta-r=0$ 的两个根：

$$\beta_1 = \frac{1}{2}-\frac{\mu}{\sigma^2}+\sqrt{\left(\frac{1}{2}-\frac{\mu}{\sigma^2}\right)^2+\frac{2r}{\sigma^2}}>1, \beta_2 = \frac{1}{2}-\frac{\mu}{\sigma^2}-\sqrt{\left(\frac{1}{2}-\frac{\mu}{\sigma^2}\right)^2+\frac{2r}{\sigma^2}}<0 \tag{11.5}$$

式（11.4）中非杠杆企业价值必须满足三个边界条件：

$$\lim_{x\to\infty}V^u(x) = (1-\tau)q_i^u\left[\frac{xQ^{-\frac{1}{\gamma}}}{r-\mu}-\frac{w}{r}\right] \tag{11.6a}$$

$$V^u(x_a^*) = 0 \tag{11.6b}$$

$$V_x^{'u}(x_a^*) = 0 \tag{11.6c}$$

将式（11.4）代入式（11.6），得到非杠杆企业价值 $V^u(x)$ 为：

$$V^u(x) = (1-\tau)q_i^u\left[\left(\frac{xQ^{-\frac{1}{\gamma}}}{r-\mu}-\frac{w}{r}\right)-\left(\frac{x_a^*Q^{-\frac{1}{\gamma}}}{r-\mu}-\frac{w}{r}\right)\left(\frac{x}{x_a^*}\right)^{\beta_2}\right] \tag{11.7}$$

其中，最优放弃临界值 x_a^* 为：

$$x_a^* = \frac{\beta_2}{\beta_2-1}\frac{r-\mu}{r}Q^{\frac{1}{\gamma}}w \tag{11.8}$$

与上述类似的推导，在项目投资之前，非杠杆企业投资期权的价值 $F^u(x)$ 为：

$$F^u(x) = \left[(1-\tau)q_i^u \left[\left(\frac{x_i^{u*}Q^{-\frac{1}{\gamma}}}{r-\mu} - \frac{w}{r} \right) - \left(\frac{x_a^*Q^{-\frac{1}{\gamma}}}{r-\mu} - \frac{w}{r} \right) \left(\frac{x_i^{u*}}{x_a^*} \right)^{\beta_2} \right] - kq_i^{u\eta} \right] \left(\frac{x}{x_i^{u*}} \right)^{\beta_1}$$

$$(11.9)$$

其中，最优投资临界值 x_i^{u*} 满足下列方程：

$$(\beta_1 - 1)(1-\tau)q_i^u \frac{x_i^{u*}Q^{-\frac{1}{\gamma}}}{r-\mu} - \beta_1(1-\tau)q_i^u \frac{w}{r} + (\beta_2 - \beta_1)(1-\tau)$$

$$q_i^u \left(\frac{x_a^*Q^{-\frac{1}{\gamma}}}{r-\mu} - \frac{w}{r} \right) \left(\frac{x_i^{u*}}{x_a^*} \right)^{\beta_2} = \beta_1 kq_i^{u\eta} \qquad (11.10)$$

从式（11.8）和式（11.10）可以看出，放弃临界值 x_a^* 和投资临界值 x_i^{u*} 都是在企业投资规模 q_i^u 外生给定情况下的临界值。实际上，企业可以在最优投资时刻最优地选择其投资规模。而在对称的寡头垄断市场上，n 个同质企业将就产品产量进行竞争，博弈的结果是每家均获得古诺纳什均衡产量 $q_i^u = q^{u*}$，$i = 1, 2, \cdots, n$。而最优投资规模 q^{u*} 的最终选择是最大化投资时刻的企业投资期权价值 $F^u(x_i^{u*})$，即有 $\dfrac{\mathrm{d}F^u(x_i^{u*})}{\mathrm{d}q} = 0$。于是，我们可以得到 q^{u*} 满足下列方程：

$$\left(1 - \frac{1}{\gamma} \right) \frac{(1-\tau)x_i^{u*}Q^{-\frac{1}{\gamma}}}{r-\mu} + \frac{(1-\tau)w}{r} \left[\left(\frac{\beta_2}{\gamma} - 1 \right) \frac{1}{\beta_2 - 1} \left(\frac{x_i^{u*}}{x_a^*} \right)^{\beta_2} - 1 \right] - k\eta q^{u*\eta - 1} = 0$$

$$(11.11)$$

因此，为了确定最优的放弃临界值 x_a^*、最优投资临界值 x_i^{u*} 和最优投资规模 q^{u*}，必须同时联立式（11.8）、式（11.10）和式（11.11）通过数值方法求解。可见，全权益融资情况下的最优投资时机、最优投资规模和最优放弃时机是一个内生确定的过程。

11.4　权益与债务融资

下面考虑项目投资成本 $I(q)$ 由权益和债务混合融资的情形，我们用上标"l"来表示。我们首先给出项目投资之后的企业权益价值、债务价值和企业价值函数，然后推导出项目投资之前的企业投资期权价值，同时分别确定最优投资临界值、最优投资规模，以及最优资本结构水平，最后对寡头垄断企业投融资均衡策略进行分析。

11.4.1　企业价值函数

11.4.1.1　权益价值

在企业投融资完成以后，股东的净收益为 $\pi = (1-\tau)[\,q_i(X(t)Q^{-\frac{1}{\gamma}}-w)-c\,]$，通过求解满足式（11.3）的常微分方程，企业权益价值 $E^l(x)$ 的一般形式为：

$$E^l(x) = (1-\tau)\left[\,q_i^l\left(\frac{xQ^{-\frac{1}{\gamma}}}{r-\mu}-\frac{w}{r}\right)-\frac{c}{r}\,\right] + B_1\left(xq_i^lQ^{-\frac{1}{\gamma}}\right)^{\beta_1} + B_2\left(xq_i^lQ^{-\frac{1}{\gamma}}\right)^{\beta_2} \tag{11.12}$$

其中，常数 B_1 和 B_2 由下列非泡沫条件、价值匹配条件和平滑粘贴条件确定：

$$\lim_{x\to\infty} E^l(x) = (1-\tau)\left[\,q_i^l\left(\frac{xQ^{-\frac{1}{\gamma}}}{r-\mu}-\frac{w}{r}\right)-\frac{c}{r}\,\right] \tag{11.13a}$$

$$E^l(x_b^*) = 0 \tag{11.13b}$$

$$E_x^{'l}(x_b^*) = 0 \tag{11.13c}$$

将式（11.12）代入边界条件式（11.13），得到：

$$E^l(x) = (1-\tau)\left[\,q_i^l\left(\frac{xQ^{-\frac{1}{\gamma}}}{r-\mu}-\frac{w}{r}\right)-\frac{c}{r}\,\right] - (1-\tau)\left[\,q_i^l\left(\frac{x_b^*Q^{-\frac{1}{\gamma}}}{r-\mu}-\frac{w}{r}\right)-\frac{c}{r}\,\right]\left(\frac{x}{x_b^*}\right)^{\beta_2} \tag{11.14}$$

其中，最优破产临界值 x_b^* 为：

$$x_b^* = \frac{\beta_2}{\beta_2-1}\frac{r-\mu}{r}Q^{\frac{1}{\gamma}}\left(w+\frac{c}{q_i^l}\right) \tag{11.15}$$

11.4.1.2　债务价值

在企业投融资完成以后，债权人的净收益为 $\pi = c$。同样，通过求解满足式（11.3）的常微分方程，企业债务价值 $D^l(x)$ 的一般形式为：

$$D^l(x) = \frac{c}{r} + C_1\left(xq_i^lQ^{-\frac{1}{\gamma}}\right)^{\beta_1} + C_2\left(xq_i^lQ^{-\frac{1}{\gamma}}\right)^{\beta_2} \tag{11.16}$$

其中，常数 C_1 和 C_2 由下列非泡沫条件和价值匹配条件确定：

$$\lim_{x \to \infty} D^l(x) = \frac{c}{r} \tag{11.17a}$$

$$D^l(x_b^*) = (1-\alpha)V^u(x_b^*) \tag{11.17b}$$

将式（11.16）代入式（11.17），得到：

$$D^l(x) = \frac{c}{r} - \left[\frac{c}{r} - (1-\alpha)V^u(x_b^*) \right] \left(\frac{x}{x_b^*} \right)^{\beta_2} \tag{11.18}$$

11.4.1.3　企业价值

企业价值为权益价值和债务价值之和，即 $V^l(x) = E^l(x) + D^l(x)$，我们直接可以得到：

$$V^l(x) = (1-\tau)q_i^l \left(\frac{xQ^{-\frac{1}{\gamma}}}{r-\mu} - \frac{w}{r} \right) + \frac{\tau c}{r} \left[1 - \left(\frac{x}{x_b^*} \right)^{\beta_2} \right] - \alpha(1-\tau)q_i^l \left(\frac{x_b^* Q^{-\frac{1}{\gamma}}}{r-\mu} - \frac{w}{r} \right) \left(\frac{x}{x_b^*} \right)^{\beta_2}$$

$$- (1-\alpha)(1-\tau)q_i^l \left(\frac{x_a^* Q^{-\frac{1}{\gamma}}}{r-\mu} - \frac{w}{r} \right) \left(\frac{x}{x_a^*} \right)^{\beta_2}$$

$$\tag{11.19}$$

其中，第一项为企业净收益的现值，第二项为债务税盾收益，第三项和第四项为破产成本价值。注意式（11.19）中的 x_a^* 与式（11.8）不同，因为本模型假设投资规模一旦确定，其后将不会改变，因此此时的 q_i^l 不同于 q_i^u。

11.4.2　最优投资决策

前面已经假设企业经理的行为是追求企业价值最大化，那么与前面分析类似，在企业投资之前，企业投资期权价值 $F^l(x)$ 的一般形式为：

$$F^l(x) = G_1 \left(xq_i^l Q^{-\frac{1}{\gamma}} \right)^{\beta_1} + G_2 \left(xq_i^l Q^{-\frac{1}{\gamma}} \right)^{\beta_2} \tag{11.20}$$

其中，常数 G_1 和 G_2 由下列非泡沫条件、价值匹配条件和平滑粘贴条件确定：

$$F^l(0) = 0 \tag{11.21a}$$

$$F^l(x_i^{l*}) = V^l(x_i^{l*}) - kq_i^{l\eta} \tag{11.21b}$$

$$F'^l(x_i^{l*}) = V'^l(x_i^{l*}) \tag{11.21c}$$

其中，x_i^{l*} 为杠杆企业最优投资临界值。直接将式（11.19）和式（11.20）代入式（11.21），得到：

$$F^l(x_i^{l*}) = [V^l(x_i^{l*}) - kq_i^{l\eta}]\left(\frac{x}{x_i^{l*}}\right)^{\beta_1} \tag{11.22}$$

杠杆企业最优投资临界值 x_i^{l*} 满足下列方程：

$$(\beta_1 - 1)(1 - \tau)q_i^l \frac{x_i^{l*}Q^{-\frac{1}{\gamma}}}{r - \mu} - \beta_1(1 - \tau)q_i^l \frac{w}{r} + \frac{\tau c}{r}\left[\beta_1 - (\beta_1 - \beta_2)\left(\frac{x_i^{l*}}{x_b^*}\right)^{\beta_2}\right]$$

$$- (\beta_1 - \beta_2)\alpha(1 - \tau)q_i^l\left(\frac{x_b^*Q^{-\frac{1}{\gamma}}}{r - \mu} - \frac{w}{r}\right)\left(\frac{x_i^{l*}}{x_b^*}\right)^{\beta_2}$$

$$- (\beta_1 - \beta_2)(1 - \alpha)(1 - \tau)q_i^l\left(\frac{x_a^*Q^{-\frac{1}{\gamma}}}{r - \mu} - \frac{w}{r}\right)\left(\frac{x_i^{l*}}{x_a^*}\right)^{\beta_2} = \beta_1 kq_i^{l\eta}$$

$$\tag{11.23}$$

其中, $Q = \sum\limits_{j=1}^{n} q_j^l$ 。

可见, 式 (11.23) 是非常复杂的非线性方程, 必须通过数值方法进行求解。

11.4.3 最优规模决策

最优投资临界值 x_i^{l*} 满足的式 (11.23), 是在外生给定投资规模 q_i^l 情况下得出的临界值。与前面全权益融资情形分析一样, 为了得出在最优投资时机最优地选择投资规模水平, 可令 n 家杠杆企业古诺纳什均衡产量 $q_i^l = q^{l*}$, $i = 1$, 2, …, n 。则我们直接最大化最优投资时刻的企业投资期权价值 $F^l(x_i^{l*})$, 即有 $\dfrac{\partial F^l(x_i^{l*})}{\partial q} = 0$ 。我们得到 q^{l*} 由下列方程确定：

$$\left(1 - \frac{1}{\gamma}\right)\frac{(1 - \tau)x_i^{l*}Q^{-\frac{1}{\gamma}}}{r - \mu} - \frac{(1 - \tau)w}{r} + \beta_2\frac{wq + c(1 - \gamma)}{q\gamma(wq + c)}\frac{\tau c}{r}\left(\frac{x_i^{l*}}{x_b^*}\right)^{\beta_2}$$

$$- \frac{\alpha(1 - \tau)}{r}\frac{1}{\beta_2 - 1}\left[w + \frac{\beta_2 c}{q} - \beta_2 c - \beta_2\left(w + \frac{\beta_2 c}{q}\right)\frac{wq + c(1 - \gamma)}{\gamma(wq + c)}\right]\left(\frac{x_i^{l*}}{x_b^*}\right)^{\beta_2}$$

$$- (1 - \alpha)(1 - \tau)\left[\frac{1}{\beta_2 - 1}\frac{w}{r} - \frac{\beta_2}{\gamma}\right]\left(\frac{x_i^{l*}}{x_a^*}\right)^{\beta_2} - k\eta q^{l*\eta - 1} = 0$$

$$\tag{11.24}$$

其中，$Q = nq^{l*}$。

因此，为了确定最优放弃临界值 x_a^*、最优破产临界值 x_b^*、最优投资临界值 x_i^{l*} 和最优投资规模 q^{l*}，必须同时联立式（11.8）、式（11.15）、式（11.23）和式（11.24）通过数值方法求解。但必须指出的是，这时的最优投融资决策中债务利息支付水平 c 是外生给定的。

11.4.4 最优资本结构

下面为了得到最优债务水平或资本结构，即最优利息支付水平 c^*，我们可以最大化在最优投资时机 $x = x_i^{l*}$ 和最优投资规模 $q = q^{l*}$ 时的企业总价值 $V^l(x)$（即式（11.19）），即由 $\frac{\partial V^l(x_i^{l*})}{\partial c} = 0$，我们可以得到 c^* 满足下列方程：

$$\frac{\tau}{r}\left[1-\left(\frac{x_i^{l*}}{x_b^*}\right)^{\beta_2}\right] + \frac{\beta_2 \tau}{r}\frac{c^*}{wq^{l*}+c^*}\left(\frac{x_i^{l*}}{x_b^*}\right)^{\beta_2} - \frac{\alpha(1-\tau)q^{l*}}{wq^{l*}+c^*}\left[\frac{(1-\beta_2)x_b^* Q^{-\frac{1}{\gamma}}}{r-\mu}+\frac{\beta_2 w}{r}\right]\left(\frac{x_i^{l*}}{x_b^*}\right)^{\beta_2}=0$$

$$(11.25)$$

其中，$Q = nq^{l*}$。

由此可见，最终的最优放弃临界值 x_a^*、最优破产临界值 x_b^*、最优投资临界值 x_i^{l*}、最优投资规模 q^{l*}，以及最优利息支付 c^* 的确定，必须同时联立式（11.8）、式（11.15）、式（11.23）、式（11.24）和式（11.25）通过数值方法求解。同时，从五个内生确定的决策变量（x_i^{l*}，q^{l*}，c^*，x_a^*，x_b^*）来看，它们满足一个嵌套结构，进而反映了企业的投资决策、规模决策和融资决策是一个协同互动的过程。

11.4.5 均衡策略分析

本章模型考虑的是一种非常理想和特殊的情形，即 n 家理性、对称和风险中性的企业同时拥有相同的项目投资机会，项目投融资完成后生产同一产品，并能够在寡头垄断市场上获得市场出清价格，企业的投资时机和融资水平均能够达到一个均衡，同时企业的最优投资规模也能达到一个古诺均衡。因此，本模型只存在一个均衡，即同时均衡。

结合上节的分析，我们可以得到 n 家企业的同时均衡投融资策略：

定义 $t_0 = \inf\{t \geq 0 \mid x = x_0\}$。于是，当 $t_0 < T_i^{l*} = \inf\{t \geq 0 \mid x \geq x_i^{l*}\}$ 时，每家

企业均不投资；当 $T_i^{l*} \leq t_0 < T_b^* = \inf\{t > T_i^{l*} \mid x \leq x_b^*\}$ 时，每家企业同时进行投资，并同时发行债务 c^*，开始生产 q^{l*} 数量的产品；当 $T_b^* \leq t_0 < T_a^* = \inf\{t > T_b^* \mid x \leq x_a^*\}$ 时，每家企业进行破产清算，债权人接管企业成为新的管理者继续经营；当 $t_0 \geq T_a^*$ 时，债权人放弃该投资项目。

11.5　本章小结

本章深入到企业微观层面，将企业最优投资时机、最优投资规模和最优融资决策同时纳入了同一分析框架中，运用期权博弈方法，探讨了寡头垄断企业对称的古诺纳什均衡投融资策略。通过严格的数学推导首先得到了债务融资企业的权益价值、债务价值和企业价值函数，进而得到了最优投资临界值、最优投资规模和最优资本结构所满足的三个非线性方程，这三个方程满足一个嵌套结构，从而表明企业的最优投资决策、规模决策和融资决策行为是一个协同互动优化的过程。最后模型分析得到只存在同时均衡一类均衡，这主要是基于本章模型特殊的假设，即寡头垄断市场所有企业相同并且理性，最优投资规模最终能够形成一个古诺纳什均衡。

当然，本章模型分析的是一种比较理想和简单的情况，如果像第 9 章和第 10 章一样，企业可以在自己最有利的时机进入和退出市场，那个模型的三类决策分析将会变得非常复杂，无法对企业投融资决策的互动行为获得比较清晰的认识，这是一个非常具有挑战性的工作。但无论如何，从本章模型的分析中可以看出，企业的最优投融资的交互决策行为是利息的税收收益、期望破产成本和竞争者的战略行动综合权衡的结果。下一步的工作数值分析理所当然不可或缺，包括：第一，分析市场需求的增长率和波动率、利率、企业税率和破产成本等企业特征和市场经济因素，对寡头垄断企业的最优投资临界值、利息支付、杠杆比率和破产临界值的影响及其规律；第二，重点探讨市场竞争的程度对最优投资临界值、利息支付、杠杆比率和破产临界值的影响及其规律；第三，与 Grenadier（2002）全权益融资企业情形进行比较静态分析，探讨融资柔性对企业投资策略和企业价值的影响规律。

第 12 章

基于期权博弈的企业投融资决策
互动的应用研究

本章将在第 2 章基本理论研究的基础上，对第 3 章直到第 11 章的期权博弈模型进行一个全面系统的梳理，以此从五大方面对基于期权博弈的企业投资决策以及投融资交互决策行为分析的应用框架进行构建，并以"宽带奥运"一个简单的实例，对本书应用框架和模型的应用思路及步骤做出进一步的解释和说明，以期能够为实际的投资和融资决策实践提供一定的指导和帮助。

12.1 投资决策应用框架

本节首先割裂企业的融资决策问题，而单独来探讨和构造全权益融资企业投资决策的期权博弈方法应用框架。

应用期权博弈方法进行投资决策与构造应用框架时，需要考虑很多的因素，我们既要保证所建立框架的完整性与丰富性，又要保证它的可操作性和有效性，以及直观性和简洁性，从而才能使该应用框架起到真正的引导作用。因此，建立的应用框架需要全面综合从输入变量的构造到具体数据的获取等大量详细的资料。

图 12.1 是一个简单的基于期权博弈的投资决策应用框架示意图。

应用框架共分为五步，其中金融市场是整个应用框架中完善决策框架、提供输入变量和实物期权估价的重要参考点，并为评价结果的解释提供基准。下面对这一应用框架进行详细的阐述。

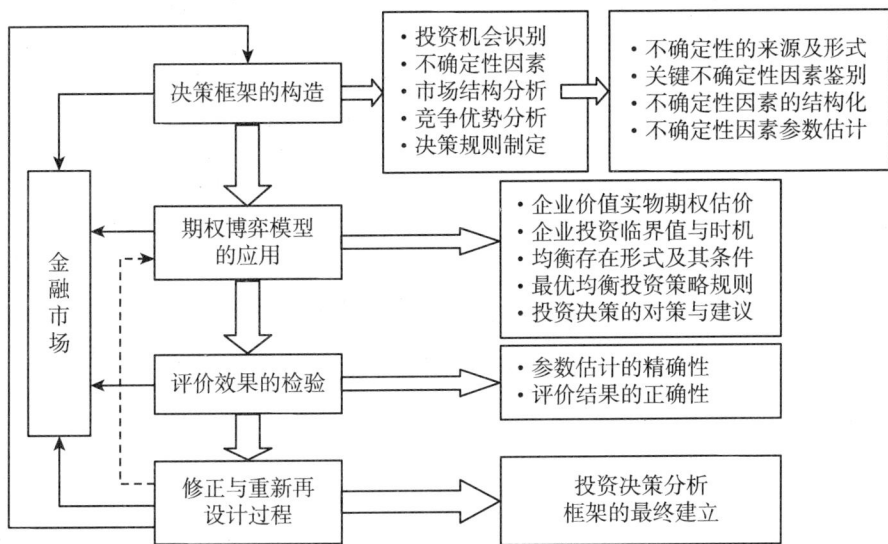

图 12.1　基于期权博弈的投资决策应用框架

12.1.1　决策框架的构造

第一步包括五个方面。

（1）企业管理者应明确说明存在哪些可能的战略投资机会，并识别战略投资机会中所蕴含的实物期权。而且有些投资机会总是包含一系列的决策，相应的实物期权应用中也包含一系列的期权，这些期权一般具有分层或连续结构。为了符合决策直觉并使评估更容易，可采用模块方法将复杂的期权进行分解。因此，实物期权的识别及其之间的互动性都需要决策者去精心设计与发现。

（2）战略投资决策机会的不确定性因素分析。首先，要识别战略投资项目的不确定性来源及形式。实物期权具有多个不确定性来源，既包括市场风险，也包括非市场风险。如技术不确定性带来的风险属于企业的非市场风险（非系统风险），而经济不确定性带来的风险属于企业面临的市场风险（系统风险）。仔细区分非市场风险和市场风险的来源和形式，有助于我们得到科学的结论。

其次，关键不确定性因素的鉴别。当存在三个或三个以上的风险因素时，实物期权价值的计算将变得非常困难，因此需要仔细地分析项目的不确定性，以找出最为重要的风险因素。风险因素是战略投资项目不确定性价值的根源，这就需要找出影响程度和风险程度都比较大的风险因素。

再次，不确定性因素的结构化，即要确定不确定性的演化形式。为了刻画不确定性演化的动态随机性，一般用随机过程来描述其演化过程。连续时间状态下的随机过程形式成为扩散过程，如几何布朗运动、均值回复过程等；离散时间状态下的随机过程一般采用二叉树过程和泊松过程等。有时也并不一定是完全独立形式的连续或离散随机过程，而是两个过程的结合。因此，对不确定性的描述要根据具体状态变量的具体情况采用合适的随机过程。

最后，不确定性因素的参数估计。这些参数一般包括标的资产的现值、现金流、不确定性来源的波动率与漂移率，以及无风险利率的数据等。有些参数是与金融市场直接相关的，可以利用金融市场上相应的数据来获得，有些与金融市场无关，需要从类似的战略投资项目的历史数据或经验数据，以及项目的真实信息和工程估计等基础上来获得。而无风险利率一般根据期权期限及执行时期按照基于 AAA 级的零息债券利率结构曲线决定的，可以用一年期国库券利率来近似代替。

（3）微观市场结构的分析。实物期权具有排他性并且排他性对期权价值的影响因市场结构而不同，这就使得我们必须考虑市场结构和竞争者状况，亦即了解企业所拥有的战略投资期权是独占的还是共享的，是否需要引入博弈论的分析方法。这已经在第 2 章给予了具体阐述。

（4）竞争优势的分析。分析的目的主要是因为不同的竞争优势会对实物期权价值产生不同的影响。这种竞争优势一般可分为先动优势和后动优势，先动优势主要来源于四个方面：技术的领导地位；事先占有稀有资源；购买者的转换成本和品牌的忠诚度；经验效应。后动优势也主要来源于四个方面：搭便车效应；更小的不确定性风险；先行者的技术的不连续性；消耗战中的后动优势。但无论是先动优势还是后动优势也会因不同的投资外部性而有所不同。在负的投资外部性下的先动优势，虽然能够给先行者带来超额利润，但竞争一般会侵蚀其实物期权价值。而在正的投资外部性下的后动优势，后行者一般会从先行者的投资中获得较大的收益。

（5）战略投资决策规则的制定。在第 2 章中，我们已经知道，扩展的（战略）NPV ＝（静态）NPV ＋柔性（实物期权）价值＋战略（博弈论）价值，企业进行投资决策时应最大化投资项目的扩展 NPV 值。当投资项目具有独占性时，不需要考虑竞争对手的投资行为对自身的影响，因而战略价值不存在，项目的扩展 NPV 就只包括前两项，因而不需要进行博弈分析，此时的投资决策准则是选择项目的价值大于或等于投资的直接成本与期权价值之和的时机投资，否则延迟投资。而当投资项目具有共享性时，在进行实物期权定价的同时，要考虑竞争对手的投资行为对自己拥有的期权价值的影响，按照租金均等原则，确定最优的期权执行策略。

12.1.2 期权博弈模型的应用

第二步首先建立关于企业所持有的投资期权价值的微分方程，寻求企业价值函数与投资临界值的闭解形式或解析解，然后将之与投资的博弈分析结合起来进行均衡投资策略分析。具体分析步骤也已经在本书的第 2 章中给予了具体阐述。

12.1.3 评价结果的检验与评估

第三步一方面是紧密观察金融市场，看与市场有关的参数估计是否足够精确，是否最大限度地利用了金融市场的信息。

另一方面是要对初始评价结论进行分析，是否有价值遗漏。这些价值遗漏会以现金流的形式存在（如租金、利息、税收和保险费等），或以持有收益率的形式存在。这些特点会改变标的实物资产的演化路径，从而影响到投资期权的价值的正确评估，进而影响到投资决策。

12.1.4 修正和重新再设计过程

第四步是在第三步检验结果的基础上，对各个基本参数估计及相应的期权博弈模型进行必要的校正、调整和完善，力争做到真实地反应投资项目的相关变量的演化路径。

12.1.5 决策框架的最终建立

第五步主要是通过上述几次反复的过程，最终建立起可操作性、有效性和适用性强的企业投资分析的整个决策框架。

12.2 投融资交互决策应用框架

上节已经从五个方面详细构造了具有一般指导意义的基于期权博弈的投资决策分析的整个应用框架，而企业投融资交互决策的期权博弈方法应用框架与上述框架基本类似，只需在此基础上稍加修改。

基于期权博弈的企业投融资交互决策应用框架也包括五个步骤，第一步和第三、第四、第五步类似，在此不予赘述。我们只对第二步做一下具体阐述。

图 12.2 是一个简单的基于期权博弈的投融资交互决策应用框架示意图。

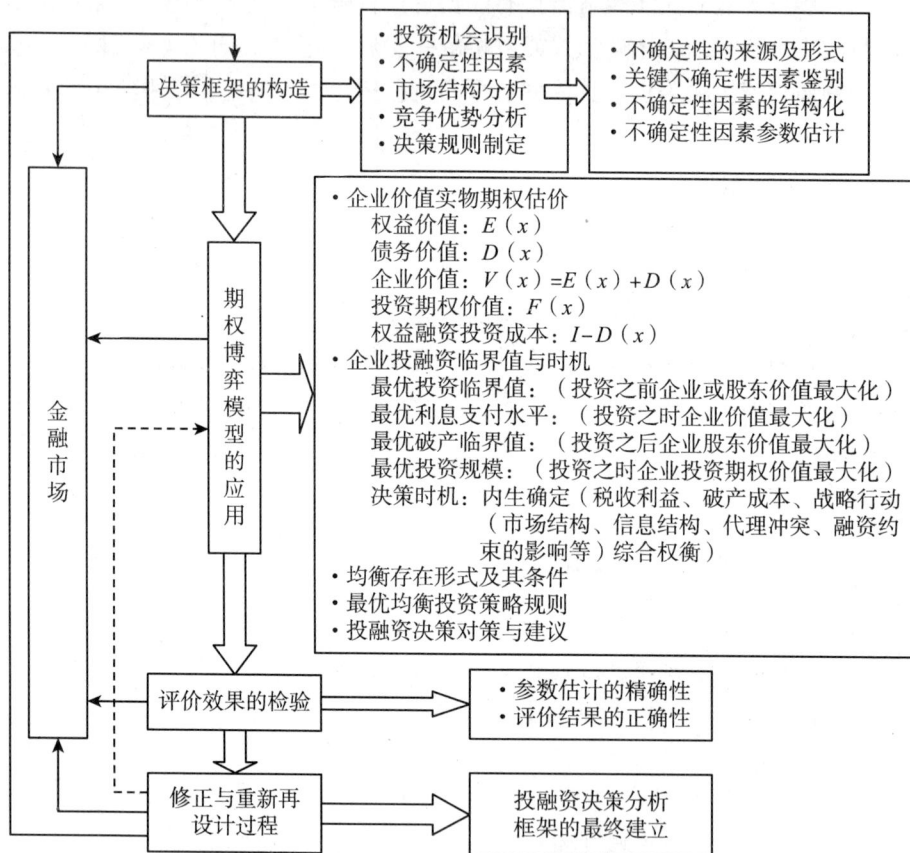

图 12.2　基于期权博弈的投融资交互决策应用框架

图 12.2 中的第二步不同于单独只考虑企业投资决策（即全权益融资）、情形，债务融资企业投融资决策互动的期权博弈模型构建和分析要复杂得多，这不仅仅是增加了对债权人利益的考虑，而且是要同时考虑企业的进入和退出市场决策，即不仅包括最优投资时机决策，而且还包括最优破产时机和最优债务水平的选择。尽管异常复杂，但是模型依然可以通过逆向归纳法来建立和求解，包括以下几个步骤：

（1）首先推导出企业的最优均衡破产策略及其相应的破产临界值。这时可以根据利息支付水平或是利息—利润比大小关系来判断谁先破产退出市场，以及采取的相应破产策略。

（2）根据上述最优均衡破产策略的分析，我们就可以分析得出企业首先作为追随者可能面临的几种情形：是"垄断市场"情形还是"后进先出"或"后进后出"情形。这时根据每种不同的情形可以推导出企业作为追随者的权益价值 $E(x)$、债务价值 $D(x)$、企业价值 $V(x)$，以及投资期权的价值 $F(x)$。进而在领导者投资和融资策略给定的情况下，可以求解得到追随者的最优投融资策略。

（3）同样，根据几种进入和退出市场的情形，分别推导出企业作为领导者的权益价值 $E(x)$、债务价值 $D(x)$、企业价值 $V(x)$，以及投资期权的价值 $F(x)$。进而在上步追随者对领导者最优反应的基础上，求解出领导者的最优投融资策略。

（4）根据领导者和追随者的最优投融资策略，分析整个模型存在均衡形式及其存在的条件，总结和归纳每种均衡形式下的最优均衡投融资策略和规则。

（5）根据不同的各个参数取值进行数值模拟仿真分析，探讨模型最可能存在的精炼纳什均衡，并做参数的敏感性分析，分析企业投融资决策交互行为的特征和规律。

（6）与现实的企业投融资决策实践进行对照，通过我们的理论分析对某些现象和规律进行解释和验证，并提炼出一些具体的针对性对策和有益措施，以指导企业投融资决策的实践。

上述模型的构建和求解过程中必须注意几个问题：

（1）若企业项目投资成本由权益和债务混合来融资，企业在投资之前可以与债权人达成协议，约定在未来投资之时债权人为其提供与投资时债务价值等额的永久性贷款，以弥补股东投资资金的不足。如果债权人提供的贷款数额小于投资成本，短缺的部分可以利用股东的自有资金弥补；如果债权人提供的贷款数额大于投资成本，超出的部分将作为股利支付给股东。

（2）不同的决策变量由不同时机时的不同价值函数最大化而得到。其中，最优投资临界值的求解由最大化投资之前的企业价值得到（经理以企业价值最大化为目标时），或者由最大化投资之前的股东价值得到（经理以股东价值最大化为目标时）；最优利息支付水平的求解由最大化投资之时的企业价值得到；最优破产临界值的求解由最大化投资之后的股东权益价值得到；最优投资规模的求解由最大化投资之时的企业投资期权价值得到。

（3）不同的市场结构、信息结构、代理冲突和融资约束均对企业最优均衡投融资策略产生不同的影响。这时，必须结合不同的具体情况做出相应的分析。例如，在双头垄断和寡头垄断市场结构下的企业投融资交互决策行为需由利息税收收益、破产成本和竞争者的战略行动综合权衡来内生确定；在不对称和不完全信息结构下的企业投融资交互决策行为需由利息税收收益、破产成本、不对称和不完全信息对自己战略行动的影响，以及竞争对手的战略反应综合权衡来内生确定；在代理冲突下的企业投融资交互决策行为需由利息税收收益、破产成本、代理成本和竞争者的战略行动综合权衡来内生确定；而融资约束下的企业投融资交互决策行为需由利息税收收益、破产成本、融资约束对战略行动的影响，以及竞争对手的战略反应综合权衡来内生确定。

12.3　投融资决策互动的应用案例

作为企业投融资决策互动分析的一个简单的应用实例，虽然 2008 年北京奥运会已经成功举办了有 5 年时间，但是我们完全可以站在 2008 年北京奥运会举办之前的某个时点上，从以奥运为契机带动整个中国数字宽带发展的角度出发，运用期权博弈的战略思维和方法，来深入探讨和分析中国电信和中国网通两大运营商在宽带新技术开发与新市场开拓方面的最优投资和融资决策行为，并可以从整个社会福利角度来分析政府政策及策略性行为。

需要说明的是，这个案例我们并不做过多的详尽和完整的分析，本节的主要目的只是简单的通过一个实例来说明用期权博弈方法来进行企业投融资交互决策行为分析的基本思路和步骤。

12.3.1　案例背景

在这个日益依赖信息技术的社会，从某种意义上说，通信服务的质量将直接影响人们对奥运举办城市的印象和对奥运会的总体评价。1964 年东京奥运会上，首次利用专门发射的卫星实现电视直播轰动一时；1992 年巴塞罗那奥运会上，2M 以上带宽的通信和传输开创了历史；1996 年亚特兰大奥运会上，互联网技术给人耳目一新的感觉；2000 年悉尼奥运会上，移动通信技术开始大行其道；2004 年雅典奥运会上，希腊方面投入应用的通信新技术包括 DSL 宽带接入、3G、网络安全技术。而在 2008 年北京奥运会，建立了一个高可靠、高度灵活，可扩展、可重新利用，能适应新技术发展的宽带数字化系统。北京奥运是"宽带奥运"，其内涵是最大限度地满足客户对稳定性、安全性和便捷性的需求，通过技术到服务的全面组合，实现更快的服务响应速度，更高的网络接入宽带和更强的业务满足能力。具体来说，"宽带奥运"包括宽带网络、宽带业务和宽带服务三个方面的通信服务。也就是说，在当时广播、电视、报纸、网络这四类媒体的奥运报道内容都被整合进行了宽带传播。

无疑 2008 年"宽带奥运"是当初中国宽带运营商进行战略投资的一个重要内容。宽带在中国的发展，经历了 2001 年的圈地时期和 2003 年的"雪崩"式发展时期，如今宽带网络已经进入了千家万户。目前，宽带市场已经步入了一个相对比较规范的时期，形成了中国电信、中国网通、长城宽带和中国铁通等运营商和接入商相鼎立的局面。但作为宽带价值链上的主导者，中国电信与中国网通无疑是当初宽带市场的两个主要角色。而长城宽带和中国铁通只是作为宽带接入商，与中国电信和中国网通两大运营商相比，在宽带市场上占有非常小的份额，不足以与两大运营商争取竞争优势。

2004 年 7 月中国移动通信集团公司和中国网络通信集团公司先后与北京奥组委签约成为北京 2008 年奥运会移动通信服务、固定通信服务的合作伙伴。"宽带奥运"是中国网通奥运战略的实施主线，将在宽带网络、宽带接入、宽带业务和宽带服务四个方面进行全方位的建设，无疑中国网通已成为北京奥运会宽带建设的主导者。但是从两大宽带运营商的优势来看，无论从规模、运营经验、人才、整体投资等角度，中国电信是中国宽带运营商的"老大"。虽然中国电信未获得北京 2008 年奥运会固定通信服务合作伙伴资格，但中国电信同样加强了与奥运各方面的联系，加大了在北京等奥运城市的宽带建设和运营。因此，从企业投资资源和能力角度来说，我们认为中国电信和中国网通能够形成当时奥运宽带建设的双头垄断市场局面。

2008年北京奥运会将把北京建设成国际通信中心、国际互联网中心和国际信息中心，"宽带奥运"也成为整个中国数字宽带化和信息化建设的催化剂。对每家运营商来说，它们都会以"宽带奥运"为契机，在不确定性和动态竞争的环境中，来抢占有利的市场和技术资源，从而获得自身的竞争优势，实现企业的可持续发展。这里的不确定性主要来自政策、市场和技术的不确定性，这些都带有突发性，是企业所不能控制的。政策不确定性主要源于政府政策性支持使得某一运营商形成对宽带投资项目的垄断地位，而其他运营商将失去该项目的投资机会的不确定性；市场的不确定性主要源于奥运会前及期间宽带客户需求的不确定性（包括国内与国外），特别是奥运会结束后需求具有更大的不确定性。技术的不确定性主要源于现有技术能否满足奥运会高质量的通信需求和奥运会结束后能否重复利用，以及下一代宽带技术（如无线WIMAX技术）发展的不确定性等。这些不确定性将最终体现在未来宽带客户需求与投资收益的不确定性上。

从第2章分析中我们知道，对于这样收益不确定性、投资额巨大、具有不可逆特点的宽带投资项目来说，就赋予了宽带运营商们一系列的实物投资期权。在动态的竞争环境中，各运营商要想获得竞争优势，就必须结合博弈论的思维方式来制定它们各自的最优投资和融资策略。

12.3.2 模型设计

考虑到两大运营商的实力不同，在本案例中主要体现在对于相同投资额度的投资项目中国电信相对于中国网通有一个较低的经营成本，这主要是因为中国电信是宽带运营商的"老大"，有雄厚的实力并占据国内市场较大的市场份额，在宽带市场具有良好的基础。因此，我们可以认为它们是两个不对称的双头垄断企业，为此我们可以首先假设两大运营商都是全权益融资企业，以此来对两企业的价值、最优投资策略，以及社会福利进行分析。

为了分析简便，仅考虑下一代宽带新技术发展的新市场模型，即假设 $D_{00} = D_{01} = 0$。因为消费者剩余包含在总的福利里面，我们指定一个需求函数。假设宽带市场特征由一个反需求函数来刻画 $P: R_+ \rightarrow R_+$，以及成本函数 $C: R_+ \rightarrow R_+$：

$$P(q) = a - bQ_T, a > 0, b > 0, Q_T \leqslant \frac{a}{b} \qquad (12.1)$$

$$C(q) = cq, 0 < c < a \qquad (12.2)$$

如果仅仅只有一家企业 i 在市场上活动，它作为一个垄断者进行经营，所以

$$D_{10}^i = \max_{q_i}\{P(q_i)q_i - c_i q_i\} \qquad (12.3)$$

解这个最优化问题得到垄断产量 $q_i^m = \frac{a - c_i}{2b}$，垄断价格 $p_i^m = \frac{a + c_i}{2}$，垄断利润 $D_{10}^i = \frac{(a - c_i)^2}{4b}$。同理，对企业 j 有 $q_j^m = \frac{a - c_j}{2b}$，$p_j^m = \frac{a + c_j}{2}$，$D_{10}^j = \frac{(a - c_j)^2}{4b}$。

如果两企业在市场上都是活动的，并且进行着产量竞争，形成一个古诺均衡，即对于企业 i 有：

$$D_{11}^i = \max_{q_i}\{P(q_i + q_j)q_i - c_i(q_i)\} \qquad (12.4)$$

求解得到双头垄断产量 $q_i^d = \frac{a - 2c_i + c_j}{3b}$，双头垄断利润 $D_{11}^i = \frac{(a - 2c_i + c_j)^2}{9b}$，双头垄断价格 $p^d = \frac{a + c_i + c_j}{3}$。同理，对于企业 j 可以得到 $q_j^d = \frac{a - 2c_j + c_i}{3b}$，$D_{11}^j = \frac{(a - 2c_j + c_i)^2}{9b}$。注意 $D_{10}^i > D_{11}^i$ 和 $D_{10}^j > D_{11}^j$，这意味着对两企业都有一个先动优势。

注意到需求函数等于 $D(p) = \frac{a}{b} - \frac{1}{b}p$。那么当只有一家企业活动和两家企业都是活动时的消费者剩余分别表示为 CS^m，CS^d：

$$CS_i^m = \int_{p_i^m}^a D(p)dp = \frac{(a - c_i)^2}{8b} \qquad (12.5)$$

$$CS_j^m = \int_{p_j^m}^a D(p)dp = \frac{(a - c_j)^2}{8b} \qquad (12.6)$$

$$CS^d = \int_{p^d}^a D(p)dp = \frac{[2a - (c_i + c_j)]^2}{18b} \qquad (12.7)$$

那么，在抢先均衡中期望折现消费者剩余等于：

$$E((CS_i^d(Y)) = E\left[\int_{T_{iP}}^{T_{jF}} e^{-rdt} Y(t) CS_i^m dt\right] + E\left[\int_{T_{jF}}^{\infty} e^{-rdt} Y(t) CS^d dt\right]$$

$$= \frac{Y^{\beta_1} CS_i^m}{r-\mu}(Y_{iP}^{1-\beta_1} - Y_{jF}^{1-\beta_1}) + \left(\frac{Y}{Y_{jF}}\right)^{\beta_1} \frac{Y_{jF} CS^d}{r-\mu} \qquad (12.8)$$

$$E((CS_j^d(Y)) = \frac{Y^{\beta_1} CS_j^m}{r-\mu}(Y_{jP}^{1-\beta_1} - Y_{iF}^{1-\beta_1}) + \left(\frac{Y}{Y_{iF}}\right)^{\beta_1} \frac{Y_{iF} CS^d}{r-\mu} \qquad (12.9)$$

双头垄断市场的期望生产者剩余为：

$$E(PS_i^d(Y)) = E\left[\int_{T_{iP}}^{T_{jF}} e^{-rdt} Y(t) D_{10}^i dt\right] + E\left[\int_{T_{jF}}^{\infty} e^{-rdt} Y(t) D_{11}^i dt\right]$$

$$+ E\left[\int_{T_{jF}}^{\infty} e^{-rdt} Y(t) D_{11}^i dt\right] - [E(e^{-rT_{iP}})I_i + (e^{-rT_{jF}})I_j]$$

$$= \frac{Y^{\beta_1} D_{10}^i}{r-\mu}(Y_{iP}^{1-\beta_1} - Y_{jF}^{1-\beta_1}) + \left(\frac{Y}{Y_{jF}}\right)^{\beta_1} \frac{Y_{jF}(D_{11}^i + D_{11}^j)}{r-\mu}$$

$$- \left[\left(\frac{Y}{Y_{iP}}\right)^{\beta_1} I_i + \left(\frac{Y}{Y_{jF}}\right)^{\beta_1} I_j\right]$$

$$(12.10)$$

$$E(PS_j^d(Y)) = \frac{Y^{\beta_1} D_{10}^j}{r-\mu}(Y_{jP}^{1-\beta_1} - Y_{iF}^{1-\beta_1}) + \left(\frac{Y}{Y_{iF}}\right)^{\beta_1} \frac{Y_{iF}(D_{11}^i + D_{11}^j)}{r-\mu} - \left[\left(\frac{Y}{Y_{jP}}\right)^{\beta_1} I_j + \left(\frac{Y}{Y_{iF}}\right)^{\beta_1} I_i\right]$$

$$(12.11)$$

式（12.8）和式（12.10）具体推导可参见附录 A12。

于是，双头垄断市场的期望福利表示为：

$$E(W_i^d(Y)) = E(CS_i^d(Y)) + E(PS_i^d(Y)) \qquad (12.12)$$

$$E(W_j^d(Y)) = E(CS_j^d(Y)) + E(PS_j^d(Y)) \qquad (12.13)$$

同理，垄断市场的期望折现消费者剩余等于：

$$E(CS_i^m(Y)) = E\left[\int_{T_{iM}}^{\infty} e^{-rdt} Y(t) CS_i^m dt\right] = \left(\frac{Y}{Y_{iM}}\right)^{\beta_1} \frac{Y_{iM} CS_i^m}{r-\mu} \qquad (12.14)$$

$$E(CS_j^m(Y)) = \left(\frac{Y}{Y_{jM}}\right)^{\beta_1} \frac{Y_{jM} CS_j^m}{r-\mu} \qquad (12.15)$$

垄断市场的期望生产者剩余为：

$$E(PS_i^m(Y)) = E\left[\int_{T_{iM}}^{\infty} e^{-rdt} Y(t) D_{10}^i dt\right] - [E(e^{-rT_{iM}})]I = \left(\frac{Y}{Y_{iM}}\right)^{\beta_1} \frac{Y_{iM} D_{10}^i}{r-\mu} - \left(\frac{Y}{Y_{iM}}\right)I_i$$

$$(12.16)$$

$$E(PS_j^m(Y)) = \left(\frac{Y}{Y_{jM}}\right)^{\beta_1} \frac{Y_{jM} D_{10}^i}{r-\mu} - \left(\frac{Y}{Y_{jM}}\right)I_j \tag{12.17}$$

于是，垄断市场的期望福利表示为：

$$E(W_i^m(Y)) = E(CS_i^m(Y)) + E(PS_i^m(Y)) \tag{12.18}$$

$$E(W_j^m(Y)) = E(CS_j^m(Y)) + E(PS_j^m(Y)) \tag{12.19}$$

以上我们是在两企业都是全权益融资企业的假设条件下，对垄断企业和双头垄断企业的期望利润和社会福利进行的分析。考虑到两家企业债务融资的情况，我们完全可以在上面分析的基础上采取本书第4章一直到第7章的模型来进行分析。因为这时 $D_{10}^i = D(1)$，$D_{11}^i = D(2)$，根据不同的债务融资情况，直接将其代入第4章到第7章的模型当中。然后利用信息产业部公布的月报数据资料、香港交易所公布的中国电信和中国网通的财务年度报告、中国电信和中国网通的内部月报数据，以及《中国宽带应用市场2005~2009年预测与分析》、《2006年中国宽带市场研究报告》、《2005年中国IPTV市场研究报告》、《宽带运营市场分析》等数据对模型中所有有关企业特征参数和市场经济参数进行估值。在估值之后，就可以利用上述模型从时机决策、产量决策、融资决策和社会福利等方面，对奥运宽带投资项目的战略决策进行了定性与定量相结合的分析，并对实际的投资现象做出合理解释，以此给出了企业最优投融资策略及其战略定位，以及政府政策措施制定的一些建议，在此就不予赘述。

12.4 本章小结

本章从五个方面构建了基于期权博弈的企业投资决策应用框架，包括决策框架的构造、期权博弈模型的应用、评价效果的检验、修正和重新再设计和框架的最终确立。在此基础上，也从上述类似的五个方面对基于期权博弈的企业投融资交互决策应用框架进行了构建，侧重从六个方面对期权博弈模型的构建和求解进行了详细说明和解释，并对模型分析中特别需要注意的问题进行了全面的总结。最后，通过一个简单的实例对上述应用框架和本书模型具体应用思路和步骤进行了进一步的解释和说明。

附　　录　　A12

A12.1　特殊表达式的推导

A12.1.1　$E[e^{-rT_F}] = \left(\dfrac{Y}{Y_F}\right)^{\beta}$ 的推导

定义一个连续的期望折现函数：$f(Y) = E[e^{-rT_F}]$，追随者第一次到达的时间为 T_F，当 $Y \geqslant Y_F$ 时，追随者投资。

现假设当 $Y < Y_F$ 时，在一个充分小的时间间隔 $\mathrm{d}t$ 内，Y 达到 Y_F 为不可能事件，显然根据 $f(Y)$ 的连续性有：

$$f(Y) = e^{-rdt} E[f(Y+\mathrm{d}Y) \mid Y] = e^{-rdt}\{f(Y) + E[\mathrm{d}f(Y)]\} \qquad (\text{A}12.1)$$

根据 Y 服从漂移率为 μ，波动率为 σ 的几何布朗运动，利用 Ito 引理：

$$\mathrm{d}f = f_Y(\mu Y \mathrm{d}t + \sigma Y \mathrm{d}\omega) + \frac{1}{2}f_{YY}(\sigma^2 Y^2 \mathrm{d}t) \qquad (\text{A}12.2)$$

由于追随者拥有的期权可以看做永久的美式期权，所以上式中不含 T 变量。并且 $E[\mathrm{d}\omega] = 0, e^{-rdt} = 1 - r\mathrm{d}t$（当 $\mathrm{d}t \to 0$ 时）。

因此可得：

$$f(Y) = (1 - r\mathrm{d}t)\left(f + \mu Y f_Y \mathrm{d}t + \frac{1}{2}\sigma^2 Y^2 f_{YY}\mathrm{d}t\right) \qquad (\text{A}12.3)$$

因为 $\mathrm{d}t \to 0$，所以 $\mathrm{d}t^2 = 0$。上式可变为：

$$\frac{1}{2}\sigma^2 Y^2 f_{YY} + \mu Y f_Y - rf = 0 \qquad (\text{A}12.4)$$

上述微分方程的通解为：

$$f(Y) = A_1 Y^{\beta_1} + A_2 Y^{\beta_2} \qquad (\text{A}12.5)$$

其中，

$$\beta_{1,2} = \frac{1}{2} - \frac{\mu}{\sigma^2} \pm \sqrt{\left(\frac{\mu}{\sigma^2} - \frac{1}{2}\right)^2 + \frac{2\mu}{\sigma^2}} \qquad (\text{A12.6})$$

$f(Y)$ 的特解可以通过下面两个条件确定：

当 Y 到达 Y_F 时，T_F 可能很小，则 $f(Y_F) = 1$；

当 $Y \to 0$ 时，T_F 可能很大，则 $f(0) = 0$。

因而可得：$A_1 = \left(\frac{1}{Y_F}\right)^{\beta_1}$，$A_2 = 0$。所以最后可得：

$$f(Y) = E\left[e^{-rT_F}\right] = \left(\frac{Y}{Y_F}\right)^{\beta_1} \qquad (\text{A12.7})$$

A12.1.2　$E\left[\int_0^{T_F} Ye^{-rT_F}\mathrm{d}t\right] = \frac{Y}{r-\mu}\left[1 - \left(\frac{Y}{Y_F}\right)^{\beta_1 - 1}\right]$ 的推导

定义一个连续时间的期望折现函数：

$$g(Y) = E\left[\int_0^{T_F} Ye^{-rT_F}\mathrm{d}t\right] \qquad (\text{A12.8})$$

这个积分的期望与第一个期望之间的差异在于：在 0 和 $\mathrm{d}t$ 时间内存在一个类似于红利的收益 $\pi(Y)$，其值为：

$$\pi(Y) = \int_0^{dt} Ye^{-rs}\mathrm{d}s = Y\left[\frac{e^{-rdt}}{-r} - \frac{e^{-r0}}{-r}\right] = Y\left[\frac{e^{-r} - 1}{-r}\right] \cong Y\left[\frac{(1-r\mathrm{d}t)-1}{-r}\right] = Y\mathrm{d}t$$

$$(\text{A12.9})$$

因此，$g(Y)$ 满足下列贝曼方程：

$$g(Y) = \pi(Y) + e^{-rdt}E\left[g(Y+\mathrm{d}Y)\,\middle|\,Y\right] \qquad (\text{A12.10})$$

类似于前面的推导有：

$$g(Y) = Y\mathrm{d}t + (1-r\mathrm{d}t)\left(g + \mu Yg_Y\mathrm{d}t + \frac{1}{2}\sigma^2 Y^2 g_{YY}\mathrm{d}t\right) \qquad (\text{A12.11})$$

于是得到：

$$\frac{1}{2}\sigma^2 Y^2 g_{YY} + \mu Yg_Y - rg + Y = 0 \qquad (\text{A12.12})$$

可得上述方程的通解为：

$$g(Y) = B_1 Y^{\beta_1} + B_2 Y^{\beta_2} + \frac{Y}{r-\mu} \qquad (A12.13)$$

其中，

$$\beta_{1,2} = \frac{1}{2} - \frac{\mu}{\sigma^2} \pm \sqrt{\left(\frac{\mu}{\sigma^2} - \frac{1}{2}\right)^2 + \frac{2\mu}{\sigma^2}} \qquad (A12.14)$$

$g(Y)$ 的特解可以通过下面两个条件确定：

当 Y 到达 Y_F 时，T_F 可能很小，则 $g(Y_F) = 0$；

当 $Y \to 0$ 时，则 $g(0) = 0$。

可解得：$B_1 = \frac{(Y_F)^{1-\beta_1}}{r-\mu}, B_2 = 0$。最后可得：

$$g(Y) = E\left[\int_0^{T_F} Y e^{-rT_F} dt\right] = \frac{Y}{r-\mu}\left[1 - \left(\frac{Y}{Y_F}\right)^{\beta_1-1}\right] \qquad (A12.15)$$

A12.2 积分计算

设 β_1 是二次方程 $\frac{1}{2}\sigma^2\beta^2 + (\mu - \frac{1}{2}\sigma^2)\beta - r = 0$ 的正根，D 表示直接的利润流。此外，设 T_P 和 T_F 分别为 Y_P 和 Y_F 的停止时间，且 $T_P < T_F$。从附录 A12.1 中可以得到：

$$E[e^{-rT_P}] = \left(\frac{Y}{Y_P}\right)^{\beta_1} \qquad (A12.16)$$

$$E\left[\int_0^{T_P} e^{-rt} Y(t) D dt\right] = \frac{Y}{r-\mu} - \left(\frac{Y}{Y_P}\right)^{\beta_1} \frac{Y_P D}{r-\mu} \qquad (A12.17)$$

定义 $S(Y)$，对于所有 $Y \leqslant Y_F$ 有：

$$S(Y) = E\left[\int_{T_F}^{\infty} e^{-rt} Y(t) D dt\right] \qquad (A12.18)$$

假设 $Y(t) < Y_F$，在一个小的时间间隔内 $[t, t+dt]$，Y_F 将不会达到。因此，由于几何布朗运动的强马尔可夫性质有：

$$S(Y) = e^{-rdt} E[S(Y+dY)] \qquad (A12.19)$$

即有：$e^{-rdt} E[dS] = 0$。

利用 Ito 引理得到：

$$E[\,dS\,] = E\Big[\Big(\mu Y S'(Y) + \frac{1}{2}\sigma^2 Y^2 S''(Y)\Big)dt + \sigma Y S'(Y)d\omega\Big]$$

$$= \Big(\mu Y S'(Y) + \frac{1}{2}\sigma^2 Y^2 S''(Y)\Big)dt \qquad (A12.20)$$

展开就有：

$$S(Y) = (1 - rdt + 0(dt))\Big(S(Y) + \mu Y S'(Y) + \frac{1}{2}\sigma^2 Y^2 S''(Y)\Big)dt \Leftrightarrow$$

$$\mu Y S'(Y) + \frac{1}{2}\sigma^2 Y^2 S''(Y)dt - rS(Y)dt + 0(dt) = 0 \qquad (A12.21)$$

即

$$\mu Y S'(Y) + \frac{1}{2}\sigma^2 Y^2 S''(Y)dt - rS(Y)dt = 0 \qquad (A12.22)$$

这个方程的解为：

$$S(Y) = A_1{}^{\beta_1} + A_2 Y^{\beta_2} \qquad (A12.23)$$

其中，$\beta_1 > 1$ 和 $\beta_2 < 0$ 是下列二次方程的根：

$$\frac{1}{2}\sigma^2 \beta^2 + \Big(\mu - \frac{1}{2}\sigma^2\Big)\beta - r = 0 \qquad (A12.24)$$

注意如果 $Y \to 0$，那么 $dY \to 0$，这就导出一个边界条件 $S(0) = 0$。因为 $\beta_2 < 0$，意味着 $A_2 = 0$。此外，如果 $Y \to Y_F$，那么 $T_F \downarrow 0$。因此有：

$$\lim_{Y \to Y_F} S(Y) = E\Big[\int_0^\infty e^{-rt} Y(t) D dt\Big] = \frac{Y_F D}{r - \mu} \qquad (A12.25)$$

利用边界条件，得到 $A_1 = Y_F^{-\beta_1} \dfrac{Y_F D}{r - \mu}$，并且有

$$E\Big[\int_{T_F}^\infty e^{-rt} Y(t) D dt\Big] = \Big(\frac{Y}{Y_F}\Big)^{\beta_1} \frac{Y_F D}{r - \mu} \qquad (A12.26)$$

利用这个结果，我们得到：

$$E\Big[\int_{T_P}^{T_F} e^{-rt} Y(r) D dt\Big] = E\Big[\int_{T_P}^\infty e^{-rt} Y(t) D dt\Big] - E\Big[\int_{T_F}^\infty e^{-rt} Y(t) D dt\Big]$$

$$= \frac{Y^{\beta_1} D}{r - \mu}(Y_P^{1-\beta_1} - Y_F^{1-\beta_1}) \qquad (A12.27)$$

参 考 文 献

[1]杨春鹏. 实物期权及其应用[M]. 上海：复旦大学出版社，2003.

[2]郁洪良. 金融期权与实物期权——比较与应用[M]. 上海大学出版社，2003.

[3]张维迎. 博弈论与信息经济学[M]. 上海人民出版社，1996.

[4]宋逢明. 金融工程原理——无套利均衡分析[M]. 北京：清华大学出版社，1999.

[5]黄志远. 随机分析学基础（第二版）[M]. 北京：科学出版社，2001.

[6]阿维纳什·迪克西特，罗伯特·辛迪克. 不确定条件下的投资[M]. 朱勇，黄立虎，丁新娅等译. 北京：中国人民大学出版社，2002.

[7]Smit H. T. J. , Trigeorhis L. 战略投资学——实物期权和博弈论[M]. 狄瑞鹏译. 北京：高等教育出版社，2006.

[8]曹永峰. 期权博弈视角下的对外直接投资研究[M]. 北京：中国社会科学出版社，2010.

[9]洪开荣. 期权博弈评价理论[M]. 武汉大学出版社，2007.

[10]曾勇，邓光军，夏晖，李强. 不确定条件下的技术创新投资决策——实物期权模型及应用[M]. 北京：科学出版社，2007.

[11]安瑛晖，张维. 期权博弈理论的方法模型分析与发展[J]. 管理科学学报，2001，4（1）：38-44.

[12]夏晖，曾勇，唐小我. 技术创新战略投资的实物期权方法综述[J]. 管理科学学报，2004，7（1）：88-96.

[13]石善冲，张维. 实物期权博弈投资战略分析理论框架研究[J]. 技术经济，2004（7）：49-51.

[14]雷星晖，李来俊. 竞争环境下基于期权博弈的 R&D 投资决策研究

[J]. 管理科学, 2004, 17 (1): 85 - 89.

[15]孟亮, 宣国良. 基于实物期权的竞争与合作情形下战略投资决策分析[J]. 上海交通大学学报, 2004, 38 (3): 344 - 346.

[16]唐振鹏, 刘国新. 基于期权博弈理论的企业产品创新投资策略研究[J]. 武汉理工大学学报, 2004, 26 (1): 109 - 112.

[17]凌春华, 李娟. 市场结构对投资项目价值评估的影响[J]. 管理工程学报, 2004, 18 (3): 128 - 129.

[18]杨明, 李楚霖. 双头博弈中R&D项目从者的投资期权[J]. 青岛大学学报, 2004, 17 (9): 70 - 77.

[19]陈梅, 茅宁. 企业价值创造的期权博弈分析[J]. 经济理论与经济管理, 2005, (9): 65 - 70.

[20]陈珠明, 陈建梁. 随机市场下企业并购的动态模型及在管理层收购定价中的应用[J]. 经济科学, 2004, (2): 74 - 86.

[21]陈珠明, 陈建梁. 国有企业产权转让的定价研究[J]. 管理评论, 2005, 17 (6): 44 - 49.

[22]陈珠明. 随机市场下企业并购的时机与条件及在企业产权定价中的应用[J]. 数量经济技术经济研究, 2005, 22 (7): 53 - 66.

[23]余冬平, 邱菀华. R&D投资决策的不对称双头垄断期权博弈模型[J]. 系统工程, 2005, 13 (2): 31 - 34.

[24]余冬平, 邱菀华. 双寡头战略期权执行博弈均衡投资决策研究[J]. 北京航空航天大学学报 (社会科学版), 2006, 19 (4): 5 - 8.

[25]余冬平. R&D战略投资决策的期权博弈分析[C]. 2006年中国控制与决策学术年会论文集, 天津: 东北大学出版社, 2006.7: 1093 - 1098.

[26]邱菀华, 余冬平. 寡头垄断企业战略投资的期权博弈模型[J]. 北京航空航天大学学报 (自然科学版), 2006, 32 (10): 1220 - 1225, 1230.

[27]余冬平. 基于期权博弈的新产品项目战略投资决策[J]. 控制与决策, 2007, 22 (6): 613 - 617.

[28]余冬平. 基于竞争互动的实物期权均衡执行战略研究[J]. 系统工程理论与实践, 2007, 27 (5): 12 - 21, 28.

[29]余冬平. 基于二重随机因素的对称双头垄断期权博弈模型[J]. 中国管理科学, 2007, 15 (5): 113 - 118.

［30］夏晖，曾勇．不完全竞争环境下不对称企业技术创新战略投资［J］．管理科学学报，2005，8（1）：30－41．

［31］黄学军，吴冲锋．竞争作用不对称下技术创新投资的期权博弈分析［J］．系统工程，2005，23（11）：75－78．

［32］何德忠，孟卫东．一种成本和收益不同的双头垄断期权博弈模型［J］．系统工程，2006，24（2）：23－27．

［33］朱德渊．基于期权博弈的四川省3G项目投资决策分析［D］．成都：西南财经大学，2004．

［34］唐振鹏．基于期权博弈理论的企业技术创新投资决策研究［D］．武汉：武汉理工大学，2003．

［35］杨明．新产品竞争研发项目风险投资的期权评价［D］．武汉：华中科技大学，2003．

［36］陈胜荣．基于期权博弈的投资决策研究［D］．厦门：厦门大学，2005．

［37］夏晖．基于实物期权的技术创新扩散、竞争和交互模型研究［D］．成都：电子科技大学，2005．

［38］McDonald, R., Siegel, D. The Value of Waiting to Invest［J］. Quarterly Journal of Economics, 1986, 101: 707－727.

［39］Dixit, A. K., Pindyck, R. S. Investment under uncertainty［M］. Princeton, NJ: Princeton University Press, 1994.

［40］Smets, F. R. Exporting Versus FDI: The Effect of Uncertainty, Irreversibilities and Strategic Interactions［R］. Working Paper, Yale University, New Haven, Coon, 1991.

［41］Smit, H., Ankum, L. A real options and game-theoretic approach to corporate investment strategy under competition［J］. Financial Management, Autumn, 1993, 22（3）：241－250.

［42］Fudenberg, D., Tirole, J. Preemption and rent equalisation in the adoption of new technology［J］. Review of Economic Studies, 1985, 52（3）：383－401.

［43］Kulatilaka, N., Perotti, E. Strategic growth options［J］. Management Science, 1998, 44（8）：1021－1031.

［44］Kulatilaka, N., Pertti, E. C. Time-to-market capability as stackelberg growth options [A]. in E. Schwartz and L. Trigeorgis , ed. Innovation and Strategy: New Developments and Applications in Real Options [M]. New York : Oxford University Press , 2000.

[45] Pawlina, G. , Kort, P. M. Strategic Capital Budgeting: Asset Replacement under Uncertainty [R]. CentER Discussion Paper 2001 – 04, Tilburg University, Tilburg, The Netherlands, 2001.

[46] Boyer, M. , Lasserre, P. , Mariotti T. , et al. Real options, preemption, and the dynamics of industry investments [R]. Working Paper, No. 2001 – 64, Economics Department, Université du Québecà Montréal, http: //www. cirano. qc. ca/ pdf/publication/2001s –64. pdf, 2001.

[47] Leahy, J. Investment in competitive equilibrium: the optimality of myopic behavior [J]. Quarterly Journal of Economics, 1993, 108 (4): 1105 –1133.

[48] Perotti, E. C. , Rossetto, S. Internet Portals as Portfolios of Entry Options [R]. Working Paper, No. 00 – 105/2 , University of Amsterdam and CEPR , http: //www. tinbergen. nl/discussionpapers/00105. pdf , 2000.

[49] Paxson, D. , Pinto, H. Timing Advantage: Leader/Follower Value Function if the Market Share Follows a Birth and Death Process [R]. Paper presented at the 6th annual conference on Real Options Theory Meets Practice, Paphos, Cyprus, 2002.

[50] Paxon, D. , Pinto, H. Competition Games in Duopoly Settings with Two Stochastic Factors [R]. Working Paper, 9th Annual International Conference, Paris France, 2005.

[51] Pereira, P. J. , Armada, M. R. The Optimal Decision to Invest in a Duopoly Market for (Two) Positioned Companies when there are Hidden Competitors [R]. Working Paper, University of Minho, 2004.

[52] Shackleton, M. B. , Tsekrekos, A. E. , Wojakowski R. Strategic Entry and Market Leadership in a Two-Player Real Option Game [J]. Journal of Banking and Finance, 2004, 28 (1): 179 –201.

[53] Tsekrekos, A. The effect of first-mover's advantages on the strategic exercise of real options [A]. Real R&D Options [M]. D. Paxson (Ed.), 2003: 185 –207.

[54] Imai, J., Watanabe, T. A Two-stage Investment Game in Real Option Analysis [R]. Working Paper, Iwate Prefectural University, 2004.

[55] Imai, J., Watanabe, T. A Multi-stage investment game in real option analysis [R]. 9th Annual Real Options Conference, Paris France, June 22 – 25, 2005.

[56] Trigeorgis, L. Real Options—Managerial Flexibility and Strategy in Resource Allocation [M]. Cambridge, Mass. : MIT Press, 1996: 273 – 304.

[57] Mason, R., Weeds, H. Networks, Options and Preemption [R]. Working Paper, No. 575, University of Warwick, http: //www. warwick. ac. uk/fac/soc/Economics/research/papers/ twerp575. pdf, 2000.

[58] Boyer, M., Lasserre, P., Mariotti T. et al. Preemption and rent dissipation under Bertrand Competition [R]. working paper, CIRANO, January, 2001.

[59] Smit, H. T. J., Trigeorgis L. Flexibility and commitment in strategic investment, Real Options and Investment Under Uncertainty [M]. Classical Readings and Recent Contributions, 2001: 451 – 498.

[60] Huisman, K., Kort, P. Effects of strategic interactions on the option value of waiting [R]. CentER DP No. 9992, Tilburg University, http: //greywww. kub. nl: 2080/ greyfiles/center/1999/doc/92. pdf, 1999.

[61] Thijssen, J. J. J., Huisman, K. J. M., Kort, P. M. Symmetric Equilibrium Strategies in Game Theoretic Real Options Models [R]. CentER Discussion Paper 2002 – 81, Tilburg University, Tilburg, The Netherlands, 2002.

[62] Nielsen, M. J. Competition and Irreversible Investments [J]. International Journal of Industrial Organization, 2002, 20: 731 – 743.

[63] Pawlina, G., Kort, P. M. Real Options in an Asymmetric Duopoly: Who Benefits from your Competitive Disadvantage? [J]. Journal of Economics & Management Strategy, 2006, 15 (1): 1 – 35.

[64] Grenadier, S. R. Information Revelation through Option Exercise [J]. Review of Financial Studies, 1999, 12: 95 – 130.

[65] Moretto, M. Irreversible investment with uncertainty and strategic behavior [J]. Economic Modelling, 2000, 17: 589 – 617.

[66] Thijssen J. J. J., Damme, E. E. C., Huisman, K. J. M. Invest-

ment Under Vanishing Uncertainty Due to Information Arriving Over Time [R]. Working Paper, No. 2001 – 14, CentER, Tilburg University, http://greywww. kub. nl : 2080/greyfiles/center/2001/doc/14. pdf, 2001.

[67] Martzoukos, S. H., Zacharias, E. Real Option Games with Incomplete Information and Spillovers [R]. 6th Annual Real Options Conference, Paphos, Cyprus, 2002.

[68] Hsu, Y., Lambrecht B. Preemptive patenting under uncertainty and asymmetric information [R]. 7th Annual Real Options Conference, Washington DC, 2003.

[69] Zhu, K., Weyant, J. P. Strategic Decisions of New Technology Adoption under Asymmetric Information: A Game-Theoretic Model [J]. Decision Sciences, 2003a, 34 (4): 643 – 675.

[70] Zhu, K., Weyant, J. P. Strategic exercise of real options: Investment decisions in technological systems [J]. Journal of Systems Science and Systems Engineering, 2003b, 12 (3): 256 – 278.

[71] Thijssen, J. J. J., Huisman, K. J. M., Kort P. M. The Effects of Information on Strategic Investment and Welfare [R]. Working Paper. Trinity College, October 2003.

[72] Lambrecht, B. M. Strategic Sequential Investments and Sleeping Patents [A]. In Project Flexibility, Agency, and Product Market Competition: New Developments in the Theory and Application of Real Options Analysis [M]. M. J. Brennan, and L. Trigeorgis (eds.), London, Oxford University Press, 2000.

[73] Lambrecht, B., Perraudin, W. Real options and preemption under incomplete information [J]. Journal of Economic Dynamics and Control, 2003, 27 (4): 619 – 643.

[74] Déecamps, J. P., Mariotti, T. Nvestment timing and learning externalities [J]. Journal of Economic Theory, 2004, 118 (1): 80 – 102.

[75] Déecamps, J. Mariotti, T., Villeneuve, S. Investment timing under incomplete information [J]. Mathematics of Operations Research, 2005, 30 (2): 472 – 500.

[76] Baldursson, F. M. Irreversible investment under uncertainty in oligopoly

[J]. Journal of Economic Dynamics and Control, 1998, 22 : 627 – 644.

[77] Grenadier, S. R. Option Exercise Games: An Application to the Equilibrium Investment Strategies of Firms [J]. Review of Financial Studies, 2002, 15 (3): 691 – 721.

[78] Murto, P., Keppo, J. A game model of irreversible investment under uncertainty [J]. International Game Theory Review, 2002, 4 (2): 127 – 140.

[79] Kijima, M., Shibata, T. Real Options in an Oligopoly Market [R]. Working paper, Kyoto University, 2004.

[80] Murto, P., Nasakkala, E., Keppo, J. Timing of Investments in Oligopoly Under Uncertainty: a Framework for Numerical Analysis [J]. European Journal of Operational Research, 2004, 157 (2): 486 – 500.

[81] Bouis, R., Huisman, J. M. K., Kort P. M. Strategic Real Options: Three Firms [R]. 9th Annual International Real Options Conference, Paris, France, June 22 – 25, 2005.

[82] Sparla, T. Closure Options in Duopoly: the Case of Second Mover Advantage [R]. Working Paper, University of Dortmund, Dortmund, Germany, 2002.

[83] Murto, P. Exit in duopoly under uncertainty [J]. Rand Journal of Economics, 2004, 35 (1): 111 – 127.

[84] Joaquin, D. C., Khanna, N. Investment timing decisions under threat of potential competition: Why firm size matters [J]. The Quarterly Review of Economics and Finance, 2001, 41: 1 – 17.

[85] Weeds, H. Strategic delay in real options model of R&D competition [J]. Review of Economic Studies , 2002 , 69 (3) : 729 – 747.

[86] Miltersen, K. R., Schwartz, E. S. R&D Investments with Competitive Interactions [J]. Review of Finance, 2004, 8 (3): 355 – 401.

[87] Nishihara, M., Ohyama, A. R&D Competition in Alternative Technologies: A Real Options Approach [J]. Journal of the Operations Research Society of Japan, 2008, 51 (1): 55 – 80.

[88] Nishihara, M., Fukushima, M. Evaluation of Firm's Loss Due to Incomplete Information in Real Investment Decision [J]. European Journal of Operational Research, 2008, 188: 569 – 585.

［89］ Huisman, K. J. M., Kort, P. M. Strategic Technology Adoption Taking into Account Future Technological Improvement: a Real Options Approach ［J］. European Journal of Operational Research, 2004, 159: 705 – 728.

［90］ Grenadier, S. R. Strategic exercise of options: Development cascades and overbuilding in real estate markets ［J］. Journal of Finance, 1996, 51 (5): 1653 – 1679.

［91］ Kong, J., Kwok, Y. Real options in strategic investment games between two asymmetric firms ［J］. European Journal of Operational Research, 2007, 29: 1405 – 1428.

［92］ Betton, S. Moran, P. A Dynamic Model of Corporate Acquisitions ［R］. Concordia University, Universidad de Talca, Working Paper, 2003.

［93］ Mason, R., Weeds, H. The Failing Firm Defence: Merger Policy and Entry ［R］. Working Paper, University of Southampton and CEPR, University of Cambridge, 2003.

［94］ Mason, R., Weeds, H. The Timing of Acquisitions ［R］. Working Paper, http://www. soton. ac. uk/ ~ ram2/papers/takeover5. pdf, 2005.

［95］ Lambrecht, B. M. The timing and terms of mergers motivated by economies of scale ［J］. Journal of Financial Economics, 2004, 72: 41 – 62.

［96］ Hori, K., Mizuno, K. From Access to Bypass: A Real Options Approach ［R］. Working Paper, Ritsumeikan University, Kwansei Gakuin University, 2003.

［97］ Baba, N. Uncertainty, Monitoring Costs, and Private Banks' Lending Decisions in a Duopolistic Loan Market: A Game – Theoretic Real Options Approach ［J］. MONETARY AND ECONOMIC STUDIES, 2001, 5: 21 – 47.

［98］ Dias, M. A. G., Teixeira, J. P. Continuous-Time Option Games: Review of Models and Extensions Part 1: Duopoly under Uncertainty ［R］. 7th Annual International Real Options Conference: Washington DC, 2003.

［99］ Dias, M. A. G., Teixeira, J. P. Continuous-Time Option Games: Review of Models and Extensions Part 2: Oligopoly and War of Attrition under Uncertainty ［R］. 8th Annual International Conference on Real Options-Theory Meets Practice, Montreal – Canada, June 17 – 19, 2004.

［100］ Boyer, M., Gravel, E., Lasserre, P. Real Options and Strategic

Competition: A survey [R]. 8th Annual International Conference, Montréal Canada, June 17 – 19, 2004.

[101] Huisman, K. J. M., Kort, P. M., Pawlina, G., et al. Strategic Investment under Uncertainty: Merging Real Options with Game Theory [J]. Zeitschrift für Betriebswissenschaft, 2004, 67: 97 – 123.

[102] Huisman, K. J. M., Kort, P. M., Pawlina, G., et al. Strategic Investment under Uncertainty: A Survey of Game Theoretic Real Option Models [J]. Journal of Financial Transformation, 2005, 13: 111 – 118.

[103] Watanabe, T. Real Options and Signaling in Strategic Investment Games [R]. Tokyo Metropolitan University, Department of Business Administration, Working Paper, 2012.

[104] Kijima, M., Ko, S., Shibata, T. Strategic Investment Among Asymmetric Firms in Oligopoly [R]. 16th Annual International Conference, Working Paper, 2012.

[105] Grenadier, S. Game Choices: The Intersection of Real Options and Game Theory [M]. London: Risk Books, 2000.

[106] Huisman, K. J. M. Technology Investment: A Game Theoretic Real Options Approach [M]. Boston : Kluwer Academic Publishers, 2001.

[107] Smit, H. T. J., Trigeorgis, L. Strategic Investment: Real Options and Games [M]. Princeton, NJ : Princeton University Press, 2004.

[108] Thijssen, J. Investment under uncertainty, coalition spillovers and market evolution in a game theoretic perspective [M]. Dordrecht, The Netherlands: Kluwer Academic Publishers, 2004.

[109] 覃家琦. 企业投资与融资的互动机制理论研究 [M]. 北京: 经济科学出版社, 2007.

[110] 何青. 企业融资政策与资本结构形成机理研究 [M]. 北京: 经济科学出版社, 2007.

[111] 陈收, 刘卫国. 投资决策与资本结构优化互动关系综述及研究 [J]. 管理科学学报, 1999, 2 (4): 16 – 21.

[112] 陈健, 陈收. 资本结构理论的发展 [J]. 金融经济, 2006, (2): 80 – 82.

［113］唐洪波．现代资本结构理论的发展：从 MM 定理到融资契约理论 ［J］．金融研究，2006，(2)：70 - 77.

［114］彭程，王榆，刘怡．企业投资与融资决策的互动关系研究 ［J］．统计与决策，2007，(19)：141 - 143.

［115］覃家琦，齐寅峰，李莉．企业投融资互动机制理论综述 ［J］．经济评论，2008，(1)：155 - 160.

［116］彭程，陈海波，刘怡．基于不完善因素的投融资决策互动关系研究 ［J］．湖南商学院学报（双月刊），2008，15 (4)：108 - 111.

［117］简志宏，李楚霖．杠杆公司破产决策：实物期权方法 ［J］．系统工程理论方法应用，2001，10 (4)：320 - 324.

［118］简志宏，李楚霖．公司债务重组的实物期权方法研究 ［J］．管理科学学报，2002，5 (5)：3 - 38.

［119］刘向华，李楚霖．公司债务与内生破产的实物期权方法分析 ［J］．管理工程学报，2005，19 (1)：95 - 99.

［120］李强，曾勇．资不抵债情形下企业创新投资行为研究 ［J］．研究与发展管理，2005，17 (1)：7 - 13.

［121］刘星，宋小保．控股股东代理对负债代理成本的影响——基于实物期权的分析 ［J］．系统工程理论与实践，2007，(7)：61 - 68.

［122］宋小保，刘星．控股股东代理与企业内生破产 ［J］．系统工程学报，2008，23 (2)：161 - 167.

［123］宋小保，刘伟，刘星．控股股东、利益侵占与代理成本 ［J］．系统工程学报，2009，24 (2)：156 - 163.

［124］宋小保，刘星，陈其安．控股股东代理的激励与侵占效应分析 ［J］．2009，23 (1)：53 - 57.

［125］刘星，宋小保．控股股东控制权、现金流与技术创新投资——基于实物期权的分析 ［J］．管理工程学报，2008，22 (4)：95 - 99.

［126］刘星，冉戎，郝颖．大股东控制下公司成长期权对投资时机影响研究 ［J］．系统工程学报，2011，26 (3)：306 - 313.

［127］蔡珍红，冉戎．控制权私利、增长期权与非效率投资行为 ［J］．系统工程理论与实践，2011，31 (1)：55 - 63.

［128］郭健，魏法杰．负债融资、代理冲突与企业投资决策研究 ［J］．

北京航空航天大学学报（社会科学版），2008，21（4）：8-12.

［129］彭程，刘星. 代理冲突下企业多元化投资行为的实物期权分析［J］. 中国管理科学，2006，14（5）：81-86.

［130］李强，曾勇. 基于实物期权的技术创新非效率投资行为研究［J］. 系统工程理论与实践，2009，29（2）：18-29.

［131］李强，曾勇. 财务策略对新技术采用决策的影响［J］. 管理工程学报，2006，20（4）：51-56.

［132］李强，曾勇. 不确定性环境下企业技术创新投融资决策研究［J］. 系统工程理论与实践，2005，25（3）：32-38.

［133］刘星，彭程. 基于企业投融资决策协同互动的实物期权分析［J］. 系统工程，2007，25（4）：59-63.

［134］张利兵，吴冲锋. 资本结构、股权融资和企业投资行为［J］. 中国管理科学，2008，16（3）：157-163.

［135］张利兵，王楚明. 基于债务融资的企业投资与信用风险［J］. 系统管理学报，2009，18（3）：267-275.

［136］刘向华. 竞争投资与风险债务的实物期权方法研究［D］. 华中科技大学博士学位论文，2005.

［137］杨军敏. 科技型企业融资行为与资本结构研究［D］. 复旦大学博士学位论文，2006.

［138］李强. 基于实物期权的技术创新投融资交互关系研究［D］. 电子科技大学博士学位论文，2007.

［139］彭程. 基于税收利益与破产成本的企业投融资决策互动关系研究［D］. 重庆大学博士学位论文，2007.

［140］张磊. 项目投资期权执行的激励与审核机制研究［D］. 东北财经大学博士学位论文，2009.

［141］秦莹. 不完全市场下公司的投融资决策问题［D］. 吉林大学硕士学位论文，2010.

［142］刘重阳. 跳扩散模型下的企业投融资决策问题研究［D］. 吉林大学硕士学位论文，2011.

［143］朱勤伟. 均值回归模型下的企业投融资决策问题研究［D］. 吉林大学硕士学位论文，2011.

［144］郭志东. 公司的债务价值和最优资本结构问题［D］. 吉林大学硕士学位论文，2011.

［145］曹国华. 不确定环境下资本结构相关问题研究［M］. 北京：经济管理出版社，2006.

［146］吴仁群. 投资决策不确定性与竞争［M］. 北京：中国经济出版社，2008.

［147］邵希娟，杨建梅. 基于行为的公司资本结构投资决策方法研究［M］. 北京：科学出版社，2009.

［148］Harris, M., Raviv, A. The Theory of Capital Structure［J］. Journal of Finance, 1991, 56 (1): 297 – 355.

［149］Modigliani, F. M., Miller, M. H. The Cost of Capital, Corporation Finance and the Theory of investment［J］. American Economic Review, 1958, 48 (3): 261 – 297.

［150］Modigliani, F. M., Miller, M. H. Corporate Income Taxes and the Cost of Capital: A Correction［J］. American Economic Review, 1963, 53 (3): 433 – 443.

［151］Stiglitz, J. E. A Re-Examination of the Modigliani-Miller Theorem［J］. American Economic Review, 1969, 59 (5): 784 – 883.

［152］Kraus, A., Litzenberer, R. A State – Preference Model of Optimal Financial Leverage［J］. Journal of Finance, 1973, 28 (4): 911 – 922.

［153］Scott, J. H. A Theory of Optimal Capital Structure［J］. The Bell Journal of Economics, 1976, 7 (1): 33 – 54.

［154］Jensen, M. C., Meckling, W. H. Theory of the firm: Managerial behavior, agency costs and ownership structure［J］. Journal of Financial Economics, 1976, 3: 305 – 360.

［155］Taggart, R. A. A Model of Corporate Finance Decisions［J］. Journal of Finance, 1977, 32 (5): 1467 – 1484.

［156］Brennan, A., Schwartz, E. Optimal financial policy and firm valuation［J］. Journal of Finance, 1984, 39: 593 – 607.

［157］Mackie-Mason, J. K. Some Nonlinear Tax Effects on Asset Value and Investment Decision［J］. Journal of Public Economies, 1990a, 42 (3): 301 – 327.

［158］Mackie-Mason, J. K. Do Taxes Affect Corporate Financing Decisions?

[J]. Journal of Finance, 1990b, 45 (5): 1471 – 1494.

[159] Opler, T. C. , Titman, S. Financial Distress and Corporate Performance [J]. Journal of Finance, 1994, 49 (3): 1015 – 1040.

[160] Miller, M. H. Debt and Taxes [J]. The journal of Finance, 1977, 32 (2): 261 – 275.

[161] Deangelo, H. , Masulis, R. Optimal Capital Structure under Corporate and Personal Taxation [J]. Journal of Financial Economies, 1980, 8 (1): 3 – 29.

[162] Hite, G. Leverage, Output Effect, and the M-M Theorems [J]. Journal of Financial Economies, 1977, 4 (2): 177 – 203.

[163] Dotan, A. S. , Ravid, A. On the Interaction of Real and Financial Decisions of the Firm under Uncertainty [J]. Journal of Finance, 1985, 40 (2): 501 – 517.

[164] Dammon, R. M. , Senbet, L. W. The Effect of Taxes and Depreciation on Corporate Investment and Financial Leverage [J]. Journal of Finance, 1988, 43 (2): 357 – 374.

[165] Titman, S. , Tsyplakov, S. A Dynamic Model of Optimal Capital Structure [R]. Working Paper, 2003.

[166] Jensen, M. C. , Meckling, W. H. Theory of the Firm: Managerial Behavior, Agency Costs and Ownership Structure [J]. Journal of Financial Economic, 1976, 3 (4): 305 – 360.

[167] Ogden, J. P. , Jen, F. C. , O'Connor, P. F. Advanced Corporate Finance: Policies and Strategies [A]. Pearson Education, Inc. , Upper Saddle River, New Jersey, 2003.

[168] Jensen, M. C. Agency Costs of Free Cash Flow Corporate Finance, and Takeover [J]. American Economic Review, 1986, 76 (2): 323 – 329.

[169] Jung, K. , Kim, Y-C. , Stulz, R. M. Timing, Investment Opportunities, Managerial Discretion, and the Security Issue Decision [J]. Journal of Financial Economies, 1996, 42 (2): 159 – 185.

[170] Leland, H. E. , Pyle, D. Information Asymmetry, Financial structure, and Financial Intermediation [J]. The Journal of Finance, 1977, 32 (2): 371 – 381.

[171] Ross, S. A. The Determination of Financial Structure: The Incentive-

signaling Approach [J]. Bell Journal of Economies, 1977, 8 (1): 23 – 40.

[172] Besanko, D. , Thakor, D. Collateral and Rationing Sorting Equilibria in Monopolistic and Competitive Credit Market [J]. International Economic Review, 1987, 28 (3): 671 – 689.

[173] Bhattacharya, S. An Exploration of Nondissipative Dividend-Signaling Structures [J]. Journal of Financial & Quantitative Analysis, 1979a, 4 (4): 667 – 668.

[174] Bhattacharya, S. Imperfect Information, Dividend Policy, and "the Bird in the Hand" fallacy [J]. Bell Journal of Economies, 1979b, 10 (1): 259 – 270.

[175] Miller, M. H. , Rock, K. Dividend Policy under Asymmetric information [J]. Journal of Finance, 1985, 40 (4): 1031 – 1053.

[176] Stiglitz, J. E. , Weiss, A. Credit Rationing in Markets with Imperfect Information [J]. The American Economic Review, 1981, 71 (3): 393 – 410.

[177] Myers, S. C. , Majluf, N. S. Corporate Financing and Investment Decisions When Firms have Information that Investors Do not have [J]. Journal of Financial Economies, 1984, 13 (2): 187 – 221.

[178] Krasker, W. S. Stock Price Movements in Response to Stock Issues under Asymmetric Information [J]. Journal of Finance, 1986, 41 (1): 93 – 105.

[179] Narayanan, M. P. Debt versus Equity under Asymmetric information [J]. Journal of Financial & Quantitative Analysis, 1988, 23 (1): 39 – 52.

[180] Korajczyk, R. A. , Lucas, D. Under standing Stock Price Behavior around the Time of Equity Issues [J]. In Hubbard G H. ed. : Asymmetric Information, Corporate Finance and Investment. 1990: 257 – 277.

[181] Titman, S. , Wessels, R. The Determinants of Capital Structure Choice [J]. Journal of Finance, 1988, 43 (1): 1 – 19.

[182] Noe, T. H. , Rebello, M. J. Asymmetric Information, Managerial Opportunism, Financing, and Payout Policies [J]. Journal of Finance, 1996, 51 (2): 637 – 660.

[183] Stulz, R. M. Managerial Discretion and Optimal Financing Policies [J]. Journal of Financial Economies, 1990, 26 (1): 3 – 27.

[184] Brander, J. , Lewis, T. Oligopoly and financial structure: the limited liability effect [J]. American Economic Review, 1986, 76 (5): 956 – 970.

［185］Bolton, P. , Scharfstein, D. A theory of predation based on agency problems in financial contracting ［J］. American Economic Review, 1990, 80: 93 – 106.

［186］Kovenock, D. , Phillips, G. M. Capital structure and product market rivalry: how do we reconcile theory and practice? ［J］. American Economic Review, 1996, 85: 403 – 408.

［187］Black, F. , Scholes M. The pricing of options and corporate liabilities ［J］. Journal of Political Economy, 1973, 81 (2): 637 – 659.

［188］Merton, R. C. On The Pricing of Corporate Debt: The Risk structure of interest Rates ［J］. Journal of Finance, 1974, 29 (2): 449 – 470.

［189］Trigeorgis, L. Real Options and Interactions with Financial Flexibility ［J］. Financial Management, 1993, 22 (3): 202 – 224.

［190］Leon, C. A. , Gamba, A. , Sick, G. A. Real Options, Capital Structure, and Taxes ［R］. Working Paper, 2003.

［191］Mello, A. S. , Parsons, J. E. Measuring the Agency Cost of Debt ［J］. Journal of Finance, 1992, 47 (5): 1887 – 1903.

［192］Moyen, N. Measuring the Ageney Cost of Debt ［R］. Working Paper University of Colorado, 2002.

［193］Ericsson, J. Asset Substitution, Debt Pricing, Optimal Leverage and Maturity ［R］. Working Paper, McGill University, 2000.

［194］Ju, N. J. , Hui, O-Y. Asset Substitution and Under investment: A Dynamic View ［R］. Working Paper Hong Kong University of Science and Technology, 2006.

［195］Lensink, R. , Sterken, E. The Option to Wait to Invest and Equilibrium Credit Rationing ［J］. Journal of Money, Credit, and Banking, 2002, 34 (1): 220 – 225.

［196］Leland, H. E. Corporate Debt Value, Bond Covenants, and Optimal Capital Structure ［J］. The Journal of Finance, 1994, 49 (4): 1213 – 1251.

［197］Leland, H. E. , Toft, K. B. Optimal Capital Structure, Endogenous Bankruptcy, and the Term Structure of Credit Spreads ［J］. The Journal of Finance, 1996, 51 (3): 987 – 1019.

［198］Leland, H. E. Agency Costs, Risk Management, and Capital Structure [J]. Journal of Finance, 1998: 53 (4): 1213 – 1243.

[199] Duffie, D. , Lando, D. Term Structures of Credit Spreads with Incomplete Accounting Information [J]. Econometrica, 2001, 69: 633 – 664.

[200] Goldstein, R. , Ju, N. , Leland, H. An EBIT-based model of dynamic capital structure [J]. Journal of Business, 2001, 74: 483 – 512.

[201] Mella-Barral, P. , Perraudin, W. Strategic Debt Service [J]. The Journal of Finance, 1997, 52 (2): 531 – 556.

[202] Fan, H. , Sundaresan, S. M. Debt Valuation, Renegotiation and Optimal Dividend Policy [J]. Review of Financial Studies, 2000, 13: 1057 – 1099.

[203] Francois, P. , Morellec, E. Debt Valuation, Renegotiation, and Liquidation [J]. Journal of Business, 2004, 77: 387 – 411.

[204] Mauer, D. C. , Triantis, A. J. Interactions of Corporate Financing and Investment Decisions: A Dynamic Framework [J]. Journal of Finance, 1994, 49 (4): 1253 – 1277.

[205] Mauer, D. C. Ott, S. H. Agency Costs, Investment Policy and Optimal Capital Structure: The Effect of Growth Options to Expand [A]. in: M. J. Brennan and L. Trigeorgis, eds. , Project Flexibility, Agency and Market Competition: New Developments in the Theory and Application of Real Options [M]. London: Oxford University Press, 2000: 151 – 179.

[206] Mauer, D. C. , Sarkar, S. Real Option, Agency Conflicts, and Optimal Capital Structure [J]. Journal of Banking & Finance, 2005, 29 (6): 1405 – 1428.

[207] Childs, P. D. , Mauer, D. C. Managerial discretion, agency costs, and capital structure [R]. Southern Methodist University. Working Paper, 2008.

[208] Childs, P. D. , Mauer, D. C. , Ott, S. H. Interaction of Corporate Financing and Investment Decisions: The Effect of Agency Conflicts [J]. Journal of Financial Economies, 2005, 76 (3): 667 – 690.

[209] Mauer, D. C. , Ott, S. H. Agency costs, Underinvestment, and Optimal Capital Structure [A]. In Brennan, M. J. and Trigeorgis, L. , editors, Project flexibility, Agency, and Competition [M] . New York, NY. Oxford University Press, 2000: 151 – 179.

[210] Grenadier, S. , Wang, N. Investment timing, agency, and informa-

tion [J]. Journal of Financial Economics, 2005, 75: 493 -533.

[211] Koussis, N., Martzoukos, S. H. Investment options with debt-financing constraints [J]. European Journal of Finance, 2012, 18 (7): 619 -637.

[212] Belhaj, M., Djrmbissi, B. Optimal Investment under Credit Constraints [J]. Annals of Economics and Statistics, 2009, 93 (94): 259 -277.

[213] Lyandres, E. The Effects of Financial Constraints on Investment Timing [R]. EFA Mastricht Meeting Paper, N 1090, 2004.

[214] Povel, P., Raith, M. Optimal Investment Under Financial Constraints: The Roles of Internal Funds and Asymmetric Information [R]. Working Paper, 2001.

[215] Yu, C. F., Chang, T. C., Fan, C. P. FDI timing: Entry cost subsidy versus tax rate reduction [J]. Economic Modelling, 2007, 24: 262 -271.

[216] Pennings, E. Tax and stimuli of investment under uncertainty [J]. European Economic Review, 2000, 44: 383 -391.

[217] Pennings, E. How to maximize domestic benefits from foreign investments: The effect of irreversibility and uncertainty [J]. Journal of Economic Dynamics and Control, 2005, 29: 873 -889.

[218] Tserlukevich, Y. Can Real Options Explain Financing Behavior? [J]. Journal of Financial Economics, 2008, 89: 232 -252.

[219] Tsyplakov, S. Investment Frictions and Leverage Dynamics [J]. Journal of Financial Economics, 2008, 89: 423 -443.

[220] Shibata, T. Investment timing, asymmetric information, and audit structure: a real options framework [J]. Journal of Economic Dynamics and Control, 2009, 33: 903 -921.

[221] Nishihara, M., Shibata, T. Interactions between preemptive competition and a financing constraint [J]. Journal of Economics and Management Strategy, 2010, 19: 1013 -1042.

[222] Shibata, T., Nishihara, M. Dynamic investment and capital structure under manager-shareholder conflict [J]. Journal of Economic Dynamics and Control, 2010, 34: 158 -178.

[223] Shibata, T., Nishihara, M. Investment timing under debt issuance

constraint [J]. Journal of Banking and Finance, 2012a, 36: 981 – 991.

[224] Shibata, T. , Nishihara, M. Investment timing, debt structure, and financing constraints [R]. Kyoto Metropolitan University, Osaka University, Working Paper, 2012b.

[225] Nishihara, M. , Shibata, T. The effects of external financing costs on investment timing and sizing decisions [J]. Journal of Banking and Finance, 2013, 37: 1160 – 1175.

[226] Nishihara, M. , Shibata, T. Investment timing with fixed and proportional costs of external financing [R]. Osaka University, Kyoto Metropolitan University, Working Paper, 2011.

[227] Nishihara, M. , Shibata, T. Strategic Investment with Debt Financing [J]. International Journal of Management Science and Engineering Management, 2010, 5 (1): 3 – 14.

[228] Shibata, T., Nishihara, M. Investment timing with incentive-disincentive contracts under asymmetric information [J]. Technology and Investment, 2012, 3: 74 – 86.

[229] Shibata, T. , Nishihara, M. Interactions between investment timing and management effort under asymmetric information: Costs and benefits of privatized firms [J]. European Journal of Operational Research, 2011, 215: 688 – 696.

[230] Nishihara, M. , Shibata, T. The Agency Problem between the Owner and the Manager in Real Investment: The bonus-audit relationship [J]. Operations Research Letters, 2008, 36: 291 – 296.

[231] Nishihara, M. , Shibata, T. Real Options, Debt financing, and Competition [C]. Real Options 12th Annual International Conference, Rio de Janeiro, July, 2008a.

[232] Nishihara, M. , Shibata, T. The Effects of a Debt Financing Constraint in a Real Options Model [R]. DiscussionPaperSeries2008 – 05. Center for the Study of Finance and Insurance, OsakaUniversity, 2008b. http: //www-csfi. sigmath. es. osaka-u. ac. jp/database/technicalreport/5_ 14. pdf.

[233] Tian, Y. , Nishihara, M. , Shibata, T. Can financial synergy motivate M&A? [J]. Recent Advance in Financial Engineering, 2010, 253 – 272.

[234] Sundaresan, S., Wang, N. Dynamic investment, capital structure, and debt overhang [R], Columbia University, Working Paper, 2007a.

[235] Sundaresan, S., Wang, N. Investment under uncertainty and strategic debt service [J]. American Economic Review, Papers & Proceedings, 2007b, (97): 256 – 261.

[236] Anderson, R., Sundaresan, S. Design and valuation of debt contracts [J]. Review of Financial Studies, 1996, 9: 37 – 68.

[237] Pindyck, R. S. Irreversib Le Investment, Capacity Choice, and the Value of the Firm [J]. American Economic Review, 1988, 79: 969 – 985.

[238] Bar-Ilan, A., Strange, W. C. The timing and intensity of investment [J]. Journal of Macroeconomics, 1999, 21: 57 – 77.

[239] Dangl, T. Investment and capacity choice under uncertain demand [J]. European Journal of Operational Research, 1999, 117: 415 – 428.

[240] Broadie, M., Chernov, M., Sundaresan, S. Optimal Debt and Equity Values in the Presence of Chapter 7 and Chapter 11 [J]. Journal of Finance, 2007, 62: 1341 – 1377.

[241] Mella-Barral, P. The dynamics of default and debt reorganization [J]. Review of Financial Studies, 1999, 12: 535 – 578.

[242] Boyle, G. B., Guthrie, G. A. Investment, Uncertainty, and Liquidity [J]. The Journal of Finance, 2003, 58 (5): 2143 – 2166.

[243] Cleary, S. International corporate investment and the relationships between financial constraint measures [J]. Journal of Banking and Finance, 2006, 30: 1559 – 1580.

[244] Povel, P., Raith, M. Optimal Investment Under Financial Constraints: The Roles of Internal Funds and Asymmetric Information [R], Working Paper, 2001.

[245] Hirth, S., Homburg, M. U. Optimal Investment Timing When External Financing is Costly [R]. Universitat Karlsruhe, Working Paper, 2006.

[246] Hirth, S., Uhrig-Homburg, M. Investment timing, liquidity, and agency costs of debt [J]. Journal of Corporate Finance, 2010, 16: 243 – 258.

[247] Lyandres, E., Zhdanov, A. Underinvestment or overinvestment: The Effect

of Financial Leverage on Investment [R]. Working Paper, Rice University, 2005.

[248] Sarkar, S. On the investment-uncertainty relationship in a real options model [J]. Journal of Economic Dynamics and Control, 2000, 24: 219 – 225.

[249] Sarkar, S. The effect of mean reversion on investment under uncertainty [J]. Journal of Economic Dynamics and Control, 2003, 28: 377 – 396.

[250] Sarkar, S., Goukasian, L. The effect of tax convexity on corporate investment decisions and tax burdens [J]. Journal of Public Economic Theory, 2006, 8 (2): 293 – 320.

[251] Sarkar, S. Can Tax Convexity be Ignored in Corporate Financing Decisions? [J]. Journal of Banking and Finance, 2009, 32: 1310 – 1321.

[252] Sarkar, S. Optimal Expansion Financing and Prior Financial Structure [J]. International Review of Finance, 2011, 11 (1): 57 – 86.

[253] Danielova, A., Sarkar, S. The effect of leverage on the tax-cut versus investment-subsidy argument [J]. Review of Financial Economics, 2011, 20: 123 – 129.

[254] Sarkar, S. Attracting private investment: Tax reduction, investment subsidy, or both? [J]. Economic Modelling, 2012, 29: 1780 – 1785.

[255] Sarkar, S. Optimal size, optimal timing and optimal financing of an investment [J]. Journal of Macroeconomics, 2011, 33 (4): 681 – 689.

[256] Tian, Y. Corporate Investment and Financing Decisions in the Presence of Liquidation Option [J]. 経営と制度, 2010, 8: 39 – 62.

[257] Nishide, K., Tian, Y. Compensation measures for alliance formation: A real options analysis [J]. Economic Modelling, 2011, 28, 219 – 228.

[258] Shibata, T., Tian, Y. Reorganization strategies and securities valuation under asymmetric information [J]. International Review of Economics and Finance, 2010, 19: 412 – 426.

[259] Shibata, T., Tian, Y. Debt reorganization strategies with complete verification under information asymmetry [J]. International Review of Economics and Finance, 2012, 22: 141 – 160.

[260] Tian, Y. Debt Structure and Investment under Uncertainty [R]. 16th Annual International Conference, Working Paper, 2012.

[261] Kijima, M., Tian, Y. Investment and capital structure decisions of

foreign subsidiary with international debt shifting and exchange rate uncertainty [J]. Decisions in Economics and Finance, 2012: 1 – 29.

[262] Kijima, M., Tian, Y. Why Entrepreneurial Firms Behave Differently from Large Firms? — From a Perspective of Time-inconsistent Preferences [R]. Graduate School of Social Sciences, Tokyo Metropolitan University, Working Paper, 2012.

[263] Bank, M., Lawrenz, J. Deposit finance as a commitment device and the optimal debt structure of commercial banks [R]. Department of Banking & Finance, Innsbruck University, Working Paper, 2008.

[264] Tomita, S., Ikeda, N., Tsuji, Y. Debt Structure and Capital Structure: Based on Bank Debt Renegotiation [R]. Keio University, Graduate School of Commerce, Working Paper, 2010.

[265] Liao, S. L., Huang, H. H. VALUATION AND OPTIMAL STRATEGIES OF CONVERTIBLE BONDS [J]. The Journal of Futures Markets, 2006, 26 (9): 895 – 922.

[266] Chen, N. Asymmetric information, the choice of financial distress resolution and implications for corporate debt pricing [R]. Columbia, Working Paper, 2003.

[267] Duffie, D., Lando, D. Term structures of credit spreads with incomplete information [J]. Econometrica, 2001, 69: 633 – 664.

[268] Xu, R., Li, S. Belief updating, debt pricing and financial decisions under asymmetric information [J]. Research in International Business and Finance, 2010, 22: 17 – 28.

[269] Xu, R. Investment timing and financing decisions: A signaling equilibrium [J]. African Journal of Business Management, 2010, 4 (17): 3618 – 3631.

[270] Xu, R., Wu, D., Li, S. Dynamic Investment under Asymmetric Information [J]. JOURNAL OF COMPUTERS, 2010, 5 (8): 1248 – 1255.

[271] Yagi, K., Takashima, R., Takamori, H., Sawaki, K. Timing of Convertible Debt Financing and Investment [R]. University of Tokyo, CARF Working Paper, 2008.

[272] Yagi, K., Takashima, R. Convertible Subordinated Debt Financing and Optimal Investment Timing [R]. University of Tokyo, CARF Working Paper, 2008.

[273] Yagi, K. , Takashima, R. The impact of convertible debt financing on investment timing [J]. Economic Modelling, 2012, 29: 2407 – 2416.

[274] Lyandres, E. , Zhdanov, A. Convertible Debt and Investment Timing [R]. School of Management, Boston University, Working Paper, 2012.

[275] Andrikopoulos, A. Irreversible investment, managerial discretion and optimal capital structure [J]. Journal of Banking & Finance, 2009, 33: 709 – 718.

[276] Parrino, R. , Weisbach, M. S. Measuring investment distortions arising from stockholder-bondholder conflicts [J]. Journal of Financial Economics, 1999, 53: 3 – 42.

[277] Wong, K. P. The effect of uncertainty on investment timing in a real options model [J]. Journal of Economic Dynamics and Control, 2007, 31: 2152 – 2167.

[278] Wong, K. P. The Effects of Abandonment Options on Operating Leverage and Investment Timing [R]. University of Hong Kong, Working Paper, 2007.

[279] YICK, Y. H. , Wong, K. P. Tax asymmetry deteriorates capital structure and credit spread [R]. University of Hong Kong, Working Paper, 2008.

[280] Chu, K. C. , Wong, K. P. Progressive taxation and corporate liquidation policies with mean-reverting earnings [J]. Economic Modelling, 2010, 27: 730 – 736.

[281] Wong, K. P. The effects of irreversibility on the timing and intensity of lumpy investment [J]. Economic Modelling , 2010, 27: 97 – 102.

[282] Wong, K. P. On the neutrality of debt in investment intensity [J]. Ann Finance, 2010, 6: 335 – 356.

[283] Wong, K. P. , Wu, Y. F. Tax Convexity, Investment, and Capital Structure [R]. University of Hong Kong, Working Paper, 2010.

[284] Liu, Q. , Wong, K. P. Intellectual Capital and Financing Decisions: Evidence from the U. S. Patent Data [J]. MANAGEMENT SCIENCE, 2011, 57 (10): 1861 – 1878.

[285] Wong, K. P. Taxes, Leverage, and Stimuli of Investment under Uncertainty [R]. University of Hong Kong, Working Paper, 2012.

[286] Wong, K. P. Progressive taxation, tax exemption, and corporate liquidation policy [J]. Economic Modelling, 2009, 26: 295 – 299.

[287] Chu, K. C., Wong, K. P. Investment Timing and Intensity under Progressive Taxation [R]. University of Hong Kong, Working Paper, 2010.

[288] Wong, K. P. Progressive taxation and the intensity and timing of investment [J]. Economic Modelling, 2011, 28: 100 – 108.

[289] Jou, J. B. Entry, Financing, and Bankruptcy Decisions: The Limited Liability Effect [J]. The Quarterly Review of Economics and Finance, 2001, 41 (1): 69 – 89.

[290] Jou, J. B., Lee, T. Debt Overhang, Costly Expandability and Reversibility, and Optimal Financial Structure [J]. Journal of Business Finance and Accounting, 2004a, 31: 1191 – 1222.

[291] Jou, J. B., Lee, T. The Agency Problem, Investment Decision and Optimal Financial Structure [J]. European Journal of Finance, 2004b, 10: 489 – 509.

[292] Fries, S., Miller, M., Perraudin, W. Debt in Industry Equilibrium [J]. Review of Financial Studies, 1997, (10): 39 – 67.

[293] Jou, J. B., Lee, T. Irreversible Investment, Financing, and Bankruptcy Decisions in an Oligopoly [J]. Journal of Financial and Quantitative Analysis, 2008, 43: 769 – 786.

[294] Lambrecht, B. The Impact of Debt Financing on Entry and Exit in a Duopoly [J]. Review of Financial Studies, 2001, 14 (3): 765 – 804.

[295] Zhdanov, A. Competitive Equilibrium with Debt [J]. Journal of Financial and Quantitative Analysis, 2007, 42: 709 – 734.

[296] Zhdanov, A. Optimal Capital Structure in a Duopoly [R]. University of Lausanne, Working Paper, 2008.

[297] Pawlina, G. Underinvestment, Capital Structure and Strategic Debt Restructuring [R]. Lancaster University Management School, Working Paper, 2007, http://www. lancs. ac. uk/ staff/pawlina/2e0709. pdf.

[298] Khadem, V., Perraudin, W. Default hazards and the term structure of credit spreads in duopoly [R]. CEPR Working paper, 2001, http://www. finance. ox. ac. uk/file_ links/finecon _ papers/2001mf06. pdf.

[299] Bayer, C. Investment Timing and Predatory Behaviour in Duopoly with Debt [R]. Universität Dortmund, Working Paper, 2004, http://repec. org/

res2004/Bayer. pdf.

［300］ Miao, J. Optimal Capital Structure and Industry Dynamics ［J］. Journal of Finance, 2005, 6: 2621 - 2659.

［301］ Siyahhan, B. Information Revelation and Strategic Use of Capital Structure in Duopoly with Asymmetric Information ［R］. Vienna Graduate School of Finance, Working Paper, 2009.

［302］ Siyahhan, B. Efficiency, Leverage and Exit The Role of Information Asymmetry in Concentrated Industries ［R］. Vienna Graduate School of Finance, Working Paper, 2012.

［303］ Moretto, M. , Panteghini, P. M. Preemption, Start-Up Decisions and the Firms' Capital Structure ［J］. Economics Bulletin, 2007, 4 (39): 1 - 14.

［304］ Chu, Y. Optimal Capital Structure, Capacity Choice, and Product Market Competition ［R］. University of South Carolina, Working Paper, 2009.

［305］ Chu, Y. Optimal Capital Structure, Bargaining, and the Supplier Market Structure ［J］. Journal of Financial Economics, 2012, 106: 411 -426.

［306］ DOCKNER, E. J. , M_ LAND, J. , MILTERSEN, K. R. Interaction Between Dynamic Financing and Growth Options The Impact of Industry Structures ［R］. Department of Finance, Accounting and Statistics, WU Vienna University of Economics and Business, Working Paper, 2012.

［307］ Morellec, E. Asset Liquidity, Capital Structure, and Secured Debt ［J］. Journal of Financial Economics, 2001, 61: 173 - 206.

［308］ Morellec, E. Francois, P. Capital structure and asset prices: Some effects of bankruptcy procedures ［J］. Journal of Business, 2004, 77: 387 - 411.

［309］ Morellec, E. Can Managerial Discretion Explain Observed Leverage Ratios? ［J］. Review of Financial Studies, 2004, 17: 257 - 294.

［310］ Morellec E. , Zhdanov A. The Dynamics of Mergers and Acquisitions ［J］. Journal of Financial Economics, 2005, 77: 649 - 672.

［311］ Barclay, C. , Morellec E. , Smith, C. W. On the debt capacity of growth options ［J］. Journal of Business, 2006, 79: 37 - 59.

［312］ Morellec, E. Zhdanov, A. Financing and takeovers ［J］. Journal of Financial Economics, 2008, 87 (3): 556 - 581.

[313] Morellec, E., Schuerhoff, N. Dynamic investment and financing under personal taxation [J]. Review of Financial Studies, 2010, 23: 101 – 146.

[314] Morellec, E. Credit Supply and Corporate Policies [R]. Swiss Finance Institute, Ecole Polytechnique Fédérale de Lausanne (EPFL), and CEPR, Working Paper, 2010.

[315] Morellec, E., Schuerhoff, N. Corporate investment and financing under asymmetric information [J]. Journal of Financial Economics, 2011, 99: 262 – 288.

[316] Morellec, E., Valta, P., Zhdanov, A. Financing investment: The choice between bond and bank loans [R]. Swiss Finance Institute and University of Lausanne, Working Paper, 2012.

[317] Zhdanov, A., Lyandres, E. Convertible Debt and Investment Timing [R]. Swiss Finance Institute and University of Lausanne, Working Paper, 2012.

[318] Hackbarth, D., Mauer, D. Optimal Priority Structure, Capital Structure, and Investment [J]. Review of Financial Studies, 2012, 25 (3): 747 – 796.

[319] Hackbarth, D. Determinants of Corporate Borrowing: A Behavioral Perspective [J]. Journal of Corporate Finance, 2009, 15: 389 – 411.

[320] Hackbarth, D. Managerial Traits and Capital Structure Decisions [J]. Journal of Financial and Quantitative Analysis, 2008, 43 (4): 843 – 882.

[321] Hackbarth, D., Hennessy, C., Leland, H. Can the Tradeoff Theory Explain Debt Structure? [J]. Review of Financial Studies, 2007, 20 (5): 1389 – 1428.

[322] Hackbarth, D., Miao, J., Morellec, E. Capital Structure, Credit Risk, and Macroeconomic Conditions [J]. Journal of Financial Economics, 2006, 82 (3): 519 – 550.

[323] Hackbarth, D., Mathews, R., Robinson, D. Capital Structure, Product Market Dynamics, and the Boundaries of the Firm [R]. College of Business, University of Illinois, Working Paper, 2012.

致　　谢

桃李不言，下自成蹊。值此本书付梓之际，谨向我尊敬的北京航空航天大学博士生导师邱菀华教授表示最崇高的敬意和最诚挚的谢意！感谢她在我攻读博士期间和工作以来一直对我的悉心指导和无微不至的关怀。导师在科学研究中严谨求实的科学态度和广博精深的学术造诣，富于创造的科学精神和善于启迪的学术思想，兼收并蓄宽广胸怀和海纳百川的人格魅力，使我在现在的教学和科研岗位中获益匪浅，她教会了我如何为人、处事和做学问，并在以后的学习、生活和工作中将一直影响着我、感染着我和激励着我。师恩如山，永志难忘，弟子唯有勤思勉进，方不负导师的辛勤教诲和殷切期望。

衷心感谢项目组主要成员中央财经大学国防经济与管理研究院的郝朝艳博士、管理科学与工程学院的郭健博士、统计学院的孟洁副教授、应用数学学院的孙昭旭副教授，以及管理科学与工程学院的朱晓春和国防经济与管理研究院的张海英两名硕士研究生。感谢他们在项目的申请过程中所提供的热心帮助和大力支持，感谢他们在研究过程中勇于承担、团结协作和无私奉献的精神。

衷心感谢中央财经大学青年科研创新团队成员管理科学与工程学院的刘志东教授、陈暮紫副教授、宋斌副教授以及应用数学学院的王秀国副教授等。大家平时在生活上的相互关心和帮助，在学术上的热烈讨论与交流，共同营造了一个和谐向上的研究氛围，使我们大家能够互勉互励和共同进步！

衷心感谢成都电子科技大学的李强副教授、香港城市大学的 Leung 博士和李寅博士、台湾国立中央大学的黄泓人副教授、日本东京城市大学的 Kijima 教授和 Shibata 副教授、龙谷大学的 Tian 博士、秋田县立大学 Yagi 副教授，美国德克萨斯大学的 Mauer 教授、杜克大学的 Robinson 教授、南卡罗莱纳大学 Chu 助理教授，瑞士洛桑大学的 Zhdanov 助理教授、日内瓦大学的 Westermann 博士，英国曼彻斯特大学的 Ricardo 博士，加拿大麦克马斯特大学的 Sarkar 教授，澳大利亚悉尼科技大学的 Kristoffer 教授，奥地利因斯布鲁克大学的 Wibmer 教授，挪威商业学院的 Myklebust 博士。感谢他们在本书相关研究过程中给予我的许多热情帮助，特别是与他们的交流过程中，收获颇丰，使我获得了许多关于模型构建和编程求解方面宝贵的意见和建议。

特别感谢中央财经大学国防经济与管理研究院的陈波院长、杨静副院长、张广通副院长、张海燕主任、郝朝艳老师、石亚东老师、范肇臻老师、王沙骋老师、侯娜老师、刘建伟老师、李玲玲老师和宁彩芳老师等，感谢他们在生活和工作中给予我很多的宽容、关心和照顾！

感谢国家自然科学基金（编号：70901078）的资助，更要特别感谢 2009 年度评审我该基金项目的 5 位匿名评审专家。他们对该项目申请的一致首肯和赞许，一直鼓励和鞭策着我走过了 3 年艰难的研究时光。谨以此书的出版表达我对他们最诚挚的谢意！

特别感谢中央财经大学国防经济与管理研究院张海燕主任在联系出版社时所提供的热心帮助！特别感谢经济科学出版社的侯晓霞老师、凌敏老师等人员对本书的顺利出版所作出的许多努力和辛勤劳动！

特别感谢我的妻子邹湘红女士，在本书研究的过程中，她一直在背后支持着我、激励着我，她的理解、支持和鼓励一直是我前进的勇气和动力。同时，我还要感谢我的父母和岳父母，他们默默的关心和付出，陪伴着我一路走来，我的点滴成绩都离不开他们的无私奉献！在此一并对他们表示崇高的敬意和由衷的感谢！

最后，再一次向培养和教导过我的老师们致以崇高的敬意！向为本书的完成提供帮助和支持的领导、老师、同学、亲人表示衷心的感谢！

谨以此书献给我爱的人和所有爱我的人！

余冬平

2013 年 2 月于北京融金中财大厦